WILLIBALD BÖSEN
ERZÄHLEN WILL ICH VON SEINER NÄHE!

WILLIBALD BÖSEN

ERZÄHLEN WILL ICH VON SEINER NÄHE!

ERLEBNISSE UND ERFAHRUNGEN MIT GOTT

Imprimatur. Paderbornae, d. 17. m. Augusti 2011.
Nr. A 58-21.00.2/874. Vicarius Generalis i. V. Thomas Dornseifer

Bibliografische Information der Deutschen Nationalbibliothek
Die Deutsche Nationalbibliothek verzeichnet diese Publikation in der
Deutschen Nationalbibliografie; detaillierte bibliografische Daten sind im
Internet über http://dnb.ddb.de abrufbar.

  | Zertifikatsnummer:
270-53323-1111-1611
www.climatepartner.com

Dieses Buch wurde klimaneutral hergestellt. Die bei der Produktion unvermeidlich
anfallenden CO_2-Emissionen wurden durch den Ankauf von hochwertigen Zertifikaten neutralisiert. Diese werden in geeignete Projekte zur Reduktion von CO_2
in Entwicklungsländern investiert. Das verwendete Papier ist mit dem FSC-Siegel
versehen, da ein großer Teil der Rohstoffe aus verantwortungsvoller Waldbewirtschaftung stammt. Der Druckvorgang erfolgte ohne den sonst üblichen Einsatz von
Industriealkohol. Es wurde mit mineralölfreien Skalenfarben gedruckt.
Die Senkung der Emissionen und des Energieverbrauchs sind wichtige Schritte
zur Verbesserung der Umweltbilanz.

Umschlagbild: © Fotolia / Paul Prescott
Umschlaggrafik: Karin Cordes, Paderborn

© 2011 by Bonifatius GmbH Druck · Buch · Verlag Paderborn

ISBN 978-3-89710-489-1

Alle Rechte vorbehalten. Das Werk einschließlich seiner Teile ist
urheberrechtlich geschützt. Jede Verwertung außerhalb der engen Grenzen
des Urheberrechtsgesetzes ist ohne Zustimmung des Verlages unzulässig
und strafbar. Das gilt insbesondere für Vervielfältigungen, Übersetzungen,
Mikroverfilmungen und die Einspeicherung in elektronische Systeme.

Gesamtherstellung: Bonifatius GmbH Druck · Buch · Verlag Paderborn

Inhalt

Vorwort 9

Gott lässt sich „erfahren" 11

„Die Unsichtbarkeit (Gottes) macht uns kaputt ..." 12
„Mit Jesus von Nazaret kann ich nichts anfangen!" 15
„Gott existiert. Ich bin ihm begegnet!" 19
„Ein oft schmerzvolles, nie ganz befriedigendes Suchen ..." .. 22
Der Mauerfall 1989 25
„Wenn ich auf mein Leben zurückblicke ..." 28

Gott sucht die Begegnung mit jedem 33

„Was is datt dann?!" 34
„Habe ich eine Chance ...?" 36
„Mir genügt EIN Gott!" 40
Gott hat viele Kinder 44

Gott lässt sich immer und überall „erfahren" 49

Eine schwere Tür nur 50
„Betet ohne Unterlass!" (1 Thess 5,17) 52
„Abba! Abba! Abba! ...!" 56
„Ich hab immer nur ans Kochen gedacht!" 59
„Good for the prayer!" 62
Geschockt die einen, gerührt die anderen 66

Gott begegnet uns in Stärken und Schwächen, in Begabungen und Neigungen, in Widrigkeiten und Enttäuschungen 69

„Hat mein Leiden noch einen Sinn ...?" 70
„Den Menschen zur Freude und zur Besinnung ...!" 74
Der Anfang vom Ende? 78

Eine Pflasterung war schuld 83
„Was nicht in meinem Plan lag ...!" 89

GOTT BEGEGNET UNS IN SELTSAMEN ZUFÄLLEN, WUNDERBAREN ERLEBNISSEN UND GROSSARTIGEN WUNDERN 93

Von fünfhundert Programmen auf Anhieb das erste 94
„Einen Platz im Mittelgang bitte!" 98
„Der Geist hilft unserer Schwachheit auf ..." (Röm 8,26) 102
Fast ein Frontalzusammenstoß 106
„Meines Unverstandes schäme ich mich, o mein Gott!" 109

GOTT BEGEGNET UNS VORNEHMLICH IN MENSCHEN 115

Wie man sich doch täuschen kann! 116
Selbstlos bis zur Selbstgefährdung 119
„Habt ihr nie gelesen, was David tat, als er in Not war?" 123
„Heil nicht nur für mich allein!" 126
„Auch wenn ich mein zweites Bein verliere!" 129
In der Falle des Sabbats 133
„Das glauben Sie doch selber nicht!" 137
„Wenn einer von euch hundert Schafe hat ..." 141
„Ich werde Ihnen diese Treue von jenseits des Grabes
her zu vergelten suchen ..." (P. Wust) 144

GOTT IST UNS NAH AUCH IN DEN „WÜSTEN" DES LEBENS ... 149

„Der Herr ist (k)ein Kriegsheld!" (vgl. Ex 15,3.6) 150
Vergeblich gelaufen bzw. umsonst abgemüht? 157
Vier Tage in „Getsemani" 163
„Wenn ich doch auch nur einmal so schön wäre!" 167
„Wo warst Du, Gott ...?" 171
„Es brauchte lange Zeit ..." 175
„Auf den Tabor könnten wir doch eigentlich verzichten!" ... 177
Liebe wird das letzte Wort sein! 180

Was muss ich tun, um Gott zu „erfahren"? 185

Die Hagelpredigt 186
„Denn einmal redet Gott und zweimal ..." (Ijob 33,14) 189
Drei Rehe nur 192
„Der Himmel hat Sie willkommen geheißen!" 196
„Sie sind doch Theologe!" 200
Das Geschenk des Friedens 204

Epilog 208

MEINEN ELTERN
UND ALL DEN VIELEN,
TOTEN UND LEBENDEN,
DIE IN MIR DIE SENSIBILITÄT FÜR GOTT GEWECKT,
SIE IN EINEM LANGEN LEBEN WACH GEHALTEN
UND IMMER WIEDER GESTÄRKT HABEN.

Vorwort

„Ich möchte dich begleiten ...
Ich möchte mit dir
die Spuren Gottes suchen
mitten im Alltag.
Ich bin mit dir unterwegs.
Ich bin wie du unterwegs."
Martin Gutl

„Ihr alle,
die ihr Gott fürchtet,
kommt und hört!
Ich will euch erzählen,
was er mir Gutes getan hat."
Ps 66,16

Am Anfang dieses Buches steht die Empfehlung des bekannten indischen Jesuiten und Meditationsleiters Anthony de Mello (1931-1987), unsere spirituellen Erfahrungen mit Gott doch in einem kleinen Notizbuch stichwortartig festzuhalten (S. 91), damit ein Album mit schönen Bildern aus der Vergangenheit entsteht. Im Laufe von mehr als dreißig Jahren habe ich solche „Gipfelerlebnisse", in denen ich Gott „erfahren" zu haben glaube, gesammelt. Ich weiß: Der Begriff der „Gotteserfahrung" ist höchst umstritten. Philosophen, Psychologen, Mediziner und Theologen versuchen sich um eine Annäherung in begrifflichen Definitionen (vgl. z. B. Blank; Mieth); ich hingegen möchte den Weg des Erzählens gehen, den auch Jesus gegangen ist. Jesus war ein meisterhafter Erzähler; mit seinen Gleichnissen, die nichts anderes als höchst spannende, aus dem Leben heraus und für das Leben erdachte Kurzgeschichten sind, begeistert er die Menschen – bis heute. Wie schwer tut sich dagegen Paulus mit seinen abstrakten Begriffen und scharfsinnigen Deduktionen – bis heute!
Auf einer internationalen Tagung zum Thema „Kirche zwischen postmoderner Kultur und Evangelium" im Juni 2009 in Greifswald ruft der Londoner Theologieprofessor A. McGrath die

Christen dazu auf, doch davon zu erzählen, wie sie zum Glauben gekommen sind und wie sich der Glaube in ihrem Leben auswirkt. Geschichten sprechen die Vorstellungskraft des Menschen stärker an als Argumente, Geschichten tragen eine ungeheuere Kraft in sich. Das klingt neu und ist doch so alt! Für den Schweizer Pfarrer und Schriftsteller K. Marti ist „das Geschichtenerzählen, also das Erhellen von Biografien, unendlich viel wichtiger ... im Gespräch mit einem anderen Menschen, um Christsein glaubwürdig zu vermitteln, als ihn auf irgendein abstraktes Buch zu verweisen". Der Pastoraltheologe F. G. Friemel fühlt sich vor dreißig Jahren schon durch den Psalmendichter dazu aufgefordert, seine Gemeinde „weniger zu belehren, als ihr vielmehr zu erzählen. Ich muss erzählen von meiner Erfahrung mit der Welt, in der wir leben ..., und ich muss erzählen von meiner Erfahrung mit dem immer größeren Gott. Vielleicht werden die Leute dann auch ihre Erfahrungen einbringen ..." (Friemel, S. 16f.).

Damit ist der Zweck dieses Buches angezeigt. Es will Geschichten erzählen, eigene und fremde aus sechs und mehr Jahrzehnten, in denen das Göttliche sich zu verdichten scheint, um den Leser für das Wirken Gottes zu sensibilisieren und zu ermutigen, doch auch einmal der Spur Gottes im eigenen Leben nachzuspüren. Denn „dass es möglich ist, plötzlich durchzubrechen zum Geheimnis der persönlichen Gotteserfahrung ..." (S. 10), behauptet allen Zweiflern und Skeptikern zum Trotz die Benediktinerin Silja Walter.

Heusweiler, Ostern 2011

Willibald Bösen

A. de Mello, Meditieren mit Leib und Seele. Neue Wege der Gotteserfahrung, 1984. – J. Blank, Das Evangelium nach Johannes 4/1a, 1981, S. 101ff.; D. Mieth, Die Bedeutung der menschlichen Lebenserfahrung, in: Concilium 12 (1976), S. 623-633. – K. Marti in: Publik Forum 1 (1983) S. 16f. – F.G. Friemel, Subjektive Erwägungen zum Psalm 73, in: Leben mit Psalmen, 1983, S. 16-18. – S. Walter zitiert in S. Bosshard-Kälin, Tiefe Sehnsucht nach der persönlichen Gotteserfahrung, in: Kloster Einsiedeln 2 (2004) S. 8-11.

GOTT LÄSST SICH „ERFAHREN"

„Wir lieben nur das, was wir erfahren haben!"
Augustinus

„Die Unsichtbarkeit (Gottes) macht uns kaputt ..."

Ist Gott auch nicht zu sehen, so aber doch zu „erfahren"

Wie mittwochs immer während des Semesters pulsierte das Leben auch heute in der weiten Uni-Halle, Hunderte Studentinnen und Studenten strebten um 10 Uhr den Hörsälen und Seminarräumen zu. Gerade um diese Zeit herrschten hier in dem zentralen, viele hundert Quadratmeter großen Geviert ein Gedränge, ein Lärm, eine Hektik wie auf einem Hauptbahnhof in Stoßzeiten.

War es einer jener berühmten „Zufälle", über die man hinterher noch lange nachdenkt, dass ich an diesem Mittwoch in dem undurchsichtigen Getümmel gerade Kollegen S., einem leicht ironischen, aber sympathischen Biologen, über den Weg laufe? Am Ende eines nur kurzen Plauschs über die vor uns liegenden Vorlesungen verabschiedet er sich im Weggehen mit der saloppen Bemerkung: „Ihren Job könnten Sie mir schenken! Lieber zähle ich den ganzen Tag Fliegenbeine!" Den Grund für diese klare Absage hatte er mir des öfteren schon erläutert. Obwohl der Theologie wohl gesonnen, machte ihm als Empiriker, der seine Ausführungen mit mess- und zählbaren Daten zu belegen gewohnt war, zu schaffen, dass der Theologe, der – übersetzt man das griechische „theó-logos" ins Deutsche – ein „Gottes-Gelehrter", ein Experte in der „Wissenschaft von Gott und über Gott" ist, bei der Beschreibung seines Objektes „Gott" einzig auf das Wort verwiesen ist. Wer wollte diese Not bestreiten? In einem geradezu klassischen Aufschrei fasst sie vor achtzig Jahren Dietrich Bonhoeffer (1906-1945), der bekannte ev. Pfarrer, Theologe und Widerstandskämpfer gegen den Nationalsozialismus, in einem Brief an seinen Freund in den Satz: „Ich bin jetzt Studentenpfarrer an der Technischen Hochschule, wie soll man diesen Leuten solche Dinge predigen? Wer glaubt das denn noch? Die Unsichtbarkeit (Gottes) macht uns kaputt ... Dies wahnwitzige Zurückgeworfenwerden auf den unsichtbaren Gott selbst – das kann doch kein Mensch mehr aushalten" (DBW 11, S. 33).

*

„Die Unsichtbarkeit (Gottes) macht uns kaputt ... !" Was sagt die Bibel, diese vielbändige Bibliothek, in der die Erfahrungen vieler Generationen mit Gott Eingang gefunden haben, zu diesem auf den ersten Blick so provozierenden Satz?

Auch der Bibel ist das Thema der *Unsichtbarkeit* Gottes nicht fremd. In dreitausend Jahre alten Gebeten beklagen Menschen Gottes Schweigen, seine Ferne, sein Verborgensein. „Du hast es gesehen, Herr, so schweig doch nicht!", bettelt ein unbekannter Beter in Psalm 35,23 (vgl. Ps 28,1; 39,13; 50,21 u. ö.). Ein anderer fragt verzweifelt: „Herr, warum bleibst du so fern, verbirgst dich in Zeiten der Not?" (Ps 10,1; vgl. Ps 10,11; 13,2; 55,2 u. ö.). Der Prophet Jesaja stellt fest, und seine Feststellung klingt wie eine tausendfach erlittene Erfahrung: „Wahrhaftig, du bist ein verborgener Gott!" (Jes 45,15). – Ijob, das Urbild des von der Last des schweigenden Gottes niedergedrückten Menschen, schreit mit zum Himmel erhobenen Händen: „Gäbe es doch einen, der mich hört! Das ist mein Begehr, dass der Allmächtige mir Antwort gibt!" (Ijob 31,35).

Doch so viele biblische Texte auch die Ferne und das Schweigen Gottes belegen, so viele andere bezeugen seine *Nähe*: „Gott aber sprach ..." (vgl. Ex 3,12; Jes 41,9; Ez 8,5 u. ö.); „Gott erschien bzw. zeigte sich ..." (vgl. Gen 12,7; Ex 3,2; Ri 6,12 u. ö.); „Gott offenbarte sich ..." (vgl. 1 Sam 9,15; 1 Chr 17,25; Sir 3,20 u. ö.) sind klassische Formeln, mit denen die biblischen Erzähler hundertfach von der Nähe Gottes und seiner helfenden Hand in der Geschichte der Welt berichten.

Wie ist dieses Nebeneinander zweier unterschiedlicher Textgruppen zu erklären? Doch nur so, dass Gott sich zwar den Augen und Ohren und Händen des Menschen entzieht, nicht aber anderen menschlichen „Organen". Mit anderen Worten ist Gott auch nicht zu „sehen", zu „hören" und zu „ertasten", so aber doch zu „erfahren".

„Erfahrung" hat seit drei Jahrzehnten einen zauberhaften Klang. Wer über „Erfahrung" verfügt, besitzt eine Kompetenz, die das theoretische Wissen weit übersteigt. Das kleinste Kapitel an „Erfahrung" ist mehr wert als viel Wissen aus vielen Büchern. Wenn von Gott gesagt wird, dass er „erfahren" werden kann, dann heißt das, dass ER zu erspüren, wahrzunehmen, zu erkennen, zu erfühlen, zu erahnen, zu „packen", zu vermuten, zu erwittern ist. Die Vielzahl der Verben, mit denen das eine Verb zu füllen gesucht wird, zeigt bereits an, um welch komplexes Wahrnehmen es bei der „Erfahrung" geht. „Erfahrung" – so Mieth – „scheint dort vorzuliegen, wo alle Möglichkeiten eines bestimmten Könnens durchlaufen sind". Dass hier nicht der Verstand, sondern eher das Herz als das tief im Inneren des Menschen ruhende „Transzendenzorgan" gefragt ist, ist heute in spirituell interessierten Kreisen bekannt. Fridolin Stier, der so kritische, überaus sensible und sprachgewaltige Alttestamentler, umschreibt seine diesbezügliche Beobachtung mit dem Satz: „... es ist, als ob ich noch ein ‚Auge' hätte, ein ‚inneres', irgendwie sinnenhaftes, aber mehr ‚fühlendes' Organ, das – im Vorfeld jeder Sprache – das Anwesen – die Gegenwart des/eines unbenennbaren Wirklichen wahrnimmt" (S. 28).

Lässt Gott sich auch im 21. Jahrhundert noch „erfahren"? Was vor drei-, viertausend Jahren möglich war, muss auch heute noch möglich sein, weil Gott zeitlos und ewig (vgl. Gen 21,33; Ps 90,1; Jes 40,28), nach dem Hebräerbrief „immer derselbe" (Hebr 1,12), ist. ER, für den es kein gestern und kein morgen, sondern immer nur das Jetzt gibt, ist dem Menschen von heute in der gleichen Weise zugewandt wie den Menschen früherer Generationen, ER spricht heute nicht weniger häufig und auch nicht anders als in der biblischen Zeit. Spuren seines Wirkens, seiner zarten „Berührungen", seines belebenden Atems finden sich in jedem Menschenleben.

> „Du bist nicht sichtbar für unsere Augen
> und niemand hat dich je gesehn.
> Wir aber ahnen dich und glauben,
> dass du uns trägst, dass wir bestehn."
> *Huub Oosterhuis, 1965, in GL 298.3*

Dietrich-Bonhoeffer-Werke, Bd. 11. – D. Mieth, Was ist Erfahrung?, in: Concilium 14 (1978), S. 159-167. – F. Stier, An der Wurzel der Berge. Aufzeichnungen II, 1984.

„Mit Jesus von Nazaret kann ich nichts anfangen!"

Viel von Gott zu wissen, genügt nicht, Gott will „erfahren" werden

Horst W. liebte ganz offensichtlich klare und kurze Statements wie dieses: „Mit Jesus von Nazaret kann ich nichts anfangen!" Nach dem Morgenimpuls am zweiten Tag unserer zwölftägigen Jordanienreise verstehe ich die Bemerkung als Kampfansage in dem Sinne, dass er in den nächsten Tagen von Jesus möglichst verschont bleiben möchte. Den Gefallen will ich ihm gerne tun, allein an einigen wenigen Besuchspunkten ist auch in Jordanien der Name Jesu nicht zu umgehen.

Gleich für den dritten Tag schon sieht das Reiseprogramm den Besuch der *Taufstelle Jesu* am Unterlauf des Jordan vor. Jordanien hat die für Christen so wichtige Stätte im Wadi Qarár im Jahr 2000 vorbildlich ausgegraben und für Touristen bestens aufbereitet. Für die Historizität des biblischen Ortes auf dem jordanischen Ufer sprechen gute Argumente. So ist zum einen zu sichern, dass der Täufer in der dem Herodes Antipas gehörenden Burg Machärus im Nordosten des Toten Meeres inhaftiert war und enthauptet wurde. Zum anderen speiste sich die johanneische Bußtaufe aus der Erinnerung an den Einzug des Volkes ins Gelobte Land durch den Jordan. Wenn die Symbolik stimmen sollte, musste der Täufer auf dem Ostufer gepredigt und auch getauft haben. Den Archäologen kommt ein in der Tradition schon früh verehrter Hügel, der sog. „Elijahügel", zu Hilfe. Obwohl er weiter als einen Kilometer vom heutigen Jordan entfernt liegt, diente er ganz offenbar Johannes, der sich selber in der Nachfolge des Elija sah, als eine Art „Stützpunkt".

Die Hitze an diesem Morgen ist mörderisch. Und so sind wir froh, in einen tropischen Wald aus niedrigem, aber schattigem Buschwerk eintauchen zu können. Auf unserem Spaziergang in Richtung Jordan stoßen wir immer wieder auf Reste von Einsiedlerhöhlen, Kapellen und Kirchen, die beweisen, dass diese ausgedehnte Stätte in den ersten Jahrhunderten n. Chr. das Ziel unzähliger Pilger war. Nach einer Stunde stehen wir endlich am

Jordan. Von dem ehemals so breiten Fluss ist nur noch etwas mehr als ein zwanzig bis dreißig Meter breites Flüsschen übrig geblieben.

Nicht nur mit Blick auf Herrn W. erzähle ich von Johannes dem Täufer, der vor 2000 Jahren mit seiner Predigt die jüdische Gesellschaft so aufwühlt, dass sein Ruf selbst in dem fernen Galiläa zu hören ist und Jesus aus Nazaret vermutlich im Herbst 27 oder 28 n. Chr. nach Süden aufbrechen lässt. Was der Fünfunddreißigjährige beim Täufer sucht, ob er wenigstens für kurze Zeit sein Jünger ist, welches Erlebnis ihm bei der Taufe zuteil wird – auf alle diese Fragen weiß die Exegese keine Antwort. Tatsache ist, dass die Taufe für Jesus offenbar wie ein Startschuss wirkt. Jedenfalls kehrt er nach einem kurzen Aufenthalt in der Wüste nach Galiläa zurück, sammelt Jünger um sich und beginnt mit seiner Predigt von der nahe gekommenen Gottesherrschaft.

Horst W. hat die ganze Zeit über interessiert zugehört. Die historischen Informationen scheinen ihn zu beschäftigen. Jedenfalls spaziert er mit gesenktem Kopf und auf den Rücken verschränkten Armen den Weg zum Bus zurück.

Zwei Tage später führt uns der Weg durch Gilead, die Heimat des Propheten Elija (9. Jh v. Chr.), hinauf nach *Gadara*, der nördlichsten Stadt Jordaniens. Um die Zeitenwende ist Gadara eine große Stadt der Dekapolis, in der viele bekannte Philosophen und Naturwissenschaftler zu Hause sind. Die Exegeten streiten darüber, ob Jesus die Stadt besucht hat. Vieles spricht dafür, wenn man sich seine Reisen in das Gebiet von Tyrus und Sidon (Mk 7,24) und Cäsarea Philippi (Mk 8,27) anschaut, die beide um vieles weiter entfernt liegen als das hoch gelegene Gadara.

Reizvoller als sein Stadtbild aus schwarzem Basalt ist sein Panoramablick. Als wir gegen Mittag ankommen, ist uns das Wetter selten hold. Wie in einem Spielzeugland liegt zum Greifen nah tief unter uns der See Gennesaret mit den biblischen Orten Magdala, Tabgha und Kafarnaum. Dort drüben, in westlicher Richtung hinter dem Tabor, ist Nazaret zu suchen; Safed, die Stadt auf dem Berge, thront wie eine Königin in Weiß auf einem der vielen Tausender Obergaliläas. Ein einzigartiger Ausblick auf eine Landschaft, die für den Neutestamentler auf jedem Quadratmeter mit dem Leben dessen gefüllt ist, der für ihn mehr ist als eine nur historische Gestalt. Als ich mit der Erklärung begon-

nen habe, ist es die Gruppe, die immer mehr wissen will – von dem Land zur Zeit Jesu, seinen politischen, wirtschaftlichen, sozialen, religiösen Verhältnissen, aber auch von Jesus selbst. Beim sich anschließenden Rundgang knurrt Horst W. im Vorbeigehen: „Interessant! Sehr interessant! Das war alles neu für mich!"
Ein Jahr nach unserer Reise nimmt Horst W. an einem Seminar über „Wunder in der Bibel" teil, zu dem er mir wenige Tage später schreibt: „Ich sagte Ihnen in Jordanien, dass ich mit Jesus nichts anfangen könnte. Sie haben ihn mir in diesen Tagen sehr nahe gebracht." Doch wie nahe? Der Weg bis zum vertrauensvollen Glauben an Jesus als den Sohn Gottes und Heiland der Welt ist weit und schwierig und nicht in einem Bibelseminar von drei Tagen zurückzulegen. Der Anfang aber scheint gemacht, die hohe Barriere aus negativen Vorbehalten, wie sie sich jenseits des Jordan zeigte, abgebaut – und zwar dank sachlicher und verifizierbarer Informationen. Wissen ist die Grundlage des Glaubens, doch viel zu wissen genügt nicht. Zum Glaubenswissen muss die „Glaubenserfahrung" hinzukommen. Nur wer Gott „erfahren" hat, wer ihm „begegnet" ist, wer seine Hand in seinem Leben „gespürt" hat, ist bereit, sich glaubend in ihm fest zu machen.

*

Seine „Erfahrungen" mit Gott sind für Israel am Anfang seiner Geschichte von fundamentaler Bedeutung: Beim *Auszug aus Ägypten* „erfährt" die kleine, um Mose gescharte Gruppe, wie Jahwe sie auf geheimen Pfaden inmitten eines ausgedehnten Seengebietes durch eine Kette von Bewachungsposten wunderbar hindurchführt. – In der *Wüste des Sinai* mit ihren tausend Gefahren durch die Natur und feindliche Stämme „erfährt" man „vierzig Jahre" hindurch wunderbare Speisung, Tränkung und Errettung. – Bei der *Landnahme* schließlich „erfährt" man, dass Gott dem kleinen Stamm zwischen den mächtigen Stadtstaaten genügend Siedlungsraum verschafft. Die Erkenntnis, dass Jahwe das Volk auf allen seinen Wegen wunderbar begleitet, dass Jahwe ein Mit-geh-Gott ist, kommt Israel nicht auf dem Weg einer vom Himmel gefallenen Offenbarung zu, sondern durch hundertfache „Erfahrungen".
Bis heute ist die „Erfahrung" Gottes für einen lebendigen Glau-

ben fundamental. Der für seine Fastentherapie bekannte Arzt Dr. Buchinger († 1966), der schon sehr früh eine ganzheitliche Therapie propagiert, notiert in einem seiner Fastenbücher den im Umgang mit vielen Menschen gewonnenen Satz: „Gott muss weniger beredet und beschrieben als vielmehr in uns und in unserem Nächsten erlebt und erfahren werden" (S. 11). Nach J. Bours († 1988), einem vielgelesenen geistlichen Schriftsteller, „kann man den Glauben an Gott, das absolute Geheimnis, nur durchhalten, wenn man etwas von ihm erfährt" (S. 73). Religiöse „Erfahrungen" sind der Nährboden, in dem sich für einen lebendigen Glauben lebensnotwendige „Mineralien" finden. Pastoraltheologen sind sich heute denn auch einig, dass viele Menschen sich gegenwärtig mit dem Glauben deshalb so schwer tun, weil es ihnen an religiösen Erfahrungen mangelt. Nicht, dass der Hunger danach heute fehlte! Ganz im Gegenteil! Er ist groß und wächst in vielen, die von der Frage nach dem Sinn des Lebens, nach der Transzendenz, nach einem „Mehr" über den Alltag hinaus, bedrängt werden.

*

Ist das Interesse für Jesus erst einmal geweckt, drängt es nicht selten zur Erweiterung und Vertiefung. Horst W. jedenfalls lässt es nach Israel aufbrechen, um SEINE Heimat und damit IHN selber besser kennen zu lernen. Ein kleiner Funke, in Jordanien durch sachliche Information gezündet, hat ein verheißungsvolles Feuer entfacht, von dem man heute schon im Vertrauen auf den lebendigen Geist Gottes sagen darf, dass es nicht mehr bis zu kalter Asche herunterbrennen wird.

O. Buchinger, Geistige Vertiefung und religiöse Verwirklichung durch Fasten, 1967. – J. Bours, Wo sich eine Tür, ein Herz auftut, in: L. Hohn-Kemler (Hrsg.), In die Mitte des Lebens führt sein Spur, 1995, S. 73-76.

„GOTT EXISTIERT. ICH BIN IHM BEGEGNET!"

GOTT BEGEGNET MENSCHEN ZUWEILEN AUF AUSSERGEWÖHNLICHE WEISE ...

Als ihm das lebenwendende Erlebnis zuteil wird, ist André Frossard (1915-1995) zwanzig und in Paris zu Hause. Später wird er sich selber einen „asozialen Gesellen" (S. 99) nennen, der sich – „jeder Disziplin entwöhnt" (S. 97) – viele Jahre lieber in Parkanlagen, Schwimmbädern und Museen herumtreibt, als in der Schule zu lernen. Den Siebzehnjährigen ohne regulären Schulabschluss bringt der Vater, ein einflussreicher und prominenter Politiker, schließlich in der Lokalredaktion einer Pariser Abendzeitung unter. Dort darf er als Jüngster des Redaktionsteams „von Zeit zu Zeit einen Artikel über den herbstlichen Blätterfall oder eine Katzenausstellung" (S. 104) schreiben. Mit der Muttermilch hat A. F. den Glauben an die Macht der sozialistischen Idee eingesogen. Gott spielt in der protestantisch-katholischen Familie wie in ihrem „revolutionären Milieu" (S. 29) absolut keine Rolle, ist nicht einmal mehr ein Streitthema.

Am 8. Juli 1935, einem herrlichen Sommertag, ist A. F. mit einem Freund in Paris unterwegs. Weil er des Wartens vor jener kleinen Kirche im Quartier Latin, in der der Freund verschwunden ist, müde ist, entschließt er sich, durch die kleine Eisentür des nicht gerade erhebenden Baus einzutreten und im Inneren nach ihm zu schauen. Die Uhr zeigt – er weiß es noch genau – „17 Uhr 10 Minuten". Als er fünf Minuten später, um 17 Uhr 15 Minuten, die Kapelle verlässt, ist aus dem „Skeptiker und Atheist(en) der äußersten Linken" (S. 8) „ein Christ" geworden, der „getragen und emporgehoben, immer von neuem ergriffen und fortgerissen wird von der Woge einer unerschöpflichen Freude" (S. 8f.).

A. F. schildert jenes lebenwendende Geschehen, das er Begegnung nennt, erst ganz am Ende seines Büchleins, nachdem er in 29 Kapiteln versucht hat, den Nachweis zu erbringen, dass seine Konversion nicht das Ergebnis einer geistigen Evolution, sondern eines plötzlichen, unvermuteten transzendenten Ereignisses ist: „Zuallererst werden mir die Worte ‚geistliches Leben' eingegeben. Sie werden mir nicht gesagt, ich forme sie nicht selbst, ich höre, als würden sie neben mir mit leiser Stimme von einer Person gesprochen, die sieht, was ich noch nicht sehe. Kaum hat die letzte Silbe dieses leisen Vorspiels die Schwelle meines Bewusstseins erreicht, da bricht von neuem die Lawine los. Ich sage nicht: Der Himmel öffnet sich; er öffnet sich nicht, er stürzt auf mich zu, schießt plötzlich wie ein stummes Wetterleuchten aus der Kapelle empor, wo er – wie hätte ich es ahnen können? – auf geheimnisvolle Weise eingeschlossen war." Einen Monat lang hat A. F. jeden Tag das gleiche Erlebnis; dreißigmal erlebt er „dieses Licht, das den Tag erblassen ließ, diese Milde, die ich nie vergessen werde und die mein ganzes theologisches Wissen ist" (S. 136f.).

*

Eine eindrucksvolle „Gotteserfahrung", die – so außergewöhnlich sie auch ist – zahlreiche Parallelen in der Bibel hat! So sieht sich Mose beispielsweise in der Wüste Midian einem Dornbusch gegenüber, der brennt und doch nicht verbrennt (Ex 3,3ff). – Zur Übergabe der Zehn Gebote an das Volk kommt Gott im Feuer auf den Sinai herab: „Der Rauch stieg vom Berg auf wie Rauch aus einem Schmelzofen. Und der ganze Berg bebte gewaltig" (Ex 19,18). – Der große Prophet Jesaja (8. Jh. v. Chr.) sieht Gott im Tempel von Jerusalem „auf einem hohen und erhabenen Thron ... Serafim stehen über ihm ... Die Türschwellen beben bei ihrem lauten Ruf, und der Tempel füllt sich mit Rauch" (Jes 6,1-4). – Hundert Jahre später sieht Ezechiel, der so rätselvolle Prophet, wie bei seiner Berufung von Norden her „ein Sturmwind kommt, eine große Wolke mit flackerndem Feuer, umgeben von einem hellen Schein" (Ez 1,4). Gott zeigt sich, Gott erscheint, Gott offenbart sich Menschen zuweilen in angsterregenden Erdbeben, in grollendem Gewitterdonner, in verzehrendem Feuer.
So bilden denn auch für den Jesuiten L. Boros „den eigentlichen Kern (unserer Gotteserfahrungen) die großen, gottnahen Augenblicke unseres Daseins, ... in denen Gott in hellem Licht, mit genau gezeichneten Umrissen" (S. 19) plötzlich und unerwartet vor uns steht. Ob Boros da nicht irrt?
H. Zahrnt jedenfalls warnt vor allzu hoch gespannten Erwartungen: „Besondere, sozusagen ‚augenblickliche' Gotteserfahrun-

gen hat es in meinem Leben nicht viele gegeben … Jene momentanen Erlebnisse ragen aus dem Gleichmaß des religiösen Alltags hervor wie einzelne Bäume in der Landschaft, aber noch die höchsten nähren sich aus demselben Erdreich wie das Gewächs am Boden" (S. 106).

Enttäuschend auch klingt, was Pater Augustin, langjähriger Prior der schweizerischen Kartause La Valsainte mir am Ende eines langen Gespräches über die Gotteserfahrung in der Kartause mit auf den Weg gibt: Ein zu Boden gesenkter Blick und ein langes Schweigen. Was dann eine Erklärung sein soll, ist mehr ein aus Wortfetzen zusammengesetztes Stammeln, aus dem nur so viel deutlich wird, dass ich ihn in Verlegenheit gebracht habe.

Sechs Wochen später bringt mir die Post eine Karte, auf der nur dieser eine Satz zu lesen ist: „Lieber Bruder, möchtest Du wissen und erfahren, wer Gott ist, wie Du gesagt und gefragt hast, so bemühe Dich, Ihn mehr und mehr zu lieben, denn es steht in der Hl. Schrift geschrieben, Gott sei die Liebe!" Die Worte „in der Hl. Schrift geschrieben" sind unterstrichen, so, als wollte er mir sagen: „Schau in der Bibel nach! Dort wirst du finden, was du suchst! Ich kann (vielleicht auch möchte) nichts zu diesem schwierigen Thema sagen."

Dass Gott sich einzelnen Menschen, einem Mose, einem Jesaja, einem Ezechiel, einem Paulus, einem Blaise Pascal und vielen anderen, in „Feuer und Licht" zeigt, ist sein Geheimnis. Dem kritisch Nachfragenden wird er in Abwandlung eines Wortes des Weinbergbesitzers aus dem „Gleichnis von den Arbeitern im Weinberg" (Mt 20,1-16) antworten: „Mein Freund, dir geschieht kein Unrecht! Auch dir zeige ich mich und zu dir spreche ich – wie zu jedem anderen der sechs Milliarden Menschen auf der Welt. Warum darf ich mich diesem und jenem nicht auf eine außergewöhnliche Weise zeigen? Bist du vielleicht neidisch?"

A. Frossard, Gott existiert. Ich bin ihm begegnet, 1969. – L. Boros, Der nahe Gott, 1971. – H. Zahrnt, Mutmaßungen über Gott, 1994.

„Ein oft schmerzvolles, nie ganz befriedigendes Suchen ..."

Meistens aber zeigt Gott sich uns in kleinen, unauffälligen Zeichen

Wenn mir jemand zu dem ewig spannenden Thema „Gotteserfahrung" Hinweise oder Tipps geben konnte, dann war es Pater Claude, der seit vierzig Jahren als Mönch in der Kartause lebte und als Kartäuser „nichts mehr wissen, nichts mehr besitzen wollte außer Gott und Gott allein" (Blüm, S. 16). Nach endlos langen Wochen kam endlich ein Brief:

„... Sie haben mich gebeten, etwas zur ‚Gotteserfahrung in der Kartause' zu schreiben. Ich gestehe, dass die Frage mich ein wenig irritiert. Im allgemeinen sind wir gehalten, sehr diskret bei diesen allzu persönlichen Themen zu sein, bei denen die Rhetorik und die Vorstellungskraft die objektiven Gegebenheiten leicht verfälschen können. Sieht man von einigen außergewöhnlichen Fällen ab, die es mit Vorsicht zu beurteilen gilt, glaube ich, dass sich bei uns die Gotteserfahrung eher ‚in der Tiefe', ‚im Verborgenen' darstellt, wenn man so sagen kann, sich also nicht auf den ersten Blick zu ‚erkennen' gibt: Dieses oft schmerzvolle und niemals ganz befriedigende Suchen in der Dunkelheit des Glaubens ist Teil unserer Berufung ...

Dass es bei jedem Kartäuser guten Willens eine spezielle und indirekt nachweisbare Wirkung der Gegenwart Gottes und seines Tuns gibt, das zeigt sich ziemlich deutlich, wie mir scheint, in der Suche des Schweigens und der Einsamkeit, die das Zwiegespräch mit dem Geliebten und den spirituellen Kontakt seiner Gegenwart enorm begünstigen, was sich normalerweise in einem wachsenden Bedürfnis nach Gebet, insbesondere eines Gebetes der Anbetung und des reinen Lobes, der Danksagung für seine unzähligen Wohltaten zeigt. – Erfahrung auch des Wirkens und der Gegenwart Gottes in den Mitbrüdern, bei denen man sieht, wie sie Fortschritte machen, sich verändern, immer übernatürlicher reagieren, mit Freuden die Leiden und den Tod annehmen. – Erfahrungen von schönen Erfolgen in der Treue, der Geduld, der Liebe ... Die Liturgie und der Gesang werden besonders zu Gelegenheiten, unsere uns erfüllende Liebe Gott zu bekunden ... Mir scheint, dass all das die Gegenwart Gottes, seine Nähe, sein beständiges Wirken, die Aufmerksamkeiten seiner Liebe, klar und deutlich zeigt und bestätigt ..."

*

Ein ernüchternder Brief eines passionierten, aber überaus nüchternen Gottsuchers, für den es Gott zu loben, nicht zu spüren gilt! Was ist ihm zum Thema „Gotteserfahrung" zu entnehmen? Ein Erstes, dass es Erfahrungen der Gegenwart Gottes, seiner Nähe und seines diskreten Wirkens tatsächlich gibt. Was P. Claude dann aber konkret an Erfahrungen benennt, sind insgesamt unauffällige Beobachtungen bei sich selber wie die vertiefte Suche nach Schweigen und Einsamkeit, die Liturgie und der Gesang, Erfolge in der Treue, der Liebe und der Geduld. Sie werden ergänzt durch diskrete Beobachtungen bei den Mitbrüdern: Dass sie im geistlichen Leben Fortschritte machen, sich positiv verändern, sich dem Leiden und dem Tod mutig stellen. Diese zarten „Berührungen" sind aber eher in der Tiefe, im Verborgenen, wahrzunehmen, etwa so, wie es Fridolin Stier beschreibt, dass ihn „zuweilen ... die Erfahrung einer Liebe (überwältigt), die (ihn) aus abgründigem Dunkel heraus ... anrührt". Kann er sie mit einem Namen benennen? Nein! „Es ist mir auferlegt, keinen Namen – auch nicht als Chiffre – an die Stelle des Namenlosen zu setzen ... Nur DU – das einzige, das überbleibt, und dies ist ein Ruf, kein Name!" (S. 30). Auch in der Kartause sind Erfahrungen mit Gott keineswegs „lauter" als in der Welt; in der lautlosen Stille des Klosters aber reagieren die Sinne empfänglicher auf die leisen Signale der Transzendenz.

Und ein Zweites ist diesem Brief zu entnehmen: Wer Gott erfahren will, muss sich auf eine oft schmerzvolle und niemals ganz befriedigende Suche in der Dunkelheit des Glaubens einlassen. Und das bis zum Lebensende!

Wenn wir vom Sterben sprachen, war P. Claudes Antwort immer die gleiche: Nein, er habe keine Angst vor dem Tod! Jeden Tag vor dem Schlafengehen – abends gegen 19 Uhr und nachts gegen 2 Uhr – mache er sich das Sterben bewusst und bete um eine gute Sterbestunde. Doch wie anders sieht dann die Wirklichkeit aus! Die Schwäche, die ein halbes Jahr später zum Tod führt, beginnt im Dezember 1999. Da er zu schwach ist, selber die Messe zu lesen, empfängt er die Eucharistie in der Zelle. Am Ende nötigen Schluckbeschwerden ihn, länger als zwei Monate selbst auf diese geistige Nahrung zu verzichten. Interpretiert man sein Schweigen, seine Niedergeschlagenheit, seinen barschen Ton im Umgang mit dem Krankenbruder und den ihn besuchenden Mönchen richtig, muss die innere Dunkelheit in dieser Zeit sehr groß gewesen sein. Gott hatte sich verborgen, Gott schwieg, Gott ließ ihn einen bitteren Kelch aus Angst und Schmerzen trinken. Was in diesen sechs Monaten in ihm vorgeht, deutet er mit keinem Wort an. In der Erwartung des Todes bittet er um das Sterbesakrament. Dreimal wird es ihm gespendet, zum vierten und letzten Mal am Freitag, dem 7. Juli 2000. Um 8.00 Uhr morgens setzt der Todeskampf ein. Die Mönchsgemeinschaft hat sich an seinem Bett versammelt und betet die vorgeschriebenen Sterbegebete. Um 12.30 Uhr endlich „haucht" P. Claude – wie es im Nachruf der Kartause heißt – in den Armen eines Mitbruders „seine Seele aus".

*

Gerne hätte ich P. Claude in diesen schweren Tagen noch einmal meine Frage vom Anfang unserer Begegnung vorgelegt, um zu hören, ob er sie inzwischen nicht vielleicht weniger zurückhaltend beantworten würde. Als ich anfragen lasse, ob ich ihn besuchen dürfe, lässt er mir durch den Pfortenbruder danken und ausrichten, ich möge ihn so in Erinnerung behalten, wie ich ihn vor vierzig Jahren kennen gelernt habe. Ich verstehe: Die Suche nach Gott war auch nach 65 Jahren Kartause noch geblieben, was sie bereits zu Beginn seines Mönchslebens war: „Ein oft schmerzvolles, niemals ganz befriedigendes Suchen in der Dunkelheit des Glaubens ..."

H. M. Blüm OCart, Einführung in die Spiritualität der Kartäuser, in: M. Zadnikar, Die Kartäuser, 1983, S. 15-19. – F. Stier, An der Wurzel der Berge, 1984.

Der Mauerfall 1989

Gottes Hand lässt sich in der Geschichte der Welt ausmachen

Günter Lange, emeritierter Professor für Religionspädagogik an der Universität Bochum, erzählt in den „Informationen für Religionslehrer im Bistum Essen": „Bislang hatten wir (ein kleiner Kreis von Freunden) für unser rühmendes Erzählen von Gott heute fast nur exotische Beispiele zur Hand. Ein Musterfall, der zu denken – und zu erzählen – gibt, findet sich aber in unseren eigenen politischen Ereignissen der letzten Zeit. Ich treffe mich seit langem zweimal im Jahr mit einem Theologenkreis in der Nähe von Leipzig: Zehn Theologen aus dem Westen, ungefähr die gleiche Zahl aus der ehemaligen DDR. Im August 1989 war das vorbereitete Thema bereits gefährdet durch die Erzählungen der Teilnehmer von dem, was sich montags abends in Leipzig tat. Als wir uns im Dezember 1989 wieder trafen, hatte das ‚Beben' bereits stattgefunden. Alle waren voll davon. Vom vorbereiteten Thema keine Spur mehr. Für das, was geschehen war, hatten alle, ohne Ausnahme und theologische Bedenken, nur eine biblische Kategorie parat: ein Wunder war geschehen. Wer hätte das gedacht, als wir uns vor fünf Monaten trafen, nicht im Traum hätte ich das für möglich gehalten, es ist so unglaublich, so unerhört – eben wie ein Wunder. Der Wunderbegriff allein war imstande, das auszudrücken, was wir fühlten an Bewegtheit und Dankbarkeit, an Aufatmen und Glück. ... In diesem Ereignis haben wir etwas von Gottes Treue und Zuwendung zu spüren gekriegt. ... ‚Wer hat das bewirkt und vollbracht? ER, der Herr ...' (Jes 41,2.4)."

*

Ist Gott in der Geschichte unserer Welt tatsächlich am Werk? Wer heute im Chaos der Zeitereignisse, der kriegerischen Auseinandersetzungen und der politischen Wirren, die Frage mit Ja beantwortet, erntet meist ein müdes Lächeln. Nicht aber von dem jüdischen Historiker Flavius Josephus (ca. 37-100/110 n. Chr.), dem Autor von vier zeitgeschichtlich bedeutsamen Büchern. Als Quintessenz seiner geschichtlichen Untersuchungen hält er für sich fest: „Bedenkt man dies alles, so findet man, dass Gott sich um die Menschen sorgt und ihnen durch manche Vorzeichen zu erkennen gibt, was zu ihrem Heile dient ..." (Jüd. Krieg VI 5,4).

Für Josephus wie für alle alttestamentlichen Schriftsteller ist Gott eine lebendige Größe. Keineswegs nur ein Demiurg, der den Kosmos, „das gigantische Weltknäuel" (Thielicke), am Anfang der Schöpfung so programmiert hat, dass es nach genauen Gesetzen bis zum Weltenende einem Uhrwerk gleich funktioniert. Nein, ganz im Gegenteil, Gott ist der Welt und den Menschen so nahe, dass wir – nach der Meinung des heidnischen (!) Dichters Aratus aus dem 3. Jh. v. Chr. – „in ihm sind und uns in ihm bewegen" (Apg 17,14). Danach gibt es im unendlichen Kosmos tatsächlich keine tote Ecke und keinen toten Winkel, in denen er nicht „zu Hause" ist. „In allem ist er ganz tief verborgen, was lebt und sich entfalten kann", wie es in einem modernen Lied heißt (GL 298.4). Gott trägt diese Welt in ihren Grundfesten, durchwebt und belebt sie in jedem Augenblick mit seinem lebenspendenden Atem und sichert sie so in ihrer Existenz. Gott ist es, der die Geschichte der Welt lenkt. „Die wahre Begegnung mit Gott geschieht daher" – so K. Rahner – „in der Geschichte. Alle Transzendenz ... vollzieht sich in der Realität des geschichtlichen Lebens" (S. 33).

Dass die Welt führungslos dahinzutrudeln scheint, liegt darin begründet, dass wir den Plan Gottes nicht kennen! „Wahrlich, du bist ein Gott mit geheimen Plänen!" (Jes 45,15), ruft Jesaja staunend aus. Niemand ist dabei gewesen, als der Schöpfer den Weltenplan entworfen hat; niemand hat den „Architekten" bei seinem Tun auch nur aus der Ferne beobachtet (vgl. Jes 40,13f.). „Wie unergründlich sind für mich, o Gott, deine Pläne!" (Ps 139,17), betet voller Bewunderung der Psalmist. Viele hundert Jahre später wird Paulus feststellen: „Wie unergründlich sind seine Entscheidungen, wie unerforschlich seine Wege!" (Röm 11,33).

Können wir diesen Plan auch nicht im einzelnen durchschauen, zeigen uns die alttestamentlichen Erzähler aber eine Möglichkeit, dem göttlichen Wirken – wenn auch nur ahnend (!) – auf die Spur zu kommen. In der Distanz von Jahrzehnten, ja, teilweise von Jahrhunderten nach den Ereignissen erkennen sie – wie

Späher von einem Berggipfel aus – eine Zielrichtung. „Wir erkennen Gott nur von hinten her, im Rückblick" – so Zahrnt – „und auch das meist nur punktuell, ab und an oder im großen und ganzen, in der Gesamtrichtung, aber nicht in allen einzelnen Zügen" (S. 127). So ist die Geschichte Israels auf weite Strecken hin aus der Distanz gedeutete Geschichte.

Wer zu nah an ein großflächiges, modernes Kunstwerk herantritt, erkennt nur einzelne Kleckse, grobe Linien, grelle Farben. Doch sobald er zurücktritt und Distanz zwischen sich und dem Kunstwerk schafft, wird er erleben, wie ein chaotisches Durcheinander sich zu lichten beginnt. Aus der Entfernung betrachtet, werden Konturen, Linienführungen, Kompositionen deutlich. Genauso ist es mit der Heilsgeschichte. Dass sie zielgerichtet verläuft und von einer starken Hand gelenkt wird, erkennt man erst im distanzierten Rückblick, keinesfalls im Gewirr der einzelnen Geschehnisse.

*

G. Lange fährt in seinem Bericht mit einer interessanten Beobachtung fort: „Als ich noch voll von diesen Erlebnissen nach Hause kam, lag auf dem Schreibtisch u. a. der hektographierte Weihnachtsbrief des Jesuitenprovinzials an die Freunde und Förderer der Societas Jesu. Die beiden ersten Sätze des Briefes lauteten: „Es gibt doch noch ‚Wunder' in unserer Welt, sagte mir vor kurzem jemand unter Bezug auf die Veränderungen in Russland und in der DDR. Er meinte das sicher nicht im theologischen Sinn, sondern wollte damit nur sagen, es kann plötzlich ganz anders werden, als man es jahrzehntelang hinzunehmen gewöhnt war."

Ja, so – als eine Art „Quasi-Wunder" – kann man die wunderbaren Ereignisse der 90er Jahre auch sehen. Für G. Lange ist dies „ein geradezu klassisches Beispiel dafür, wie wir uns das rühmende Erzählen von Gott in unserem Leben erschweren und verbauen ..."

G. Lange, Informationen für Religionslehrer im Bistum Essen, hsgg. vom Dezernat 3 im Generalvikariat V Essen, Juni 1992, S. 2ff. – H. Zahrnt, Mutmaßungen über Gott, 1994. – K. Rahner, Ich glaube an Jesus Christus, 1968.

„Wenn ich auf mein Leben zurückblicke ..."

Gottes Hand lässt sich am ehesten in der Rückschau erkennen

Bei einer dreitägigen Tagung saß er vor mir, unauffällig und still, aber höchst aufmerksam. Dass er, der wie ein rüstiger Siebziger aussah, bereits die achtzig überschritten hatte und auf die neunzig zuging, erfuhr ich erst um vieles später, als der Name von Abbé Stock, einem Priester aus dem Sauerland, fiel, dem er, Dieter Lanz, zwischen 1945 und 1947 im „Stacheldrahtseminar" von Chartres begegnet war. Ehe Abbé Stock die Leitung dieses französischen Lagers, in dem deutsche Kriegsgefangene Theologie studieren und sich auf die Priesterweihe vorbereiten konnten, übernahm, betreute er während der deutschen Besatzungszeit von 1940-1944 die Inhaftierten in den Pariser Gefängnissen und begleitete nach eigenen Angaben mehr als 2000 französische Widerstandskämpfer zur Erschießungsstätte auf dem Mont Valérien im Westen von Paris. „Gleichermaßen in Frankreich und Deutschland gilt Franz Stock heute als ein Mann der Aussöhnung und Völkerverständigung" (D. Lanz).

Wie schicksalsschwer das „Stacheldrahtseminar" in Chartres und Abbé Stock für Dieter Lanz in seinem Leben wurden, zeigt ein Brief, der mich wenige Tage nach der Tagung erreicht. Als ich zaghaft bei ihm anfrage, ob ich ihn in Teilen der Öffentlichkeit zugänglich machen dürfe, lässt er mich wenig später wissen: „Wenn man Erfahrungen mit der Wirklichkeit Gottes macht, so soll und kann man sie nicht verweigern ..."

In diesem vierseitigen Brief heißt es u. a.: „Am 13. April 1944 wurde ich in der Nähe von Dortmund von den Amerikanern gefangengenommen. Vier Tage lang hatten wir überhaupt nichts zu essen bekommen. Zum Glück hatte ich etwas Kommissbrot im Beutel. Jeden Tag habe ich einen kleinen Happen davon gegessen. Am 4. Tag war ich in Dülmen, in einem von Stacheldraht eingezäunten Camp, das voll Gefangener war. Ich hatte gerade angefangen, den letzten Brocken des Kommissbrotes – etwa so groß wie eine Faust – zu essen, als ein anderer Gefangener auf mich zukam, etwa 40 Jahre alt, und mich bat:

‚Kamerad, hast du etwas Brot für mich?' Ich habe die Szene heute nach 60 Jahren noch in lebendiger Erinnerung. Ich brach das Stück in zwei Teile und gab ihm die etwas kleinere Hälfte. Da kam eine Erfahrung, die man wahrscheinlich nur in extremen Situationen macht. Eine Stimme, rechts von mir, sagte: ‚Das wird Gott Dir nicht vergessen!' Es war eine Stimme, die keine Tonhöhe hatte, weder tief noch hoch war, aber ganz präzise sprach. Ich weiß mit absoluter Sicherheit, dass es keine Einbildung war ..."

Von Dülmen wird D. Lanz auf Umwegen nach Namur in Belgien transportiert. „Hier in Namur war auf einem halbfertigen Fabrikgelände ein riesiges Auffanglager mit einigen Zehntausend Gefangenen eingerichtet worden. Ununterbrochen wurde Tag und Nacht Essen ausgeteilt. Man musste in fünf Minuten an den Stehtischen mit der Suppe fertig sein. Dann kam der nächste Schub an die Reihe ... Es gab einige Gefangene, die bekamen dreimal zu essen. Es hieß, sie sollten nach Rotterdam, um Schiffe zu entladen. Gegen Ende April standen etliche Feldwebel und Wachtmeister hinter dem Zaun, um wieder Gefangene für Rotterdam auszusuchen. Wenn das Dutzend voll war, kam ein neuer Feldwebel und suchte aus. Die ganze Prozedur dauerte Stunden. Man stand am Zaun und hoffte, ausgesucht zu werden, um in den Vorteil des Essens zu kommen. Gegen Mittag ging ich zur Latrine und kam nach einer Viertelstunde zum Zaun zurück. Da stand mein Wachtmeister Kramer ... hinter dem Zaun und hatte alle die ausgesucht, die ebenfalls mit mir in Gefangenschaft geraten waren. Mit einem bedauernden Achselzucken sagte er: ‚Ich habe Dich nicht gesehen!' Hier war einer von den ‚Zufällen', die man auch als Vorsehung Gottes deuten kann, die ich auch vorher schon erfahren hatte. Da sagte wieder diese Stimme: ‚Sei ruhig, Du gehst den besseren Weg!' Ich fühlte mich in dieser Situation so hilflos und allein gelassen, dass mich aller Mut verließ ..."

Ein drittes Mal passiert „Wunderbares"! Im Lager 401 in N. bittet ein Theologiestudent aus Bayern D. Lanz immer wieder, doch mit nach Chartres ins Stacheldrahtseminar zu kommen. Der jedoch ist unschlüssig: „Ich war damals 21, hatte das Abitur gemacht und auch keine Überlegungen Richtung Theologie angestellt." Die Entscheidung wird ihm erleichtert. Als er bei der namentlichen Zusammenstellung seines Transportes nach Rennes vergessen wird („Wieder einer dieser berühmten 'Zufälle'"?), meldet er sich an. Chartres sollte seine Lebensaufgabe werden.

*

„Wenn ich auf mein Leben zurückblicke ..." Dieter Lanz tut, was vor 1600 Jahren bereits der hl. Augustinus († 430) in seinen „Confessiones" (= „Bekenntnisse") getan hat, wenn er in einem „liebenden Erinnern an Gott" (VII 17,23: „amans memoria Dei") sein ganzes Leben, ja, die einfachsten Ereignisse seines vergangenen Daseins, auf die Gegenwart Gottes hin absucht. Und wie der große Kirchenlehrer erkennt auch er den EINEN, der ihn von ferne her gegen mannigfaltige Widerstände und gegen manche persönliche Enttäuschung einer ganz bestimmten Aufgabe zuführt: „Wenn ich auf mein Leben zurückblicke, so ist eine meiner Aufgaben gewesen mitzuhelfen, die Öffentlichkeit darüber zu informieren, welche Leistung Abbé Stock vollbracht und welche Bedeutung er für die deutsch-französische Aussöhnung hat ..." Zweimal fühlt sich D. Lanz von einer geheimnisvollen Stimme angesprochen, dreimal glaubt er sich vom Himmel vergessen. Im nachhinein, in der Rückschau erst, wird er erkennen, dass die „Zufälle" sich als Aktivitäten der Vorsehung erklären. Abt Vermeiren fasst eine in Jahrhunderten gewonnene Erfahrung in den Satz: „Die Anwesenheit Gottes stellt sich immer hinterher ein, das Bewusstsein, Gott zu sehen, meldet sich immer danach ... Die ganze Bibel ist die Geschichte dieses Danach ..." (S. 143). Für die Äbtissin Monika Thumm ist es daher wichtig geworden, regelmäßig ihr Leben zu reflektieren – „sei es auf einem Spaziergang oder beim Tagebuchschreiben. Es gibt Zeichen an unserem Weg, in denen Gott zu uns spricht: Ereignisse, Menschen, Erfolg, Ermutigungen und Enttäuschungen ..." (S. 153).
Unser LEBEN ist die Bühne, auf der wir nach Gott ausschauen dürfen, keineswegs erst im Alter, bevorzugt aber im Alter aufgrund seiner Muße, seines Tiefen- und Weitblicks, seines gewachsenen Gespürs für die Transzendenz und ihr hintergründiges, oft verschlungenes „Fügen". Ein spannendes Unterfangen, bei dem uns keiner helfen kann, nicht einmal der Partner oder der Freund, die doch viele Wege mit uns gegangen sind. Gottes lenkende Hand in seinem Leben wird jeder Einzelne nur für sich

erkennen. Sicherlich, vieles wahrt auch jetzt noch sein Geheimnis und bleibt eine schwer zu verstehende „Fehlfarbe" (H. Beckmann) in unserem Lebensteppich. Auch haben viele dieser Zeichen, in denen man Gottes Nähe gespürt zu haben glaubt, das Aussehen von unansehnlichen Glasscherben, scheinen zu winzig und zu unbedeutend, als dass man sie näher in den Blick nimmt. „Wenn man aber die einzelnen Scherben zusammenfügt, entsteht aus ihnen ein Mosaik wie in der Apsis einer romanischen Kathedrale" (Boros, S. 18).

im rückblick
erkenne ich manchmal:
es war gut so
wie es gekommen ist
auch wenn ich es damals nicht sah –
Herr, führe mich weiter
Unbekannt

PS: Am Samstag, dem 14. November 2009, wurde im sauerländischen Neheim, dem Geburtsort von Abbé Franz Stock (1904-1948), das Seligsprechungsverfahren für den großen Versöhner Deutschlands und Frankreichs feierlich mit einem Pontifikalamt eröffnet.

D. Lanz, Abbé Franz Stock: Kein Name – ein Programm. Das christliche Europa – eine reale Vision, 1997. – Ders., Frieden als Auftrag. Das Lebenswerk des Priesters Abbé Franz Stock, 2006. – K. Vermeiren, Mönche sind eigentlich Anfänger bei der Suche nach Gott, in: L. Fijen (Hrsg), Wie werde ich glücklich, 2003, S. 139-146. – M. Thumm, Berufung, das heißt: Gottes Bild von mir zum Leuchten zu bringen, in: L. Fijen, S. 147-154. – L. Boros, Der nahe Gott, 1971.

GOTT SUCHT DIE BEGEGNUNG MIT JEDEM

„Kein Mensch kann sich so weit von Gott hinwegverlieren, dass Gott ihm nicht nachgehen und ihn wiederfinden könnte."
R. Hombach OSB

„WAS IS DATT DANN?"

GOTT SUCHT DIE BEGEGNUNG MIT JEDEM – UNABHÄNGIG VON BERUF UND STAND, VON GESCHLECHT UND MORAL ...

Schauplatz des Geschehens: Eine Bundesstraßeneinfahrt zu einem Parkplatz zwischen Trier und Hermeskeil. Zeit: Nach 22 Uhr an einem Septemberabend. Es ist nebelig und kalt. Frau M. versucht, sich eine Zigarette anzuzünden. Das Streichholz flammt kurz auf, erlischt aber sogleich im Nebel. Erst beim zweiten Versuch ist es erfolgreich. Die glühende Zigarette, für mögliche Freier ein Erkennungszeichen, hat in dieser „Nebelsuppe" nur eine geringe Chance. Der Verkehr an diesem Abend ist mäßig. Die wenigen, die einfahren, verschwinden nur kurz im WC und setzen ihre Fahrt fort. M. spaziert auf die Straße zu: Damit man sie von Weitem bereits sehen kann!
Da, ein sich näherndes Auto verlangsamt. Frau M. zieht an der Zigarette, dass ihre Glut für den Bruchteil einer Sekunde aufleuchtet. Sie winkt. Tatsächlich, das Auto biegt ab, fährt ein Stück in die Einfahrt hinein und hält an ... M. folgt ihm schnellen Schrittes, erreicht die Beifahrertür, öffnet sie, ein fahles Licht flackert auf, das Profil eines Mannes in einer braunen Kutte wird deutlich. Sie schreit auf: „Was is datt dann?" Der Fahrer ist ein Franziskaner, Pater Matthias aus dem Kloster in Hermeskeil: „Ja, Mädchen, bei einem Pater hast du nicht viel Glück. Aber was machen wir denn jetzt? Du kannst doch nicht hier rumstehen in der Kälte. Es kommt kein Mensch mehr. Es ist doch schon bald Mitternacht und nebelig. Was machst du nur hier weit draußen, mitten in der Landschaft. Wenn du in der Stadt wärst, könnte ich das verstehen." M. schlagfertig: „Ja, dann fahren Sie mich heim!"
P. Matthias bringt sie nach Trier, wo sie wohnt. Im Gespräch unterwegs fragt er sie: „Macht das Spaß?" M. darauf: „Um Gottes willen! Es macht keinen Spaß! Es ist schrecklich!" Beim Abschied gibt P. Matthias ihr seine Telefonnummer und sein Honorar für den Vortrag am Abend. Ehe er losfährt, sagt er zu ihr: „Komm her, ich mach dir noch ein Kreuzchen auf die Stirn! Dann kriegst du andere Gedanken!" Und sie hat furchtbar geweint.

Dieses Erlebnis findet sich dokumentiert in dem Büchlein von P. Matthias Utters OFM (1934-1986): „Die Liebe von gestern genügt heute nicht mehr", 1987, S. 117-119. Der Autor, Priester und Mediziner, dessen Leben von schweren Leiden (Netzhautablösung, Schwerhörigkeit, Krebs) geprägt war, stirbt nach 29 Operationen 1986 im Alter von nur 52 Jahren. Sein Grab im Franziskanerkloster zu Hermeskeil (Hunsrück) ist bis heute Anziehungspunkt für viele.

*

Darf eine Frau wie M. darauf hoffen, Gott zu erfahren? Eine alte Geschichte aus dem Alten Testament gibt uns die Antwort (vgl. Gen 16,1-16): Als Hagar, die Magd Abrahams, merkt, dass sie schwanger ist, wird sie ihrer Herrin Sara gegenüber überheblich. Sara, voller Eifersucht und Neid wegen des ihr selber versagten Mutterglücks, behandelt sie daraufhin mit Erlaubnis Abrahams (!) „so hart, dass ihr Hagar davonläuft" (V. 6). Auf ihrer Flucht wird für Hagar eine Quelle in der lebensfeindlichen Wüste zur Gottesoffenbarung. Sie ist überzeugt: Niemand anderes als Gott hat sie in ihrer Not gesehen und zu diesem Brunnen hin geführt, damit sie überlebt. „Darum nannte sie den Brunnen ‚Beer-lahai-Ro'i'" (was so viel heißt wie „Brunnen des Lebendigen, der nach mir schaut") (V. 14). Gott schaut, Gott sieht, Gott folgt dem Menschen mit seinen Augen (vgl. Ps 139; Ps 33,13; Est 5,1; 8,12). Nein, nicht als „Big Brother" aus G. Orwells Roman „1984", der mit Adleraugen den Menschen genau unter die Lupe nimmt, um jeden seiner Fehltritte exakt zu notieren. Gottes Blick ist ein liebevoller, ein fürsorglicher, ein sorgenvoller Blick, der jeden Einzelnen auf seinem Lebensweg begleitet.

Dass Hagar und nicht einer der großen alten Männer der Bibel, nicht Abraham und nicht Jakob, nicht Mose und nicht Elija, Gott in seinem tiefsten Wesen als *Schauenden* erkennt, ist als Aufmerksamkeit heischendes Signal des Himmels zu bewerten. Denn Hagar steht für alle Rechtlosen und Erniedrigten, für alle Kleinen und Sprachlosen, für alle Gedemütigten und Unterdrückten. Gotteserfahrung ist danach nicht wenigen Privilegierten vorbehalten; keine Gruppierung, auch nicht die der „Berufstheologen", ob Kleriker oder Laien, hat Gott für sich gepachtet. Gott zeigt sich jedem, Gott offenbart sich jedem, Gott sucht die Begegnung mit jedem – unabhängig von Stand und Bildung, von Alter und Herkunft, von Geschlecht und Aussehen, unabhängig

selbst gar von moralischer Verfasstheit, die bis heute doch so gerne als unabdingbare Voraussetzung herausgestellt wird.
Jesus seinerseits bestätigt diese im Alten Testament vielfach bezeugte Vorliebe Gottes für die „Kleinen" im Wort und im Tun: Bei einem Festmahl im Hause des Pharisäers Simon lässt er sich, wie Lukas erzählt, von einer stadtbekannten Dirne – welch ein Skandal! – salben (Lk 7,36-50). – Im Munde des matthäischen Jesus findet sich der provozierende Satz: „Amen, das sage ich euch: Zöllner und Dirnen gelangen eher in das Reich Gottes als ihr (die Hohenpriester und die Ältesten des Volkes)" (Mt 21,31). – In einem gut bezeugten Wort preist Jesus den Vatergott, den Herrn des Himmels und der Erde, weil er all das „den Weisen und Klugen verborgen, den Unmündigen aber offenbart" (Mt 11,25 / Lk 10,21) hat.
Was auch immer die Motive sind, die Frau M. in die Prostitution geführt, vielleicht sogar getrieben haben, die Begegnung mit Pater Matthias am Ende eines nebeligen Tages darf als Gotteserfahrung interpretiert werden (unabhängig davon, ob M. sie als solche realisiert oder nicht). In dem menschenfreundlichen Franziskaner lässt Gott sie einmal die Liebe erfahren, nach der sie in ihrem Herzen – wie die Tränen beweisen – hungert. Auch heutzutage spricht Gott nicht nur „zu einigen auserwählten, privilegierten Seelen, die sich in ein Kloster zurückgezogen haben und auf ‚Fernverbindungen' spezialisiert sind" (Evely).

*

Hat Frau M. sich bei P. Matthias gemeldet? Ja, sie hat, nicht um eine Gabe zu erbitten, wie man vielleicht vermuten möchte, sondern um zu danken. „Ein herzlicher Dankesbrief kam – ob zu Weihnachten oder zu Ostern, das weiß ich nicht mehr!" (S. 119).

„HABE ICH EINE CHANCE ...?"

GOTT BEGEGNET AUCH MENSCHEN MIT „LEEREN HÄNDEN"

Im Dorf war er als großspurig und arrogant verschrien, als Angeber und Frauenheld, der auf keinem Fest in der näheren und weiteren Umgebung fehlte und durch seine stattliche Erscheinung viele Frauenherzen zum Schmelzen brachte. Im Zweiten Weltkrieg hatte er bei der Luftwaffe gekämpft. Stolz zeigte er jedem, der ihm über den Weg lief, Fotos, auf denen er in lederner Fliegermontur vor und in einer einmotorigen Maschine saß.

Ich weiß nicht, warum F. den Kontakt gerade mit mir, dem um vieles Jüngeren, suchte. Vermutlich, weil er einen Vermittler in einem Familienstreit brauchte. In einem riskanten Geschäft hatte er viel Geld von Verwandten verloren und so die Wut des ganzen Familienclans auf sich gezogen. Tatsächlich kam es dann zu einer Art Versöhnung, bei der aber die finanziell Geprellten die Verlierer blieben; denn seine Schulden konnte er nicht bezahlen. Insgesamt sieben Jahre blieb F. mein „Sorgenkind", das immer wieder bei mir anklopfte und um Hilfe bat. Sein Lebenshunger verleitete ihn zu unentschuldbaren Kapriolen.

Viele Monate des Schweigens waren ins Land gegangen, als mich eines Tages ein Eilbrief aus dem Gefängnis in W. erreichte: „Erwarte dringend deinen Besuch!" Keine Erklärung, keine Begründung, nur eine dringende Bitte. Als ich ihm wenige Tage später im Besuchertrakt des Gefängnisses gegenüberstehe, hat der so Eitle viel von seinem Glanz verloren. Aus dem Gentleman im Nadelstreifenanzug ist ein immer noch gut aussehender Strafgefangener im Blaumann geworden. Was es an Fakten in der halbstündigen Besuchszeit zu berichten gab, war wenig genug: F. war zu einer zweijährigen Haft wegen Betruges und Hehlerei verurteilt worden. Um meinen Besuch hatte er seiner Familie wegen gebeten.

Mehrmals traf ich F. nach seiner Entlassung aus dem Gefängnis, hatte aber das Gefühl, dass er sich immer noch und immer wieder auf illegalen Wegen bewegte. Keine Begegnung ohne die Bitte um Geld! Einzig beim letzten Mal glaubte ich seiner Begründung, er brauche es für Medikamente. Er war auffallend dünn geworden und im Gesicht abgemagert. Als wenig später ein Zweizeilenbrief aus der Klink in S. bei mir ankam, wusste ich, dass ich nicht warten durfte. In der Tat war es fünf vor Zwölf, als ich an seinem Krankenbett stand; ich hatte Mühe, F. wiederzuerkennen. Sein Körper zeigte sich total entstellt. Der Alkohol hatte seine Leber zerfressen. Sein Bauch war um das Dreifache aufgedunsen. Hier interessierten nicht mehr Nebensächlichkeiten, hier stellte sich die letzte Frage nach dem Danach: „Habe ich eine Chance ...?" Den Satz ließ er unvollendet, doch war deutlich, was er meinte. Ja, er sei gläubig und glaube an ein Leben nach dem Tod. Er habe große Angst, weil seine Hände nicht nur leer, sondern auch beschmutzt seien. Sicher, er habe keinen Menschen umgebracht, wenigstens direkt nicht, wohl aber indirekt durch einen Verkehrsunfall, bei dem man ihm zu viel Alkohol nachweisen konnte. Auch habe er viele gutgläubige Menschen betrogen, um auf ihre Kosten ein ausgelassenes Leben führen zu können. Von einem Priester wolle er nichts wissen; ich solle ihm nur sagen, ob er angesichts dieses Sündenregisters noch eine Chance habe ...

*

„Habe ich eine Chance ...?" fragt F. und denkt dabei an seine Ankunft auf der „anderen Seite". Mit Blick auf unser Thema möchte ich die Frage um eine – von Gott her gesehen – winzige Nuance abändern und fragen: „Habe ich eine Chance, mit ‚leeren und beschmutzten Händen' bereits hier und jetzt Gott zu begegnen?" Unser „Bauchgefühl" sagt nein, muss sich aber durch die Bibel eines anderen belehren lassen (vgl. Gen 25-50).

Obwohl der für Israels Geschichte so bedeutsame Patriarch Jakob seinen Zwillingsbruder Esau zuerst um sein Erstgeburtsrecht (Gen 25,29-34) und wenig später um den Erstgeborenensegen (Gen 27,1-45) betrogen hat, „zeigt" Gott „sich" ihm dennoch auf der Flucht in Bethel im Traum und verspricht ihm: „Ich will dich überall behüten, wohin du gehst ... Ich werde dich nicht verlassen ..." (Gen 28,15). Als wenn es nicht schon des Betruges genug gewesen wäre, betrügt Jakob Jahre später auch seinen Schwiegervater Laban (Gen 30,25-43). Drei Gaunereien – für Menschen mehr als genug, um den Verantwortlichen links liegen zu lassen, nicht aber für Gott. Gott stellt sich Jakob auf der Flucht am Jabbok in den Weg und verwickelt ihn eine ganze Nacht lang in einen heißen Kampf (Gen 32,23-33), in dem er das Letzte von ihm fordert, ihn aber nicht abzuschütteln vermag. Das Ergebnis am Ende? Gott segnet Jakob mit den Worten: „Du sollst nicht mehr Jakob heißen, sondern Israel ..." (V. 28), was so viel bedeutet wie: Du, der Betrüger, der in der härtesten Prüfung an mir festgehalten hat, soll zum Stammvater des Volkes Israel werden.

Der große französische Dichter Charles Péguy fragt einmal provozierend: „Wo ist denn gesagt, dass Gott den Menschen in der Sünde verlässt? Im Gegenteil, er bearbeitet ihn; man könnte fast sagen, dass er ihn dort am wenigsten verlässt!" Péguy kannte offenbar die Bibel. Denn sie belegt mit zahlreichen Texten, dass der Gott der Bibel ein gütiger Gott ist und reich an Erbarmen.
Im 8. Jahrhundert v. Chr. tröstet Jahwe sein Volk durch den großen Propheten Jesaja mit dem Satz: „Wären eure Sünden auch rot wie Scharlach, sie sollen weiß werden wie Schnee. Wären sie rot wie Purpur, sie sollen weiß werden wie Wolle" (Jes 1,18). Noch eindrucksvoller ist das Bild, mit dem zweihundert Jahre später ein unbekannter jüdischer Prophet dem Volk im Exil im Namen Gottes Trost zuspricht: „Kann eine Frau ihr Kindlein vergessen, eine Mutter ihren leiblichen Sohn? Und selbst wenn sie ihn vergessen würde: Ich, Jahwe, vergesse dich nicht!" (Jes 49,14). Wie eine feste Gebetsformel klingt, wenn alttestamentliche Beter ausrufen: „Du, o Herr, bist ein barmherziger und gnädiger Gott!" (Ps 86,15). Oder feststellend bekennen: „Barmherzig und gnädig ist der Herr!" (Ps 103,8; vgl. Ps 111,4; 116,5 u. ö.).
Wie unendlich weit die Güte und das Erbarmen Gottes reichen, verdeutlicht Jesus in mehreren Gleichnissen, von denen das Gleichnis von den Arbeitern im Weinberg (Mt 20,1-16) bis heute in vielen Zuhörern Unverständnis und Protest auslöst. Mit exakten Tabellen hatte ich in der Vorlesung an der Tafel aufgezeigt, dass den später Gekommenen eigentlich nur ein Zwölftel Denar für jede Stunde Arbeit zustand – Neunzwölftel denen, die um neun Uhr, Sechszwölftel denen, die um zwölf Uhr, Dreizwölftel denen, die um fünfzehn Uhr und gar nur Einzwölftel denen, die erst in der elften Stunde gekommen waren. Dass der Gutsherr sie dann alle ohne Ausnahme mit einem ganzen Denar entlässt, erschien mir als eine himmelschreiende Ungerechtigkeit. Bis mir (gnadenhaft) aufging, dass der Mensch im Gleichnis gemahnt wird, sich nicht in die irdisch-menschliche Gerechtigkeit, nach R. Guardini „eine sehr fragwürdige Sache" (S. 308), zu verschließen, „sondern sich dem göttlichen Denken und Tun, welches Güte ist, zu öffnen" (S. 308). Denkbar, möglich, wahrscheinlich, dass vielleicht nicht nur F., sondern ich selbst gar zu den Zuletztgekommenen zähle, die am Ende des Lebens auf die zuvor-

kommende Barmherzigkeit Gottes angewiesen sind. Denn keiner wird – ohne selbstgerecht zu sein – sagen dürfen, und hätte er auch sein ganzes Leben in Buße und Gebet verbracht, er hätte sich den Himmel verdient! „Der Christ muss aufhören, den anderen gegen sich aufzurechnen, zu meinen, dass der, der keine Leistung aufweist, nichts wert ist. Er muss es ertragen können, dass der Verkommene ohne Vorauszahlung von Gott angenommen wird!" (Rieger, S. 168).

*

Nach einer langen Rückfahrt war ich erst wenige Stunden wieder zu Hause, als die Klinik in S. anrief, um mir mitzuteilen, dass F. überraschend plötzlich verstorben sei. Wie von ihm gewünscht, fand seine Beerdigung in aller Stille statt, auf seinen ausdrücklichen Wunsch hin ohne katholischen Priester und ohne evangelischen Pastor. Auf seinem Sterbebett hatte ich ihm nur dieses eine versprechen müssen, auf seinem Grab ein Kreuz aufstellen zu lassen.

R. Guardini, Der Herr. Betrachtungen über die Person und das Leben Jesu Christi, 1951. – J. Rieger, Die Gottessicht Jesu und ihre befreiende Kraft, in: Geist und Leben 57 (1984), S. 163-168.

„Mir genügt ein Gott!"

Gott zeigte sich mir in einem frommen Muslim

„Ich bin Abdullah, Ihr Guide!" Vor mir steht ein großer Endfünfziger und streckt mir, mit einem breiten Lachen in seinem braun gebrannten Gesicht, freundlich die Hand entgegen. Der erste Eindruck stimmt, ich will hoffen, dass ich in den nächsten zwei Wochen nicht enttäuscht werde.

Abdullah kommt, wie ich von ihm in den nächsten Tagen erfahre, aus Ost-Jerusalem, jenem Teil der Heiligen Stadt also, in dem 60 000 Palästinenser wohnen. Als Vater von neun Kindern ist er dringend auf einen Verdienst angewiesen; seine relativ guten Deutschkenntnisse haben ihn ermutigt, sich als Guide für deutschsprachige Touristen zu bewerben. Fast wäre der Versuch gescheitert, als zwei seiner Söhne bei einer antiisraelischen Demonstration als Steinewerfer verhaftet und inhaftiert werden. Bis zu einem Urteil darf ihr Vater seine Tätigkeit als Guide ausüben.

Um es gleich vorneweg zu sagen: Abdullah erwies sich als guter Guide, er war fleißig und kundig, von einer vornehmen Zurückhaltung und einer großen Bescheidenheit. Den Schlüssel zu seiner beeindruckenden Persönlichkeit fand ich in seiner Frömmigkeit: Abdullah war überzeugter, tief gläubiger Muslim.

Unsere Reise beginnt am zweiten Tag in Cäsarea am Meer, jener von Herodes ausgebauten Hafenstadt, in der Petrus den römischen Hauptmann Cornelius getauft hat (Apg 10,23-48), von der aus Paulus nach zwei Jahren Gefängnis im Herbst 58 n. Chr. die Reise nach Rom antritt (Apg 27,1). Nach den Ausgrabungen in den letzten Jahren präsentiert sich Cäsarea als eine hoch interessante Stadt, die genügend Sehenswürdigkeiten in sich birgt, um gut und gerne einen ganzen Tag in ihr zu verbringen.

Nach dem Besuch des römischen Theaters und der Kreuzfahrerfestung löst die Gruppe sich für eine halbe Stunde auf. Einige nutzen die Zeit, um endlich in Ruhe zu fotografieren, andere stärken sich mit einem Kaffee oder Tee. Ich mache mich zielstrebig auf die Suche nach einer versteckten Ausgrabung, von der ich jüngst gelesen habe. Niemand folgt mir, ich wähne mich allein. Umso überraschter bin ich, als ich – um die Ecke einer Ruine biegend – vor mir Abdullah am Boden sehe, wie er sich, auf einer Zeitung kniend, nach Osten in Richtung Mekka verneigt, mit verschlossenen Augen, ganz hingegeben und ganz nach innen gekehrt, so als existiere die Umwelt für ihn nicht.

Wie jeden Mittag machen wir auch heute eine Stunde Rast in einem Selbstbedienungsrestaurant. Abdullah und der Busfahrer haben abseits von der Gruppe an einem Tisch in der Ecke Platz genommen. Als sie nach zwanzig Minuten immer noch keine Anstalten machen, sich am Büfett zu bedienen, schaue ich bei ihnen vorbei, um sie zum Essen einzuladen: „Danke! Aber wir sind im Fastenmonat Ramadan! Wir werden heute abend essen."

Als wir am zehnten Tag unserer Reise den Tempelplatz in Jerusalem besuchen, auf dem sich der weltweit bekannte „Felsendom" mit seiner „vergoldeten" Kuppel und die El-Aqsa-Moschee erheben, spürt man, dass Abdullah hier zu Hause ist. Hier, auf diesem vierzehn Hektar großen Areal, versammelt er sich freitags, dem muslimischen Feiertag, mit Tausenden seiner Glaubensbrüder zum gemeinsamen Gebet. Voll Begeisterung erzählt er von Mohammed, der von hier aus in einer einzigen Nacht in den siebten Himmel hinaufgestiegen ist, von den Kreuzrittern, den Mameluken und den Türken, zuletzt von fundamentalistischen Juden, die immer wieder versuchen, das Gelände zu besetzen, um auf ihm den Dritten Tempel zu errichten. Als er dann endlich mit seinem Vortrag fertig ist, fragt er schüchtern, fast ein wenig bettelnd, ob er uns nicht einmal das Nachmittagsgebet vorbeten dürfe. Gerne sagen wir ja und werden nun Zeugen eines Gebetsvortrages, dessen Innigkeit uns eine Gänsehaut wachsen lässt.

An einem der letzten Abende unserer Reise – es ist in Beersheba in der Negevwüste – sucht er mich spätabends völlig unerwartet auf: Er habe da eine Frage, die er mir schon des öfteren habe vorlegen wolle, es bisher aber nicht gewagt habe, weil er fürchte, mich mit ihr zu beleidigen. Ja, er habe großen Respekt vor dem Christentum, aber was ihm große Not bereite, sei die Behauptung der Christen, es gäbe nicht nur *einen* Gott wie im Judentum und im Islam, sondern Vater, Sohn und Geist, also *drei* Götter ...

*

Wie auf die Schnelle einem frommen Muslim mit einfachen Worten das Geheimnis des dreifaltigen Gottes erklären, mit dem selbst viele Christen ihre Not haben? Was ich an Kernaussagen in der nächsten halben Stunde stammelnd überzubringen versuche, lässt sich in drei Punkten zusammenfassen:

Die Aussage von Gott als dem Drei-Einen ist *erstens* Ausdruck des Geheimnischarakters Gottes. Gott zeigt sich in allem, was wir von ihm lesen und hören, als der ganz Andere, den der Mensch nie begreifen, nie verstehen, nie in seinem Geheimnis durchschauen kann. Wie ich rational nie einsehen werde, dass „eins" und „drei" zu einer einzigen Einheit verschmelzen können, so wenig werde ich das Geheimnis, das Gott umgibt, je lüften können. Der große abendländische Kirchenlehrer Augustinus († 430) warnt: „Wenn du (etwas oder jemanden) verstehst, ist es nicht Gott!"

Zweitens will die Aussage von dem dreifaltigen Gott als Ausdruck der Bewegung in Gott verstanden sein. Gott ruht nicht selbstzufrieden in sich, Gott genügt sich auch nicht selbst, Gott ist vielmehr wesentlich Bewegung auf ein Du hin: So gibt der Vater sich ganz dem Sohn, der Sohn ganz dem Vater, der Heilige Geist ohne Zurückhaltung ganz an Vater und Sohn hin. „Gott ist eine immerwährende Dynamik des Sich-Schenkens" (van Breemen, S. 50).

Wie Gott in sich selbst auf Kommunikation hin angelegt ist, so drängt es ihn *drittens*, mit seinen Geschöpfen zu kommunizieren. Damit stoßen wir in dieser paradoxen Zahlensymbolik der Drei-Einheit zu jenem Kerngedanken vor, den die Bibel uns in zahllosen Geschichten einzuhämmern versucht: Dass Gott von seinem Wesen her nicht anders kann, als sich an die Menschen selbstlos zu verschenken – in LIEBE.

Dreifaltigkeit, Dreieinigkeit, Trinität – ein wahrhaft großes, aber auch ein wunderbares Geheimnis, das uns einen tiefen Einblick in das Innere des Wesens Gottes erlaubt! Nach einer Legende reicht ein Engel dem hl. Augustinus, der am Meer spazieren geht und über das Geheimnis der Dreifaltigkeit nachgrübelt, einen Löffel und fordert ihn auf, das Meer auszuschöpfen. Als der Heilige den Kopf schüttelt und meint, das sei unmöglich, sagt der Engel zu ihm: „Genauso wenig wirst du mit deinem Verstand das Geheimnis der Heiligsten Dreifaltigkeit ausschöpfen können!"

*

Die ganze Zeit über, in der ich das schwierige In- und Miteinander der Heiligen Dreifaltigkeit zu erklären versuche, sitzt Abdullah mit großen Augen vor mir und nimmt mein Gestammel wie ein Schwamm begierig in sich auf. Ich spüre, wie „es" in ihm arbeitet. Hier ringt ein Mensch in großer Ernsthaftigkeit um Gott, hier ist Gottes Geist fast greifbar gegenwärtig. Als ich ende, sitzen wir uns schweigend gegenüber. Nach ewig langen zwei, drei Minuten erhebt er sich mit einem plötzlichen Ruck und verabschiedet sich freundlich lächelnd mit dem Satz: „Mir genügt EIN Gott!"

Mit Abdullah bin ich in den nachfolgenden Jahren noch zweimal im Heiligen Land unterwegs. Beim letzten Mal im Herbst war er seltsam still und auch ohne Kraft; erst beim Abschied „beichtete" er mir, dass er mit dem Herzen Probleme habe. Als ich ihn ein Jahr später wieder als Guide anfordere, finde ich zwei Tage später eine kurze Mail in der Box: „Von unserer Agentur in Jerusalem erhielten wir gestern die Nachricht, dass Abdullah M. vor einem halben Jahr nach einer Herz-OP verstorben ist."

Piet van Breemen, Alt werden als geistlicher Weg, 2004.

GOTT HAT VIELE KINDER

GOTT BEGEGNETE MIR IN EINEM FROMMEN HINDU

Mehrere Jahre lang saß er im Hörsaal vor mir, gleich vorne in der zweiten Reihe. Es war sein Stammplatz, den er sich dadurch sicherte, dass er am Tag der Vorlesung als einer der ersten vor der Tür des Hörsaales stand und darauf wartete, sofort eintreten zu können, wenn die Teilnehmer der vorausgegangenen Veranstaltung ausgezogen waren. Mit vielen anderen gehörte er zu den Senioren, die das Angebot der Universität nutzten und jene Vorlesungen und Seminare besuchten, die interessierten. Seine leicht gebräunte Haut wie auch seine Gesichtszüge deuteten auf Indien als sein Heimatland hin. Seine großen Augen verrieten, dass er ganz Ohr war und das Gehörte förmlich in sich einsog, es anhand der Bibel sogleich überprüfte und in Notizen festhielt. Er war von einer feinen und vornehmen Art; freundlich grüßend verabschiedete er sich nach der Vorlesung von seinem Nachbarn, ehe er sich geduldig in die Schlange der übrigen Teilnehmer einreihte und die Treppe zum Ausgang hinauf schritt.
Dass ich mich in meinen Vermutungen nicht getäuscht hatte, bestätigte sich am Ende eines langen Wintersemesters, in dem ich in vierzehn Vorlesungen die einzigartige Bedeutung des Jesus von Nazaret vorgestellt hatte. Zaghaft kam er zu mir an das Katheder nach vorne und fragte – fast schüchtern – mit leiser Stimme, ob er mich einmal sprechen könne. Nein, nicht sofort! Ich könne den Termin festlegen; er sei disponibel.
Gleich am nächsten Tag sitzen wir uns in meinem Büro gegenüber. Hier erfahre ich, dass Herr R. tatsächlich aus Indien

kommt, drei Jahrzehnte als Ingenieur in Deutschland gearbeitet hat und hier auch – nach seiner Verheiratung mit einer Deutschen – heimisch geworden ist. Als Rentner hat er endlich die Zeit, sich mit den Themen und Fragen zu beschäftigen, die ihm seit der Jugend auf der Seele liegen. Ganz oben auf der Liste steht neben der Philosophie die Theologie. Als Hindu in einem christlichen Land interessieren ihn verständlicherweise die Gemeinsamkeiten und die Differenzen der beiden Weltreligionen. Die Vorlesungen in den vergangenen Semestern, besonders auch die letzte über Jesus, haben in ihm die Frage laut werden lassen, die sich inzwischen viele Nichtchristen in Deutschland stellen: „Was zeichnet das Christentum im vielstimmigen Chor der großen und kleinen Weltreligionen eigentlich aus, dass Christen behaupten können, Jesus sei DER Weg zu Gott?"

*

Die Frage zielt auf die Mitte des Christentums. Diese Mitte aber ist klar zu benennen und fest zu machen in der Person und der Gestalt des JESUS von Nazaret:
In JESUS ist Gott, der allgewaltige, den unendlichen Kosmos durchwaltende Gott, den niemand gesehen hat und den wir nur ahnen können, aus der Verborgenheit des „Himmels" herausgetreten und hat sich ein Gesicht gegeben. Ab sofort ist Gott nicht mehr nur im Wort heiliger Schriften lebendig und erfahrbar, ab sofort werden wir Augenzeugen, wie er – einem guten Hirten gleich – dem Menschen nachgeht und dort beisteht, wo ihn Krankheit, Schuld und Hunger niederdrücken.
In JESUS hat Gott uns gezeigt, wie unvorstellbar tief seine Liebe reicht. Die Menschheit spürt es intuitiv gegen allen Selbstbetrug, dass die Welt nicht heile ist, dass ganz offensichtlich schwere Schuld die Freundschaft mit Gott zerstört hat. Und auch das entgeht ihr nicht, dass Fasten und Gebete, Nachtwachen und Spenden, Wallfahrten und Kasteiungen diese trennende Kluft zwischen Gott und Mensch nicht zu schließen vermögen. In dieser aussichtslosen Situation ergreift Gott selbst die Initiative. Dadurch, dass er in Jesus aus göttlicher Höhe auf die Erde herabkommt, nicht – wie Zeus – für wenige Augenblicke, sondern ein langes Leben lang, und in die tiefste, von Menschen zu verantwortende Grube des grausamsten aller Tode am Kreuz, hinabsteigt, sühnt er – stellvertretend für uns – jene ge-

heimnisvolle Schuld, unter der die Menschheit seit Menschengedenken leidet.

In JESUS hat Gott uns gezeigt, dass der Tod nicht das letzte Wort hat. Dadurch, dass Gott ihn als Ersten und Einzigen von den Toten erweckt und mit himmlischem Leben beschenkt, bestätigt er ihn als seinen Sohn. Damit ist uns, seinen Schwestern und Brüdern, gesagt, dass auch unser Weg ins Licht führt, nicht, um uns darin – wie im Hinduismus geglaubt – wie ein Funke aufzulösen, sondern als ein Ich mit einer eigenen Identität bei und in Gott das Leben in Fülle zu leben.

Gebeten, in einem einzigen Satz die Bedeutung Jesu zusammenzufassen, wird ein Christ antworten: Jesus ist das nicht mehr zu überbietende Geschenk Gottes an die Welt! Um es mit dem großen ev. Theologen Karl Barth († 1968) zu formulieren: „Das letzte Wort, das ich … zu sagen habe, ist nicht ein Begriff wie ‚Gnade', sondern ist ein Name: JESUS CHRISTUS!"

Heute wird um Vieles deutlicher als in früheren Zeiten gesehen, dass es viele Wege zu Gott als dem höchsten Ziel menschlichen Lebens gibt. Für Christen allerdings ist – von ihrem Jesusverständnis her – Jesus zweifellos der „Königsweg", der zwar alle anderen Wege, Steige und Pfade übertrifft, aber keineswegs verdrängt oder zu Unheilswegen macht. Auf welchem Wege auch immer ein ehrlich Suchender Gott zu erreichen sich bemüht, sei es im Islam oder Hinduismus, im Buddhismus oder Shintoismus oder in irgendeiner der Naturreligionen, er geht nicht in die Irre. Für die Gläubigen aller Religionen gilt der Satz des Propheten Jeremia: „Wenn ihr mich von ganzem Herzen suchen werdet, so will ich mich von euch finden lassen!, spricht Gott der Herr" (Jer 29,13f.). Ihn bestätigt 700 Jahre später der Schreiber des Jakobus-Briefes mit dem verheißungsvollen Imperativ: „Suchet die Nähe Gottes, dann wird er sich euch nähern!" (Jak 4,8). Gott geht jedem entgegen, der sich auch nur einen Schritt auf ihn zubewegt, sei es ein Hindu oder ein Moslem, ein Christ oder ein Buddhist; schließlich gibt es in seinem Haus „viele Wohnungen" (Joh 14,2).

*

Diesem ersten Gespräch folgen in den nächsten Jahren noch viele weitere. R. ist von der Botschaft des Jesus von Nazaret beeindruckt, doch in keinem Augenblick versucht, sie gegen das

Erbe des Hinduismus einzutauschen. Mit einer nicht zu übersehenden Begeisterung schenkt er mir bei einem Abschied ein Büchlein mit dem Titel „Perlen der Bhagavadgita", das im Vorwort als das „Evangelium des Hinduismus" und als eines der „beliebtesten und bedeutendsten heiligen Bücher der Welt" vorgestellt wird. Als ich es aufschlage, finde ich im Inneren einen Zettel mit dem Hinweis auf verschiedene Texte wie die beiden nachfolgenden:

„Und wärst du der Schlimmste der Sünder,
Diese Erkenntnis allein trüge wie ein Floß dich
Über die Sünde hinweg.
Flammenfeuer macht Holz zu Asche.
Erkenntnis macht Karma (= Schuld) zu Asche.
Kein Läuterer ist hier auf Erden
So groß wie diese Erkenntnis ..." (S. 31f.)

„Gib mir dein ganzes Herz,
Liebe mich, bete mich an,
Erweise mir dauernde Ehre,
Neige dich einzig vor mir,
Dann wirst du mich finden.
Dieses verspreche ich dir,
Ich, der dich inniglich liebt." (S. 11)

Auf der letzten Seite des Büchleins fragt Herr R.: „Sind wir uns nicht doch sehr nah?"

Im Jahr 2005 (letzte Zählung) gab es in Deutschland rund 100 000 Hindus (etwa 42 000 bis 45 000 tamilische Hindus aus Sri Lanka, 35 000 bis 40 000 Hindus indischer Herkunft, ca. 7 500 Hindus deutscher oder europäischer Herkunft und ca. 5 000 afghanische Hindus). Zu den bekanntesten Hindus zählen Mahatma Gandhi, der 1948 von einem Hindu in Delhi ermordet wird, und der bengalische Dichter und Philosoph Rabindranath Tagore († 1941).

Perlen der Bhagavadgita. Nahrung für die Seele (hrsgg. v. R. Reschika), 1998.

Gott lässt sich immer und überall „erfahren"

Gott hat kein festes Büro.
Gott hat auch keine offiziellen Sprechstunden.
Gott ist vielmehr immer und überall zu erreichen.

EINE SCHWERE TÜR NUR ...

GOTT ZEIGT SICH UNS MEIST IN KLEINEN, ALLTÄGLICHEN ZEICHEN

Es war an einem trüben Montagnachmittag in einem Wintersemester, dass ich auf dem Weg zu einer Vorlesung in der Universität in den Pulk von mehreren Dutzend Studierenden geriet, die die Stadtbahn gerade ausgespuckt hatte. Alle hatten es eilig, ging es doch darum, sich in einem der übervollen Hörsäle einen guten Platz zu sichern. Der Strom aus jungen Menschen floss dahin, kurz gestoppt wurde er von vier mit Sicherheitsglas gefüllten Eisentüren am Eingang der Universität. Die Türen waren recht schwer; um sie zu öffnen, bedurfte es jedesmal eines gewissen Kraftaktes. So war es verständlich, dass man sich auf den letzten Metern vor dem Eingang diskret zurückhielt und anderen den Vortritt ließ, um möglichst noch „im Windschatten" des Vorausgehenden durch die sich wieder langsam schließende Tür hindurch zu schlüpfen, ohne sie selber aufziehen zu müssen. Wer nachfolgte, interessierte nicht. Zielstrebig achtete man darauf, im gleichen „Windschatten" noch die zweite Tür wenige Meter dahinter zu passieren.

Viele Hunderte Male hatte ich es bisher erlebt, dass diese beiden schweren Eisentüren nur wenige Schritte direkt vor mir, geradezu vor meiner Nase, zugefallen waren und von mir neu mit dem bekannten Kraftaufwand regelrecht „aufgezogen" werden mussten. Nicht so aber an diesem trüben Montagnachmittag! Als ich im Strom der Studierenden drei Schritte vor der ersten schweren Tür stehe, geschieht es zu meiner übergroßen Verwunderung, dass der vor mir her gehende Student kurz zurückschaut und – als er mich kommen sieht – die Tür etwas anhält und wartet, bis ich nach ihr gegriffen habe und festhalten kann. Die gleiche Reaktion zwei Sekunden später bei der zweiten Tür. Meine Überraschung ist so groß, dass mir die Sprache wegbleibt und ich nur ein spätes „Danke!" dem Studenten nachrufen kann, von dem ich hoffe, dass es ihn noch erreicht ...

*

Wir erwarten Gott in spektakulären Zeichen, großartigen Erscheinungen und umwerfenden Erlebnissen, statt dessen zeigt

er sich in kleinen und unauffälligen Zeichen und Gesten und das an Werktagen. „Die einfachsten Dinge sind die ungewöhnlichsten, die nur die Gelehrten verstehen können" (S. 21), schreibt P. Coelho in „Der Alchimist". Doch seine Erfahrung ist die, dass die Menschen „den einfachen Dingen" (S. 133), „den Zeichen Gottes am Wegrand" (S. 96), keine Beachtung schenken. Von R. Guardini (1885-1968) stammt der Satz: „Je länger man lebt, desto deutlicher sieht man, dass die einfachen Dinge die wahrhaft größten sind."
Tatsächlich fällt es nicht leicht, in dieser kleinen Geste, die mich an diesem trüben Montagnachmittag wie ein Sonnenstrahl mitten ins Herz traf und es für einen Augenblick so hell aufleuchten ließ, dass die Tristesse des Tages für Stunden vertrieben war, eine „Einbruchsstelle Gottes" (Schmidt, S. 96) zu sehen. Dass ihr dennoch eine solche Bedeutung zuzubilligen ist, wurde mir durch eine doppelte Beobachtung aufgezeigt: Zum einen durfte ich mehrfach erfahren, dass auch andere – wie ich später des öfteren zu hören bekam – die gleiche Freundlichkeit an diesen beiden schweren Eingangstüren ebenfalls schon einmal für sich als Lichtstrahl des Himmels und als „Zeichen der Transzendenz" empfunden hatten. Zum anderen machte mich die unerwartete Fortsetzung meines „Türerlebnisses" hellhörig. Denn als ich, von der Vorlesung zurück, mit einem Kollegen im mehr als fünftausend Kilometer entfernten Amerika telefoniere, ist meine Stimmung immer noch so aufgelockert und heiter, dass mir von der Gegenseite her die leicht ironische Bemerkung entgegen tönt: „Dir scheint es heute ja gutzugehen! Old Germany lässt in Amerika die Sonne aufgehen – und an das einem düsteren und kalten Wintertag!"
Ich bin so verwegen, mir vorzustellen, wie mein amerikanischer Kollege, von meiner fröhlichen Stimmung angesteckt, an diesem Montag ähnlich fröhlich seinen Mitarbeitern gegenüber reagiert und so eine durch eine schwere Tür in dem kleinen B. ausgelöste Heiterkeit sich fortpflanzt und vielleicht sogar in dem weiten Amerika ansteckend wirkt. „Der Himmel fängt im Kleinen an. Auch die kleinen Freundlichkeiten sind nicht banal" (Wenzl-Heil).

*

Gott ist ein Gott der kleinen Gesten, der kleinen Schritte, der kleinen Zeichen ... In jedem Menschenleben gibt es solche Erfahrungen, in denen meist nichts Übernatürliches geschieht und dennoch das Göttliche durchschimmert. Nur wer sich den Blick für dieses Kleine einübt, wer mit wachen, „gottweiten" Sinnen durch den Alltag geht, entdeckt plötzlich tausend Kleinigkeiten, über die er früher hinweggesehen hat, als „eine Kette kostbarer Augenblicke" (Schütz, S. 32) – einen freundlichen Gruß, einen überraschenden Telefonanruf, ein liebes Wort, einen lang ersehnten Brief, eine gute Fernsehsendung, einen dankbaren Blick, eine dargereichte Hand, eine freundschaftliche Begegnung, ein stilles Lächeln, ein einfaches Kalenderblatt ... Sie alle tragen eine göttliche Botschaft in sich, die den Lyriker Rainer Maria Rilke († 1926) zu der Aussage veranlasst: „Wenn dein Alltag dir arm scheint, klage ihn nicht an; klage dich an, dass du nicht stark genug bist, seine Reichtümer zu rufen" (in: Schütz, S. 24). Es liegt an mir, diese alltäglichen Kleinigkeiten zu „entziffern" und in ihnen die leise Hand Gottes zu erkennen. „Man muss nicht in die Sonne blinzeln, um vom Glanz des Allerhöchsten geblendet zu werden ..." (Seewald, S. 49).

P. Coelho, Der Alchimist, 2008. – B. Wenzle-Heil, Der Himmel fängt im Kleinen an, in: Kirche im SR 3: Innehalten vom 18.2.11. – K. Schmidt, „Darum singt dir mein Herz und will nicht verstummen", 2007. – Ch. Schütz, Er ist nahe, 1990. – P. Seewald, Als ich begann, wieder an Gott zu denken, 2004.

„BETET OHNE UNTERLASS!" (1 THESS 5,17)

GOTT IST UNS NAH IM GEBET

Als ich am Nachmittag in der Klosterkirche der Franziskanerinnen von S. vorbeischaue, finde ich eine Schwester im Rollstuhl vor, die alleine vor dem Altar sitzt. Ihr Rücken ist gebeugt, ihr Gesicht von Falten überzogen. Wie Hanna, die Mutter Samuels, „redet sie nur still vor sich hin, ihre Lippen bewegen sich und ihre Stimme ist nicht zu hören" (1 Sam 1,13). Ganz in sich versunken, ganz „bei sich zu Hause", zeigt nur ein gelegentliches

Hin- und Herbewegen des Oberkörpers an, dass sie lebt, im Inneren aber offenbar angefüllt ist mit einer Leidenschaft, die für den Beobachter wie den Priester Eli einst zu der Vermutung drängte, Hanna sei „betrunken" (vgl. 1 Sam 1,13-15).

Wie ich später erfahre, pflegen die Franziskanerinnen von S. das „Ewige Gebet", d. h., es gibt am Tag und in der Nacht, also vierundzwanzig Stunden rund um die Uhr, eine Gebetswache vor dem ausgesetzten Allerheiligsten. Als sozial-caritativer Orden engagiert man sich in der Hauptsache zwar in Krankenhäusern und Altenheimen, am „Ewigen Gebet" aber will man festhalten, obwohl die Personaldecke immer dünner wird. Im Dienst am Nächsten und im inständigen Gebet sieht man zwei Hände, die sich gegenseitig ergänzen. Nach Überzeugung der Ordensfrauen kann erstere nur Früchte tragen, wenn im Hintergrund betende Hände sich falten.

Als ich beim Verlassen der Kirche einen Aushang finde, auf dem man sich für eine Gebetsstunde eintragen kann, bin ich so verwegen, gleich eine der schwersten Stunden in der Nacht für mich auszusuchen. Als der Wecker mich eine Viertel Stunde vor 2 Uhr weckt, bereue ich meine Entscheidung: Ich fühle mich recht elend und fröstle. Halb schlafend noch torkele ich zur Kirche, wo mir eine Schwester freundlich lächelnd entgegenkommt. Sie wurde von Sr. Maria abgelöst und darf nun ins Bett; mit Sr. Maria, die bereits auf dem Betstuhl Platz genommen hat, werde ich für eine Stunde die Gebetswache übernehmen. Am Morgen werde ich hören, dass diese Nachtstunde seit zwanzig Jahren die ihre ist.

Wie unendlich lang doch eine Stunde sein kann, zumal wenn man sie kniend auf einem Betstuhl verbringt! Gerne hätte ich zwischendurch einmal auf der nahen Bank Platz genommen, doch solange Sr. Maria neben mir es nicht tut, lässt mein Stolz es nicht zu. Und sie hält kniend durch bis zum Ende. Die Minuten schleichen nur so dahin. Als ich um 3 Uhr endlich mit schmerzendem Rücken und steifen Gliedern vom Betstuhl aufstehe, habe ich das Gefühl, in einem Steinbruch gearbeitet zu haben. Langsam beginne ich den früher so unverständlichen Satz von Madeleine Delbrêl zu verstehen: „Beten ist eine gewaltige Arbeit, die alles in uns in Beschlag nimmt ..."

*

Gott ist uns beim Beten nah! Eine tröstende Behauptung, die aber ihre Schwierigkeiten hat. Theologen definieren das Gebet als ein Gespräch mit Gott, als einen „Dia-log" also, der im Unterschied zum „Mono-log" vom Aus-Tausch mit einem Gegenüber lebt. Wie mühsam jedoch fällt ein Gespräch, wenn das Gegenüber wortkarg reagiert, nichts zu antworten weiß, keine Fragen hat, selbst in der Mimik keine Reaktion zu erkennen gibt. Aber ist nicht genau das beim Beten der Fall, ja um vieles mühsamer noch, da das Gegenüber immer unsichtbar und unhörbar bleibt? Wer sagt mir, dass alle meine Gebete nicht nur leere Worthülsen sind, die ungehört und spurenlos im weiten Weltall verhallen? Es sind nicht nur Kirchenkritiker und der Kirche Fernstehende, die skeptisch fragen; auch Gläubige haben hier ihre Not und sehen sich der Frage nach der Wirkung des Gebetes nicht nur einmal im Leben gegenüber. Die Schwierigkeit ist daher ernst zu nehmen und nicht einfach und schnell zu beantworten, vor allem nicht von schnellzüngigen Besserwissern.

Lässt sich die Kraft des Gebetes auch nicht objektiv beweisen, so aber doch innerlich erfahren, d. h. erahnen, erspüren, erfühlen: Peter *Wust*, der saarländische Philosoph (s. u.), verabschiedet sich von seinen zahlreichen Hörern, bereits vom Tod gezeichnet, mit den Worten: „Und wenn Sie mich nun fragen sollten, bevor ich jetzt gehe und endgültig gehe, ob ich nicht einen Zauberschlüssel kenne, der einem das letzte Tor zur Weisheit des Lebens erschließen könne, dann würde ich Ihnen antworten: ‚Jawohl!'. Und zwar ist dieser Zauberschlüssel nicht die Reflexion, wie Sie es von einem Philosophen vielleicht erwarten möchten, sondern das Gebet ... Die großen Dinge des Daseins werden nur den betenden Geistern geschenkt" (S. 261).

Ein tiefes Zeugnis für die Kraft des Gebetes verdanken wir auch Heinrich *Böll* († 1985). Es ist deshalb so wertvoll, weil es der Feder eines kritischen Dichters entspringt, dem man nicht so schnell religiöse Schwärmerei vorwerfen kann. In seinem frühen Nachkriegsroman „Und er sagte kein einziges Wort" (1953) legt er den beiden Hauptfiguren, den Eheleuten Käte und Fred Bogner, folgenden bemerkenswerten Dialog in den Mund: „Wenn ich betrunken bin", so Fred, „kann ich manchmal ganz gut beten ..." – Seine Frau Käte darauf: „Es ist nicht gut, Fred. Beten ist etwas für Nüchterne. Es ist, wie wenn du vor einem Aufzug stehst und Angst hast aufzuspringen, du musst immer wieder ansetzen, und auf einmal bist du im Aufzug, und er trägt dich hoch. Manchmal merke ich es deutlich, Fred, wenn ich nachts wach liege und weine, wenn endlich alles still ist, dann spüre ich oft, dass ich durchdringe. Alles andere ist mir dann gleichgültig, Wohnung und Dreck, sogar, dass du weg bist, macht mir dann nichts" (S. 156).

Dass nicht nur Juden und Christen auf Gebetserfahrungen hinweisen können, belegt der Hindu Mahatma *Gandhi* († 1948) mit der Beobachtung: „Wenn Helfer versagen und Tröstung entschwindet, mache ich immer wieder die Erfahrung, dass mir irgendwie Hilfe zuteil wird, ohne dass ich weiß, woher sie kommt. Demütige Bitte, Andacht und Gebet sind kein Aberglaube. Es sind Handlungen von größerer Realität als Essen, Trinken, Sitzen oder Gehen. Man übertreibt nicht, wenn man sagt, sie allein seien wirklich, und alles andere sei unwirklich."

Diese und die Erfahrungen vieler Generationen finden sich zusammengefasst und veranschaulicht in der sehr alten Geschichte, die vom Kampf Israels mit den Amalekitern in der Wüste (vgl. Ex 17,8-16) erzählt. Als Aaron und Hur sehen, dass ihr kleines Volk den gefährlichen Wüstensöhnen immer dann überlegen ist, wenn Mose beide Hände betend zum Himmel erhebt, stützen sie ihn von beiden Seiten, bis Israel am Ende als Sieger aus diesem ungleichen Kampf herausgeht. „Da sieht man, wie schwer die geistliche Männlichkeit es hat auf ihrem Gebetshügel," beschreibt Thomas *Mann* die doppelte Szene, „wohl wahrlich schwerer als die, die drunten dreinhauen darf im Getümmel" (S. 46). Aber auch das sagt die biblische Erzählung: Das Gebet vieler ist stärker als tausend Schwerter.

*

Es will der „Zufall", dass ich am Morgen danach jener Schwester im Rollstuhl begegne, die ich seit gestern nachmittag „kenne". Sie ist, wie sie mir spontan erzählt, auf dem Weg zur „Arbeit" – in die Kirche. Seit vierzig Jahren ist sie dabei; seit sie im Rollstuhl angebunden ist, nicht mehr in der Nacht, „nur" zweimal am Tag. „Ja, das Gebet ist oft mühsam! Am Abend habe ich zwar leere Hände, aber ich bin sicher, dass mein Beten hilft. Ich freue mich auf die Ewigkeit, wo ich all den Menschen begegnen werde, denen ich durch mein Gebet geholfen habe."

PS: Die Franziskanerinnen von S. sind nicht die einzigen die dem immerwährenden Gebet einen solch wichtigen Platz einräumen. Weltweit haben Tausende von Frauen und Männern das Gebet zu ihrer Arbeit gemacht.

P. Wust, Gestalten und Gedanken, 1961. – H. Böll, Und er sagte kein einziges Wort, 1953. – Th. Mann, Das Gesetz, 1983.

„Abba! Abba! Abba! ...!"

Zuweilen begegnet uns Gott in nur einem einzigen Wort

Der Sabbat war seit einer Stunde vorbei. Ich hatte am Busbahnhof in Jerusalem den ersten Bus nach Tel Aviv bestiegen, um einen Freund am Flughafen abzuholen. Gedankenversunken beobachtete ich, wie sich draußen am Einstieg ein etwa fünfzehnjähriges Mädchen weinend in die Arme des Vaters drückte; der Abschied fiel ihm sichtlich schwer. Wahrscheinlich hätte ich die Kleine in dem nachsabbatlichen Betrieb aus den Augen verloren, wenn sie nicht direkt vor mir Platz genommen hätte. So aber drang ihr Schluchzen immer wieder zu mir hin, auch noch, als der Bus bereits die Stadtgrenze von Jerusalem verließ. Eine halbe Stunde später etwa reißt mich das schrille Klingeln eines Handys aus meinen Gedanken. Kaum, dass ich registriere, wo es herkommt, bricht es auch schon aus dem jungen Mädchen auf dem Sitz vor mir heraus: „Abba!" „Abba!" „Abba!" ... – immer nur das eine Wort, zehnmal, zwanzigmal, ich weiß nicht wie oft. Tränen vermischen sich mit Lachen, die Stimme überschlägt sich, flüstert, wird laut – und mittendrin immer wieder „Abba!", „Abba!" ...

*

Jesu Gottesanrede, sein „Abba", war etwas Einmaliges, etwas Unerhörtes, etwas bis dahin nie Dagewesenes. Dem Judentum der Zeitenwende ist die Vateranrede zwar nicht unbekannt, doch nur in den Formeln „mein Vater" (aram. abí) und „unser Vater" (aram. abínu). Gott einen „Abba", d. h. ein liebes, gutes Väterchen, zu nennen, das war für den frommen Juden Gotteslästerung.

Für die frühe Jesusgemeinde muss die Abbaanrede etwas besonders Wertvolles gewesen sein. Denn nur so erklärt es sich, dass sie Gott in ihren griechischsprachigen Gottesdiensten mit dem aramäischen „Abba" anredet (vgl. Gal 4,6; Röm 8,15).

„Abba" ist im Aramäischen ursprünglich ein Lallwort und mit „Papa", „lieber, guter Vater, du" zu übersetzen. Mit ihm rufen um die Zeitenwende kleine und große Kinder nach ihren Vätern; „Abba" ist aber auch respektvolle Anrede für alte, weise Männer. Das Wort atmet Herzlichkeit, Güte und Wohlwollen. „Wenn ich abba sage, redet das Herz mehr als der Mund!", sagt Martin Luther. Mit Abba charakterisiert Jesus Gott als Vater mit warmem und fürsorglichem Herzen, der nichts anderes als das Glück seiner Kinder im Auge hat. „Nicht irgendein ‚höheres Wesen', ein blindes, kaltes Schicksal herrscht über uns und regiert die Welt, sondern ein Vater, der es gut mit uns meint" (Santer). Es hat mit der patriarchalischen Zeitstruktur zu tun, dass Jesus „Vater" nicht um „Mutter" ergänzt bzw. Gott eine Mutter nennt.

Dass dieses Abba-Bild aber von jeder Romantik und falschen Sentimentalität freizuhalten ist, lehrt uns Getsemani, wo Jesus in Todesangst betet: „Abba, mein Vater, alles ist dir möglich. Nimm diesen Kelch von mir! Doch nicht, was ich will, sondern was du willst!" (Mk 14,36).

*

Das alles hatte ich brav studiert und in meinem Kopf gespeichert. Was aber das kleine Wort aus vier Buchstaben, von dem der Kirchenschriftsteller Tertullian sagt, es enthalte in sich das ganze Evangelium, in seinem Kern enthielt, das ging mir erst an diesem Abend auf dem Weg nach Tel Aviv auf.

Von den Mönchen der Frühzeit ist bekannt, dass sie mit einem Wort aus der Heiligen Schrift oder den Schriften der Väter, oft auch mit einem Wort ihres Seelenführers ihre Einsamkeit füllten (vgl. Schmidt, S. 62ff.). Wer sie aus der Ferne beobachtete, hörte, wie sie mit nach innen gekehrtem Blick immer wieder ein Wort, einen kurzen Satz vor sich hin „murmelten" (lat. meditari), um so ihre Seele zu nähren. Hatte Jesus, ihr Meister, als ihn nach vierzig Tagen in der Wüste hungerte, nicht selber dem Teufel geantwortet: „Der Mensch lebt nicht nur vom Brot, sondern von jedem Wort, das aus dem Munde Gottes kommt!" (Mt

4,4)? Worten, vor allem denen aus den heiligen Schriften, wohnt eine eigene Kraft inne. „Dein Wort ist meinem Fuß eine Leuchte!" (Ps 119,105), bekennt dankbar ein unbekannter Beter lange vor der Zeitenwende."Dein Wort erhält die, die auf dich vertrauen!" (Weish 16,26), weiß schon ein alttestamentlicher Weiser zu berichten. „Den Strauchelnden richten auf deine Worte!" (Ijob 4,4) stellt für sich der Dulder Ijob fest.

Diese alte mönchische Erfahrung wird bis heute in unseren Klöstern sorgfältig gepflegt. In der „Geistlichen Lesung", der sogenannten „Lectio divina", suchen Nonnen und Mönche gleich am Morgen schon, noch vor dem Frühstück, „ihr" Wort für den Tag. Diese Lesung hat nicht den Charakter eines Studiums und meint auch kein einfaches Lesen, sondern ist eine Lesung ohne Hast, mehr Meditation als Information. Wie es von Maria heißt (vgl. Lk 2,19), dass sie die Worte der Hirten „in ihrem Herzen bewahrt und darüber nachdenkt", ist man gebeten, ein Wort, einen Satz, einen Abschnitt wie ein Stück Schwarzbrot zu kauen, auf dass sein Inhalt langsam vom Kopf ins Herz herabsinkt (Kein Weg ist weiter!), seine Kraft entfaltet und die Seele stärkt. Der Prophet Ezechiel, der die ihm dargereichte Buchrolle isst, stellt überrascht fest: „Sie wurde in meinem Munde süß wie Honig" (Ez 3,3).

Was Nonnen und Mönchen hilft, ihren Tag zu meistern, kann auch „Weltmenschen" nicht schaden. Was tut man nicht alles für den Körper! Man achtet auf gesunde Ernährung, schluckt zusätzlich Vitamine, absolviert schweißtreibende Trainingsprogramme, fordert regelmäßigen Urlaub. Damit verglichen, behandeln viele ihre Seele stiefmütterlich. Dabei ist eine unterernährte Seele, eine Seele, die keinen Sinn mehr sieht, keine Liebe erfährt, keinen Trost findet, lebensgefährlich für den Menschen; die Zunahme der seelischen Erkrankungen in unserer Gesellschaft ist der Beweis. „Glück ist" – nach einem Unbekannten – „nichts Äußeres, sondern ein leises Singen der Seele." Gerade am Anfang eines mit Sorgen und Problemen gefüllten Tages kann ein Wort, ein Satz, ein Gedanke für die Seele wie eine kraftspendende Quelle sein. Paul Roth empfiehlt daher:

„Einmal am Tag,
da solltest du ein Wort in deine Hände nehmen,
ein Wort der Schrift.
Sei vorsichtig,
es ist so schnell erdrückt und umgeformt, damit es passt.

Versuch nicht hastig, es zu ‚melken', zu erpressen,
damit es Frömmigkeit absondert.
Sei einfach einmal still.
Das Schweigen, Hören, Staunen ist bereits Gebet
und Anfang aller Wissenschaft und Liebe.

Betaste das Wort von allen Seiten,
dann halte es in die Sonne
und leg es an das Ohr wie eine Muschel.
Steck es für einen Tag wie einen Schlüssel in die Tasche,
wie einen Schlüssel zu dir selbst.
Fang heute an! Vielleicht damit:
‚Es geschehe dein Wille,
wie im Himmel so auf Erden!' "*

Damit sich bei jenen, die schnelle Erfolge gewöhnt sind, keine Enttäuschung breit macht: „Vom Wort Gottes wird gesagt, dass es eine Leuchte zu unseren Füßen sei, die die nächsten Schritte erhellt, nicht aber ein kosmischer Scheinwerfer ..." (Zahrnt, S. 99).

K. Schmidt, „Darum singt dir mein Herz und will nicht verstummen", 2007. – H. Zahrnt, Gotteswende, ²1989. – * Ort unbekannt

„ICH HAB IMMER NUR ANS KOCHEN GEDACHT!"

GOTT IST UNS NAH AUCH BEI DER ARBEIT

Als wir uns zum erstenmal begegneten, war sie weit über siebzig. Ich erinnere mich, wie sie mir, der ich im Vortragsaal auf die Schwestern wartete, als erste entgegenkam: Etwas füllig, schwer gehend, aber mit strahlenden Augen und einem breiten

Lachen. Es war dies die Geburtsstunde einer sechsjährigen geistig-geistlichen Freundschaft, die sich aus der Quelle eines täglichen, meist kurzen Anrufes speiste, den wir beide vermissten, wenn er einmal ausfiel. „Wie sollten wir" – fragt ein unbekannter geistlicher Lehrer mit Recht – „zu einer lebendigen Christusbegegnung kommen, wenn wir nicht – zwar behutsam und offen – mit anderen Christen über unsere Erfahrungen sprechen, die wir als Jünger Jesu machen durften, wenn wir nicht einander mitteilen, was an Einsichten jedem nach der ihm geschenkten Gnadengabe gegeben wurde?" Das war es: Neben den Informationen des Alltags waren es vor allem geistlich-geistige Impulse, Tipps, Nöte, Erfahrungen, die wir miteinander austauschten und uns so gegenseitig auf dem Weg zu Gott ermutigten.

Sr. Veronika, so hieß die geistig-geistliche Freundin, stand dreißig Jahre der Küche einer Katholischen Jugendbildungsstätte mit 120 Betten vor. Täglich musste für wenigstens hundert Gäste der Tisch gedeckt sein, und das in der Nachkriegszeit, als die Nahrungsmittel knapp waren. Sie selbst war der Beweis dafür, dass sie zu kochen verstand. Man liebte und schätzte sie. Morgens um 5 Uhr begann für sie der Tag. Ihr erster Gang führte sie in die Küche. Frühstück und Abendessen bereiteten keine Probleme, aber das Mittagessen stellte jeden Tag eine Herausforderung dar. Wie hundert und mehr Mägen so füllen, dass sie zufrieden waren? Wenn sie abends müde im Bett lag, waren ihre Gedanken immer noch in der Küche. Und die Kirche? Ja, sie kam entschieden zu kurz. Auf die Messe verzichtete sie nie, die übrigen Stundengebete aber am Mittag und am Abend mussten oft daran glauben.

Jetzt, da sie alt und krank war und viel Zeit zum Nachdenken hatte, plagten sie Gewissensbisse. Gebetsmühlenartig wiederholte sie in unserem täglichen Gespräch jede Woche wenigstens einmal den Satz: „Ich hab immer nur ans Kochen gedacht! Wenn ich mir doch nur mehr Zeit fürs Gebet genommen hätte!"

*

Gebet gegen Arbeit? Eine Alternative, die Gebet und Arbeit gegeneinander ausspielt, gibt es nicht. Gebet ist Arbeit und Arbeit ist Gebet. Beide Sätze haben ihre Schwierigkeiten. Man muss nur einmal eine Stunde lang aufmerksam zu beten versuchen, um zu erfahren, dass Gebet harte Arbeit ist. Aber auch der andere Satz, dass Arbeit Gebet ist, hat es nicht leicht. Immer noch wird Arbeit, vor allem von frommen Gemütern, unterbewertet und dem Gebet nachgeordnet. Der Mönchsvater Benedikt ruft seinen Mönchen in seiner Regel zwar „Bete und arbeite!" zu, betont dann aber im gleichen Atemzug, dass dem Gebet nichts vorgezogen werden darf (Benediktusregel 43). Ein Satz, der Sr. Veronika ein Leben lang arge Not bereitete.

Weil der Alltag mit seinen vielfältigen Arbeiten „die eigentliche Schule des Lebens und wohl auch des Glaubens" (Schütz, S. 21) ist, ist es für Abt Christian Schütz OSB an der Zeit, endlich eine Spiritualität des Alltags und der Arbeit zu entwickeln. Hat nicht Jesus die in der Antike wenig geachtete körperliche Arbeit dadurch geheiligt, dass er als Bauhandwerker vermutlich bis zu seinem öffentlichen Auftreten auf den Großbaustellen Galiläas, in Sepphoris und Tiberias, sein Brot verdient? Dürfen wir nicht in der Vaterunser-Bitte „Unser tägliches Brot gib uns heute!" sein Bemühen um den täglichen Lebensunterhalt angesprochen sehen? Und sucht schließlich nicht der Auferstandene die Jünger an einem Werktag bei der täglichen Arbeit des Fischens „am See von Tiberias" auf (vgl. Joh 21,1-23)?

Doch wie ist den alltäglichen Arbeiten des Brotverdienens, des Kochens, des Putzens und Erhaltens „Geist", „Übernatürlichkeit" und „Gottesnähe" einzuflößen? Indem man nach Schütz „den Finger auf die kleinen Dinge und Vollzüge des Daseins wieder legen lehrt: auf die Vollzüge unseres Menschseins wie Gehen, Stehen, Sitzen, Arbeiten, Schlafen, Essen, Denken und Reden ..." (S. 21). Mit Teilhard de Chardin († 1955), dem Jesuiten, Anthropologen und Naturwissenschaftler, dürfen wir in dem Wissen und der festen Überzeugung leben, dass „der lebendige Gott nicht weit von uns ist. Er ist nicht außerhalb der greifbaren Sphäre. Er erwartet uns vielmehr jederzeit im Handeln, im Werk des Augenblicks. Er ist gewissermaßen an der Spitze meiner Feder, meiner Hacke, meines Pinsels, meiner Nadel ..." (S. 77).

Vielen, die mit Sr. Veronika darunter leiden, unter dem Druck des Alltags für das Gebet zu wenig Zeit aufgewendet zu haben bzw. noch zu haben, ist das Gedicht der österreichischen Lyrikerin Christine Busta (1914-1987), das sie mit „Die andere Frömmigkeit" überschreibt, Trost und Ermutigung zugleich:

„Immer tiefer ergreifen mich die Gebete,
die der Beter selbst nicht erkennt.
Die schwieligen Hände des Gärtners,
der Samen einlegt und Unkraut jätet,
die gewissenhafte Griffe ans Steuer,
die eintönig genauen am Fließband,
die wachsamen an Hebeln und Schaltern,
die Fäuste an rüttelnden Pressluftbohrern,
die behutsamen Finger
mit Messern, Pinzetten und Nadeln,
das geduldige Ohr an den Okularen
der Mikro- und Teleskope,
das Ohr für die fernsten Funksignale,
das Sondieren ins Unbekannte,
die Andacht des Blicks für das Ganze,
und die Hingabe ans Detail,
die Wissbegier, die der Erkenntnis
Handlangerdienste tut,
und die Demut, die täglich fürs Überleben
auf den eigenen Namen verzichtet
und sich vor Gott verneigt." *

Chr. Schütz, Er ist nahe, 1990. – T. de Chardin, in: Chr. Schütz, Er ist nahe, 1990, S. 77. – * Ort unbekannt.

„GOOD FOR THE PRAYER!"

GOTT BEGEGNET UNS OFT DORT, WO WIR IHN NICHT ERWARTEN

Am vorletzten Tag unserer fünfzehntägigen Studienreise, auf der wir Israel in seiner ganzen Länge von Dan, hoch oben im Norden, bis nach Beerscheba in der Negevwüste im Süden durchfahren haben, sitzen wir zusammen, um Bilanz zu ziehen. Den Platz auf dem Tell Arad, einer antiken Stadt dreißig Kilometer östlich von Beerscheba, habe ich bewusst gewählt, weil er mich seit Jahren schon magnetisch anzieht. Hier, in dem kleinen, von einer schlichten Mauer umgebenen Geviert eines

Doppeltempels aus dem 3. Jahrtausend v.Chr., in dem Menschen vor 5000 Jahren ihren Göttern geopfert haben, ist mir, als strahle das Gemäuer immer noch eine besondere spirituelle Kraft aus. Die von Archäologen vorbildlich rekonstruierte Stadt, auf die im 14. Jahrhundert v. Chr. die von Mose ausgesandten Kundschafter vielleicht gestoßen sind (vgl. Num 13; 21,1), gibt uns nicht nur Einblick in eine frühe, hoch entwickelte Wohnkultur, sondern auch in ein ebenso klug durchdachtes Verteidigungssystem.

Jetzt, am Spätnachmittag, überzieht sich die Landschaft mit einem faszinierenden Goldglanz. Wir sind allein auf dem relativ weiten Gelände. Aus einem der Beduinendörfer, die den Tell in weitem Bogen umgeben, schwappt ab und zu einmal das Schreien eines Esels herüber. Eine meditative Stimmung hat die Gruppe gepackt. Jeder ist mit der Frage beschäftigt, die wir uns zu Beginn unserer Studienreise selber gestellt haben: „An welchen Orten ist mir in diesen zwei Wochen so etwas wie eine Gotteserfahrung zuteil geworden?"

Heike hat als erste den Mut, das Schweigen zu durchbrechen. Von den vielen Eindrücken der letzten Tage ist ihr die Morgenandacht in Dalmanuta bei Tabgha am kostbarsten. Diese Stille, dieser einzigartige Blick über den See, diese ganz dichte Atmosphäre – sie werden ihr unvergesslich bleiben. – Claudia hatte ihr tiefstes Erlebnis bei der Wüstenwanderung. Im Flimmern der mittäglichen Hitze über den Dornbüschen war ihr, als erlebe sie das gleiche wie einst Mose: Der Dornbusch brannte, aber verbrannte nicht. – Christian begeisterte sich für die Fahrt auf dem See Gennesaret. Als das Boot mitten auf dem See anhielt und nichts als das Plätschern des Wassers zu hören war, da drängte sich wie von selbst die Geschichte der Sturmstillung vor sein inneres Auge und mit ihr Jesus, wie er machtvoll die Hand ausstreckte und den sich auftürmenden Wassern gebot. – Anjas Gedanken kehren immer wieder zur Wanderung in Galiläa zurück. Das Stolpern auf dem engen und steinigen Weg von Chorazin nach Kafarnaum hinab unter einer unbarmherzigen Sonne war alles andere als ein Spaziergang. Hier fiel es ihr leicht, sich Jesus vorzustellen, wie er mit den Jüngern und einigen wenigen Frauen von Dorf zu Dorf unterwegs war, um den Menschen seine Botschaft von der nahegekommenen Gottesherrschaft zu bringen ...

Fünfundzwanzig Erlebnisse, fünfundzwanzig unterschiedliche Berichte! Was uns alle am Ende überrascht: Unter den genannten Orten ist keiner der klassischen „Heiligen Stätten" der Bibel – nicht die Geburtsgrotte in Betlehem, nicht die Verkündigungskirche in Nazaret und auch nicht die Grabes- und Auferstehungskirche in Jerusalem. Der Rummel, die Hektik, der Lärm, der Kitsch hier und der Verfall dort – vieles stieß ab, vieles drängte zur Flucht, vieles ließ die Seele kalt ...

*

Wo kann ich Gott erfahren, wo ihm nahe kommen? Und schon sehen wir uns hin und her gerissen zwischen zwei theologischen Beobachtungen, die beide richtig sind:

Die erste: Gott ist überall, selbst am einsamsten und unansehnlichsten Ort in dieser Welt. Im frommen Judentum erzählt man sich die Geschichte, dass ein Heide einmal Rabbi Josua fragte, warum Gott einen Dornbusch wählte, um mit Mose zu reden? „Der Rabbi antwortete: ‚Gott hat den ärmlichen und kleinen Dornbusch gewählt, um dich zu belehren, dass es auf Erden keinen Platz gibt, an dem ER nicht anwesend ist.'"

Dass Gott tatsächlich den verborgenen und unansehnlichen Ort liebt, bestätigt für die Evangelien scherzhaft eine in Nazaret lebende Klarissenschwester mit der Bemerkung: „Als der Erzengel Gabriel ausgerechnet in Nazaret Maria aufsuchen und ansprechen sollte, musste er sich schon eine sehr große Brille aufsetzen. Sonst wäre er darüber hinweggeflogen" (Schmidt, S. 86).

Aber auch diese Beobachtung ist richtig: Es gibt „Heilige Orte", an denen man nach der Schriftstellerin Andrea Schwarz intuitiv spürt, dass „hier etwas anders" ist. Nicht aufgrund herausragender Kunstwerke oder anderer Besonderheiten, sondern weil an ihnen das Göttliche verdichtet scheint. Verdichtet vielleicht durch ein Erlebnis, wie es dem Patriarchen Jakob in Bet-El zuteil wird, wo er im Traum sieht, wie auf einer von der Erde bis zum Himmel reichendenTreppe unablässig Engel hinauf- und heruntersteigen (vgl. Gen 28,10-19). Vielleicht aber auch durch ein hartes Ringen mit Gott wie jenes Ringen Jakobs am Jabbok (Gen 32,23-33). „Irgend etwas ist da, und ich spüre es!", resümiert A. Schwarz am Ende ihrer Meditation über „Heilige Orte".

„Heilige Orte" sind für uns Menschen wichtig, weil sie uns verändern. So wurde Rabbi Kuk, der erste Oberrabbiner Israels († 1935), einmal von seinen Schülern gefragt: „Du hast uns doch gelehrt, dass Gott überall und überall der gleiche ist! Warum gehst du dann zum Beten in die Synagoge?" – Rabbi Kuk antwortete: „Ja, es stimmt, dass Gott überall und überall der gleiche ist, aber ich, ich bin nicht überall der gleiche. Ich gehe zum Beten in die Synagoge, weil die Synagoge mich verändert, sensibler und hellhöriger macht!"

„Heilige Orte", seien es prachtvolle Kathedralen, einfache Kirchen oder Kapellen, sind „Heil-Orte" (Hedwig Beckmann). Mit Heil „aufgeladen" durch die Wunderhand Gottes und durch die Gebete und die Tränen von vielen, werden sie zu heilenden „Kraftfeldern" für alle, die bittend und glaubend in sie eintauchen. „Es genügt hier stille zu werden ..." (H. Beckmann).

*

Inzwischen ist es dunkel geworden. Als wir aufbrechen, steht plötzlich ein Beduine im langen hemdartigen Gewand in unserer Mitte. Schüchtern, fast ängstlich streckt er uns seine rechte Hand entgegen, in der wir nach längerem Hinschauen Scherben entdecken. Seinen Gesten ist zu entnehmen, dass er sie hier, im Doppeltempel, einem „holy place", gefunden haben will. Als wir seinen Werbeslogan „Good for the prayer!" hören, können wir ein heimliches Grinsen nicht mehr unterdrücken. Wie sollen antike Scherben gut fürs Gebet sein?

Wochen später finde ich eine indirekte Antwort in einem Versandhaus-Katalog für „die moderne Hausfrau" (!), wo raffinierte Werbemanager sich das Wissen geistlicher Lehrer zunutze machen und empfehlen: „Ihre Seele sehnt sich nach einem ganz privaten Besinnungsort? Gestalten Sie diesen .... mit unserer Jesusfigur für 12,80 Euro, die Sie täglich zum Gebet einlädt! ... Freuen Sie sich darauf: Wo die Jesus-Figur steht, sammeln Sie neue Kräfte!" Eine (vielleicht) antike Scherbe aus einem 5000 Jahre alten Doppeltempel gegen eine kitschige Jesusfigur: Gemeinsam ist beiden die jahrhundertealte Erfahrung, dass „Heilige Orte", selbst in der Reduktion auf ein Stück Ton oder Gips, uns auf unserem spirituellen Weg Hilfe sind bzw. sein können.

K. Schmidt, „Darum singt dir mein Herz und will nicht verstummen", 2007.

Geschockt die einen, gerührt die anderen

Wo Gott mir ferne zu sein scheint, kann er einem anderen aber durchaus nah sein

Flug Nr. RJ 126 mit der „Royal Jordanian", der staatlichen Fluggesellschaft Jordaniens, von Amman nach Frankfurt. Ich bin begeistert. Erstmals habe ich – wie alle anderen 200 Passagiere des Airbusses – einen kleinen Monitor im Sitz vor mir installiert. Auf ihm kann jeder für sich einen Film oder auch das Navigationsprogramm abrufen. Da es mich reizt zu wissen, auf welchem Weg wir die 4000 km zwischen beiden Städten zurücklegen, entscheide ich mich für das Routenprogramm. Ehe die Navigation beginnt, erscheint auf dem Bildschirm als erstes, noch vor dem Start, eine Sure aus dem Koran, ich vermute ein Gebet. Erst als wir in der Luft sind und schon an Höhe gewonnen haben, startet auch das Navigationsprogramm. Vier Stunden lang kann ich nun genau die Bewegung der Maschine verfolgen, im Rhythmus von etwa drei Minuten werden in Arabisch und Englisch die aktuelle Flugroute, die Fluggeschwindigkeit, die Flughöhe, die Außentemperatur und schließlich die voraussichtliche Ankunft in Frankfurt angezeigt. Ein faszinierendes Erlebnis! Zu Beginn jeden Datenablaufes aber, in vier Stunden also wenigstens achtzigmal, erscheint auf dem Monitor als erstes, obwohl für unseren Flug absolut nicht wichtig, die Position Mekkas, der heiligsten Stadt des Islam, angegeben, und zwar in ihrer augenblicklichen Entfernung zu unserer Maschine und in der Himmelsrichtung. So weiß jeder fromme Moslem an Bord, wie weit und in welcher Richtung er sich von dem Zentrum seiner Religion fortbewegt. „Eine Spielerei!", werden viele sagen, eine Spielerei aber, die mich zum Nachdenken zwingt.

*

Wo haben wir Christen unser „Mekka", unseren geistig-geistlichen Mittelpunkt? Nein, nicht in Rom und auch nicht in Konstantinopel, nicht in Lourdes und auch nicht in Fatima! Die Augen der Christen müssten auf Jerusalem gerichtet sein. Primär nicht, weil Jesus dort gelitten hat und gestorben ist, sondern weil er hier von Gott auferweckt wurde. In dem, was heute als

Heiliges Grab in der Grabes- und Auferstehungskirche verehrt wird, geschah Unvorstellbares, Einmaliges, Einzigartiges, das zu beschreiben uns die Begriffe, Bilder und Vorstellungen fehlen. Keine Religion kann gleiches von ihrem Religionsstifter behaupten, keine Religion hat ihren Anhängern eine hoffnungsvollere Botschaft anzubieten als das Christentum. Eine Botschaft, die den Glaubenden nicht nur die Angst vor dem eigenen Tod mindert, sondern auch das Leben hier und jetzt entspannt, vertieft, entschärft und erhellt (vgl. Bösen). – Hier auch, in der Nähe des Grabes, hat sich der Auferweckte erstmals am frühen Morgen des ersten Tages nach dem Sabbat, dem Sonntag, lebend gezeigt, nicht den Zwölf, dem harten Kern der Jesusgruppe, sondern Frauen aus Galiläa (vgl. Mt 28,1-10; Joh 20,1-18). Wenn im Christentum doch nur alles so eindeutig zu bestimmen wäre wie seine heiligste Stätte! Es ist die Anástasis mit dem Heiligen Grab in Jerusalem.

Doch welch eine Enttäuschung für viele Besucher der Heiligen Stadt! Wo sie eine Kirche im Strahlenglanz des Auferstandenen erwarten, empfängt sie ein hässlicher, in sich verschachtelter Bau, in dem man sich ohne Führung nicht zurecht findet. Wenn sie Pech haben, werden sie gar Zeugen, wie orthodoxe, armenische und lateinische Mönche mit Schaufel und Besen aufeinander losgehen und sich prügeln, selbst wenn es um die Beseitigung von Schmutz und Dreck auf heiligem Boden geht.

Und hat man es nach langem Warten endlich bis zum Eingang des Heiligen Grabes geschafft, kann es passieren, dass ein Mönch die Wartenden mit unfreundlichen Gesten zurückdrängt, um Platz für eine Prozession zu schaffen; vorgegebene Zeiten sind pünktlich einzuhalten, will man keinen Ärger mit einem der anderen fünf Eigentümern des Heiligtums riskieren. In Stoßzeiten geht es hier wie auf einem Jahrmarkt zu; Pilger und Touristen schieben und drängen, stoßen und treten, jammern und fluchen. Nein, in der Grabeskirche kann man den Glauben an Jesus und die Kraft des Evangeliums verlieren!

*

Vielleicht aber auch stört dieses „Chaos" nur ordnungsliebende Deutsche. Griechische Pilger jedenfalls, Frauen wie Männer, umarmen und küssen selbstvergessen den Salbungsstein am Eingang mit einer Inbrunst, die uns zugleich peinlich und neidvoll berührt. Asiatische Christinnen und Christen aus Japan oder den Philippinen warten voller Andacht und froher Erwartung geduldig in einer langen Reihe darauf, endlich ins Heilige Grab eintreten zu dürfen. Farbige aus Afrika haben sich für diesen Besuch mit den schönsten und buntesten ihrer Gewänder geschmückt.

Als ich an einem Nachmittag die Anástasis besuche, entdecke ich im Vorbeigehen in der Nähe des Heiligen Grabes, in einer Ecke, von der aus man, wenn auch aus der Entfernung, ins Innere des Heiligen Grabes hineinschauen kann, ein schwarzes Bündel von Mensch auf der Erde kauern. Es muss eine Frau sein, die weiten Gewänder verraten es. Ihren Kopf hat sie in den Schoß gedrückt, ihre Hände versteckt. Ein gesichtsloses Bündel, an dem man nicht ungerührt vorbeigehen kann. Als ich nach einer Stunde wieder hier vorbeikomme, sitzt die Frau immer noch auf ihrem Platz. Ja, es ist eine Frau, vermutlich eine Griechin. In ihrem jetzt offenen Gesicht sind die Spuren eines langen und mühevollen Lebens eingegraben. Ihre Hände hat sie in der Art einer Muslimin zum Gebet erhoben, ihre Augen sind auf den Eingang des Heiligen Grabes gerichtet – und strahlen. Hier hat jemand, ungerührt von dem ihn umgebenden Lärm und Gezänk, den Auferstandenen „gesehen".

Ich habe die himmlische Lektion verstanden: Wo Gott für mich fern zu sein scheint, kann er anderen durchaus nah sein.

* Zur Auferstehung vgl. W. Bösen, Auferweckt gemäß der Schrift, 2006.

GOTT BEGEGNET UNS IN STÄRKEN UND SCHWÄCHEN, IN BEGABUNGEN UND NEIGUNGEN, IN WIDRIGKEITEN UND ENTTÄUSCHUNGEN

„An deinen Grenzen wartet Gott auf dich!"
Raphael Hombach OSB

„HAT MEIN LEIDEN NOCH EINEN SINN ...?"

GOTT IST UNS NAH IN DER OHNMACHT EINER KRANKHEIT WIE IN DER HILFLOSIGKEIT DES ALTERS

Sie wurde 94 Jahre alt. Als sie vor sechs Jahren starb, wurde die Welt um eine Beterin ärmer. In den letzten zehn Jahren war das Herz zu schwach, um auch nur noch eine Treppenstufe steigen zu können. Und so war sie eingesperrt in ihrem Zimmer, zuletzt in ihrem Bett. Ihre Augen waren zu schwach zum Lesen und Fernsehen; Schwerhörigkeit machte jedes Gespräch für beide Seiten zu einer mühsamen Anstrengung. Sie war Zeit ihres Lebens eine fromme Frau gewesen, und auch am Ende gehörte das Beten zu ihren Hauptbeschäftigungen. Wenn ich sie besuchte, hielt sie mir ihren Rosenkranz entgegen und flüsterte: „Für dich, für ..., für ...!" Das Gebet für die Familie, für die Welt war jahrelang ihre einzige Beschäftigung, und betend ging sie dem Tod in einer bewundernswerten Gelassenheit entgegen.

*

Frau S. steht für viele Tausende, die in Kliniken, Alten- und Pflegeheimen bewegungslos daliegen und sich fragen: Hat mein Leiden noch einen Sinn, haben meine Schmerzen einen Wert? Von der französischen Philosophin Simone Weil († 1943) stammt der Satz: „Nichts ist erniedrigender als das sinnlose Leiden" (Sp. 784f.).

Wo in diesem stillen Leiden darf ich, wenn überhaupt, einen Sinn sehen? Immer wieder wird in diesem Zusammenhang ein Satz im Kolosser-Brief zitiert, in dem ein Unbekannter (nicht Paulus, wie oft zu lesen) schreibt: „Jetzt freue ich mich in den Leiden, die ich für euch ertrage. Für den Leib Christi, die Kirche, *ergänze* ich in meinem irdischen Leben das, was an den Leiden Christi noch *fehlt* ..." (Kol 1,24 EÜ). Der Satz klingt missverständlich, Schwierigkeiten bereitet vor allem das Wörtchen „ergänzen". Es klingt so, als fehlte dem heilwirkenden Leiden Jesu noch ein Quäntchen, das nun durch das Mitleiden der Gläubigen ersetzt werden müsse.

Das griech „ant-anapleróô" bedeutet wörtlich übersetzt „ich

mache meinerseits voll oder ergänze", wobei durch die Vorsilbe „ant(í)" die Stellvertretung betont wird. Luther gibt die umstrittene Stelle mit „... ich erstatte an meinem Fleisch, was noch an den Trübsalen Christi mangelt" wieder, das um eine textorientierte Übersetzung bemühte „Münchener Neue Testament" mit „... ich fülle auf das Übriggebliebene an den Bedrängnissen des Christus in meinem Fleisch ...".

Alle drei Übersetzungen tun sich nichts, alle drei sehen im Erlösungswirken Jesu einen Mangel, den die Gläubigen ihrerseits ergänzen müssen. Das aber kann theologisch nicht sein, weil das von Jesus erwirkte Heil um keinen Deut ergänzt zu werden braucht. Einem bis zum Rand hin gefüllten Gefäß kann ich auch nicht nur einen Tropfen hinzufügen. Voll ist voll! „Ergänzen, erstatten, auffüllen, hinzufügen", von dem der Schreiber des Kolosserbriefes spricht, muss daher anders zu verstehen sein.

Theologisch korrekt sind wir, wenn wir die vier Verben im Sinne von „Anteil nehmen" übersetzen – Anteil nehmen an der Erniedrigung, die Jesus durch den Abstieg aus göttlicher Höhe in diese Welt auf sich nahm, Anteil nehmen an den Leiden, den Demütigungen und Schmerzen seiner Passion (vgl. 1 Petr 4,13).

Zu wenig? – Im Fernsehen berichtet eine Frau von einem Besuch bei einem Therapeuten, um großen Kummer loszuwerden. Sie erzählt und erzählt und erzählt ..., der Therapeut hört nur wortlos zu. Beim Erzählen kann sie die Tränen nicht mehr zurückhalten, ihre Augen ertrinken regelrecht im Wasser ... Als sie sie nach dem Notschrei trocken gerieben hat und endlich aufschaut, sieht sie, dass der Therapeut ebenfalls weint. Sie schließt ihren Bericht vor der Kamera: „Dieses Gefühl, dass da jemand ist, der an meinem Kummer solchen *Anteil* nimmt, war für mich kostbarer selbst als goldene Worte!"

Heute noch ist es in jüdischen und muslimischen Kreisen üblich, was vor 30 bis 40 Jahren auch bei uns eine feste Tradition war: Bis zur Beerdigung kommen Verwandte und Nachbarn am Abend im Trauerhaus zusammen. Man sitzt beisammen, ohne viel zu reden, und wenn dann doch, unterhält man sich über den Toten. Die bloße Gegenwart als das Zeichen von inniger Anteilnahme.

Mehr als solche Anteilnahme am Leben und Leiden Jesu ist unsererseits nicht möglich, mehr ist auch von uns nicht gefordert. Sie ist eine besonders wertvolle Form des Gebetes. Von Schmerzen gequält, blind und stumm, verwirrt und depressiv, im Rollstuhl sitzend, von Schläuchen durchbohrt oder im Gitterbett eingesperrt, dürfen sich alle von physischer oder psychischer Krankheit Gezeichnete unmittelbar am Fuß des Kreuzes Jesu stehen und mit Jesus im Leiden in einzigartiger Weise verbunden sehen. Ihre Schmerzensschreie wie auch ihre stummen Klagen in seiner Nähe machen sie zu Betern der Kirche in der vordersten Front.

Als solche sind sie im Kontext Zehntausender kontemplativer Mönche und Nonnen weltweit zu sehen. Zusammen mit jenen halten sie am Abend dem Himmel nur leere Hände entgegen, in denen sich nichts als das geduldige Ertragen eines Schmerzes, der bewusste Verzicht auf eine Annehmlichkeit sei es im Essen oder Trinken, sei es in der Zerstreuung, sei es in der Bequemlichkeit darbieten können. Mit jenen teilen sie sich die Beweislast für die Sinnhaftigkeit ihres nach außen hin so unproduktiven Lebens. Zur Begründung zitiert Abt K. Vermeiren einen Satz aus den Tagebüchern der international bekannten niederländisch-jüdischen Lehrerin Etty Hillesum, die 1943 im KZ Auschwitz-Birkenau ermordet wurde: „Jedes Atom Friede, das ich der Welt hinzufüge, wird den Weltfrieden näherbringen." Um daran anknüpfend fortzufahren: „Das, was jeder Mensch ehrlich und treu tut, ist fruchtbar für unsere Welt. Ehrlich und treu sein Leben leben, an jedem beliebigen Ort in der Welt: Das macht fruchtbar. Ob sichtbar oder unsichtbar, die Energieströme fließen weiter ... Davon bin ich überzeugt. Entscheidend ist nicht, was man tut oder wo man lebt, sondern dass man treu ist ... Die Welt würde es spüren, wenn unser Energiestrom ausfallen würde" (S. 145).

Was für eine Trappistenabtei und ihre Mönche gilt, dürfen wir gerne auch auf alle Krankenhäuser, Alten- und Pflegeheime übertragen. Wie kein noch so kleines Gebet ungehört im Weltall verhallt, so auch geht kein physischer und kein psychischer Schmerz, keine physische und keine psychische Begrenzung und Einschränkung für die Welt verloren. Neben dem aktiven Dienst am Reich Gottes gibt es auch den passiven, der im Erleiden von Krankheit und Not besteht. „Die Menschen sind oft" – so der Katechismus der katholischen Kirche – „unbewusst Mitarbeiter

Gottes, können jedoch auch bewusst auf den göttlichen Plan eingehen durch ihre Taten, ihre Gebete, aber auch durch ihre Leiden" (S. 112). Dass die Kirche dem stillen und verborgenen Leiden den höchsten Wert zuspricht, dokumentiert sie z. B. dadurch, dass sie die kleine Theresia von Lisieux zur Patronin der Weltmission erklärt, obwohl die Heilige doch nie ihr Kloster verlassen und auch nichts anderes vorzuweisen hat als Tage und Stunden voller physischer Schmerzen und psychischer Ängste (vgl. Leist).

Als eine leise, aber eindrückliche Predigt über den Wert des stillen Leidens ist auch jener Brauch im Süddeutschen zu sehen, nach dem die Kirche am Pfingstfest in die Kliniken und Sanatorien geht und von Bett zu Bett einen Opferteller reicht mit der Bitte um eine „milde Gabe" für die Weltmission. Sie will nicht Hartgeld oder Scheine, keine Aktien oder Wertpapiere, sondern das, was Kranke zu bieten haben: Schmerzen und Hilflosigkeit, Angst und Einsamkeit, Appetitlosigkeit und Schwäche, schlaflose Nächte und quälenden Durst.

Leiden, Krankheit, Angst und Einsamkeit sind ein Kapital, zweifellos nicht vor der Welt, aber vor Gott. Was in den Augen der Welt wie Kehricht erscheint, hat in den Augen Gottes einen unsichtbaren Glanz. Für den religiösen Skeptiker hält nach dem Atomphysiker Wernher von Braun († 1977) die Wissenschaft eine große Überraschung bereit: „Sie sagt eindeutig, dass in unserer Welt nichts – nicht einmal das kleinste Partikelchen – verschwinden kann, ohne eine diskrete Spur zu hinterlassen."

S. Weil in: G. Haeffner, Leiden, in: LThK 6, Sp. 784f. – Katechismus der Kath. Kirche, 1993. – K. Vermeiren, Mönche sind eigentlich Anfänger bei der Suche nach Gott, in: L. Fijen, Wie werde ich glücklich, 2003, S. 139-146. – K. Leist (Hg.), Theresia von Lisieux. Meine Berufung ist die Liebe, 2004. Ders. (Hg.), Leben aus dem Geheimnis Gottes, 2011.

„Den Menschen zur Freude und zur Besinnung …!"

Gott ist uns nah in unseren Charismen, Begabungen, Fähigkeiten …

Ein signierter Linolschnitt mit dem Gekreuzigten, den mir eine Hörerin geschenkt hatte, brachte mich auf ihre Spur. Wer war diese Künstlerin, die den Mut hatte, sich in unserer Zeit, die für religiöse Kunst so wenig übrig hat, so klar zu bekennen? Eine Recherche im Internet bringt mir die Antwort: Es ist Frau Lieselotte Finke-Poser, freischaffende Malerin und Grafikerin, seit 1953 in Radebeul bei Dresden zu Hause.

Das war vor sechs Jahren. Seitdem bin ich ein großer Bewunderer ihrer Arbeiten – der Illustrationen und Karikaturen, der Landschaften und Porträts, vor allem aber ihrer religiösen Linolschnitte, Aquarelle und Zeichnungen.

Der Lebensweg von Frau Finke-Poser als freischaffende Künstlerin war alles andere als ein Spaziergang im Paradies. Erschwert wurde er im kommunistisch-atheistischen DDR-Staat zusätzlich noch durch ihr offenes Bekenntnis als Christin. In diesem Punkte aber blieb sie sich von Anfang an treu. In einer religiösen Familie groß geworden, tritt sie 1946 in der „Akademie für Grafik und Buchkunst" in Leipzig der Evangelischen Studentengemeinde bei, was ihr manche Sanktion einbringt. Als ihr Sohn Max den evangelischen Kindergarten besucht, zeichnet sie für den morgendlichen Andachtskreis kindgemäße Illustrationen. Im Laufe der Jahre hat sich diese religiöse Linie ihres Schaffens entwickelt und weiter verstärkt.

Vorbild für die Künstlerin war und ist Albert Schweitzer († 1965), den sie mehrmals porträtiert, der sich dafür persönlich aus Afrika bedankt. Wie dem großen Arzt, Philosophen und Theologen liegt auch ihr der Schutz aller Schwachen, besonders der Kinder und der Alten, am Herzen. „Kinder und alte Leute spielen einem nichts vor. Ich versuche tiefer in die Gesichter hineinzuschauen und mehr als nur den äußeren Menschen darzustellen." Und so werden denn ihre Porträts von jungen und alten Menschen viel bewundert, weil sie mehr als nur eine Fassade zeigen.

Doch nicht nur sie! Einen festen Platz im Herzen der Künstlerin haben auch die Tiere, zahlreiche Tierdarstellungen in Lexikons beweisen ihre Sym-Pathie. „Tiere sind Geschöpfe wie wir und nicht nur seelenlose Sachen, sie wurden uns anvertraut zur Hege und Pflege. Es versündigt sich, wer sie quält!"
Menschen und Tiere und Pflanzen – die so wunderbare Schöpfung ist vielfach bedroht. Mit visionärem Blick sieht Frau Finke-Poser, wie die drei berühmten apokalyptischen Reiter „Pest, Hunger und Krieg" über sie hinwegfegen und Angst und Schrecken verbreiten. Kritik tut hier not, Schweigen bringt den Tod! In dunklen Farben und in sozialkritischen Symbolen attackiert sie mutig die Skrupellosigkeit von Einrichtungen und Menschen.
Auf wen dürfen wir in dieser bedrohlichen Situation hoffen? Auch hier macht die Künstlerin in ihren Arbeiten keinen Hehl aus ihrer Überzeugung, ohne bigott zu sein. Heil, Rettung, Zufriedenheit, inneren Frieden findet der Mensch allein in Gott und in Jesus, der für die Menschheit am Kreuz gestorben ist. „Das Kreuz spielt in meinem Leben und Schaffen eine wichtige Rolle. Es erscheint auf vielen meiner Bilder." Das Kreuz gilt es zu schultern und Jesus nachzufolgen.
In einem Interview 2005 zu ihrem 80. Geburtstag stellt sie für sich, und es klingt wie eine Empfehlung an die Welt, mit fast apodiktischem Ton fest: „Leben und Werk müssen eins sein. Wenn mir je etwas Gutes gelingt, so ist das nicht mein Verdienst. Ich empfinde mich nur als Werkzeug dessen, der uns alle leitet und uns die Kraft dafür gibt ... Ich meine, jedem ist etwas Besonderes, ein Talent, in die Wiege gelegt, und wir haben die Pflicht, damit zu arbeiten und es nicht zu vergraben. So verstehe ich auch meine Arbeit: Den Menschen zur Freude und zur Besinnung male ich meine Bilder, immer darauf bedacht, ihnen Hoffnung zu geben, aber sie auch aufzurütteln und sie auf die Nöte dieser Welt aufmerksam zu machen und zur Hilfe aufzurufen, um etwas von dem Leid zum Aufhören zu bringen."

*

„Ich meine, jedem ist etwas Besonderes, ein Talent, in die Wiege gelegt ..." Dieses Besondere, dieses Talent, von dem Frau Finke-Poser hier spricht, umschreibt Paulus mit dem griechischen Wort „chárisma". „Chárismen" (Plural) sind Neigungen, Talente, Begabungen, Fähigkeiten, Kompetenzen. Das in ihnen steckende Kernwort „cháris" ist mit „Gnade" und „Gunst" zu übersetzen und macht deutlich, dass es sich bei „chárismen" um „Gunst- oder Gnadenerweise", in moderner Sprache um „Geschenke" im besten Sinn des Wortes, handelt. Der so überaus großzügige Schenker ist – und hier lässt Paulus keinen Zweifel – niemand anderes als der Heilige Geist bzw. Gott, den er in nur acht Versen neunmal erwähnt (1 Kor 12,4-11): „Der Geist bewirkt alles in allen!" (V. 6). Niemand also kann sich aufgrund seiner „Be-Gabung" – wie immer sie auch aussieht – brüsten. Vielmehr gilt die Mahnung des Apostels: „Wer sich rühmen will, der rühme sich des Herrn!" (1 Kor 1,31).

In 1 Kor 12,4-11 und Röm 12,6-8 gibt Paulus einen kurzen Überblick über die Vielfalt der von Gott gewirkten „Be-Gabungen". So kann der eine prophetisch reden, der andere trösten und ermahnen, wieder ein anderer lehren, ein Vierter hat die Gabe des Dienens, ein Fünfter die Gabe des Wundertuns. Ein wenig zu kurz kommen leider die kleineren Fähigkeiten wie die des Zuhörens, der Geduld, der Zärtlichkeit, des Mitleidens, des Singens oder Malens und die vielen anderen, die – weil so „gewöhnlich" – leicht übersehen werden. Gott hat bei der Verteilung der Charismen keinen vergessen; jedem Einzelnen hat er vielmehr seine ganz persönliche „Be-Gabung" geschenkt. Wie viele Menschen, so viele Fähigkeiten, so viele Talente, so viele Kompetenzen. Gott hat aber auch keinen benachteiligt, wie es zuweilen scheinen mag. Das Problem entsteht dadurch, dass viele von außergewöhnlichen Charismen träumen, dabei ihre anders gearteten, vielleicht unauffälligeren Begabungen übersehen und nicht wahrnehmen. Da Paulus in der Praxis erleben muss, wie es deshalb in der Gemeinde zu Rivalität und Streit kommt, ruft er am Ende seiner Auflistung in 1 Kor 12 auf: „Strebt nach den höheren Gnadengaben!" (1 Kor 12,31a). Die höchste aller Gnadengaben aber ist die LIEBE (vgl. 1 Kor 13). Ohne die Liebe ist alles nichts!

In dem Maße ich mein Chrisma verwirkliche und in die Welt einbringe, in dem Maße ergreife ich Gott bei seiner mir zugewandten Hand, mit der er mich als seine einmalige Idee beschenkt hat, und mache mich zum Mitschöpfer an seinem Schöpfungswerk. Gott versteckt sich in und hinter dem, was wir mit Freude schaffen, und ist es noch so winzig und unbedeutend.

Lieselotte Finke-Poser, 2010

*

„Wir haben die Pflicht, mit unserem Talent zu arbeiten ...!" In der Pflicht sieht Frau Finke-Poser sich auch heute noch im Alter. Obwohl mit viel Arbeit verbunden, lädt sie die Menschen, wie an Pfingsten 2010 geschehen, in ihr Atelier ein und geht zu ihnen in immer neuen Ausstellungen – um sie zu erfreuen, zur Besinnung einzuladen und aufzurütteln, ganz so, wie sie es in jenem Interview formuliert hatte.

Seit Jahren schon nimmt sie sich der von der Herrnhuter Brüdergemeine herausgegebenen Jahreslosung an. Ein Wort der Bibel künstlerisch so gestalten, dass es sich den Herzen der Menschen einprägt und 365 Tage seine Kraft entfaltet, ist wahrlich keine leichte Aufgabe. Dass sie sie in enger Zusammenarbeit mit dem von ihr beschworenen Heiligen Geist meistert, zeigt beispielhaft die Umsetzung der Jahreslosung für 2010, die mit dem Jesuswort „Euer Herz erschrecke nicht! Glaubt an Gott und glaubt an mich!" Menschen zu trösten sucht. In wenigen Sätzen erläutert sie, welche Gedanken sie bei der Ausgestaltung leiteten:

„Ich bin an die Jahreslosung 2010 mit der Gewissheit herangegangen, dass Kain auch in uns lebt. Wenn wir uns ernsthaft den Spiegel vorhalten, erkennen wir im Sumpf unserer kaputten Welt, im Sumpf aus Krieg, Lüge, Ungerechtigkeit und Lieblosigkeit, uns selbst und können nur erschrecken. Doch in diese von Schmutz entstellte Welt ist Christus gekommen. Er rührt uns an und weist uns den Weg aus dem Dunkel ins Licht, in dem sich Gott verbirgt."

Interview mit Frau Lieselotte Finke-Poser in: „Friedensgruß" 4/2005 (Mitteilungen der Evangelisch-Lutherischen Friedenskirchengemeinde Kötzschenbroda-Radebeul), neu abgedruckt in „Friedensgruß" 5/2010.

Der Anfang vom Ende?

Gott spricht durch leerstehende, verkaufte, umfunktionierte, abgerissene Kirchen zu uns

Lange hatte ich gezögert, die Einladung von Frau J. zum Frühstück anzunehmen. Um mir eine besondere Freude zu machen, hatte sie vorgeschlagen, uns doch einmal in dem jüngst errichteten Restaurant „GLÜCKUNDSELIGKEIT" zu treffen. Ich überlegte hin und her, nicht weil mir der Name Schwierigkeiten bereitet hätte (Was wollen wir hier auf Erden mehr, als glücklich, vielleicht sogar ein bisschen selig zu sein!?), sondern weil das neue Lokal in einer mehr als hundert Jahre alten evangelischen Kirche eingerichtet war. Im Jahre 2002 hatte die Gemeinde sich nach langem Hin und Her entschließen müssen, sie an einen weltlichen Investor zu verkaufen. Ein angesehenes Architekturbüro der Stadt baute sie dann 2004 – erstmalig in Deutschland – zu einem Gastronomiebetrieb um.

Es geht uns beiden nicht gut, als wir am Eingang des massiven Backsteinbaus ankommen. Sollen wir oder sollen wir nicht? In mir steigt in dieser Minute noch einmal hoch, was Bekannte mir in den Tagen zuvor mit Tränen in den Augen erzählt haben: Dass sie hier getauft und gefirmt wurden, dass vorne vor dem Altar in der Apsis der Sarg der toten Mutter und später der des Vaters aufgebahrt war, dass ... Doch wenn wir – mit Blick auf die Umfunktionierung weiterer Kirchen in den nächsten Jahren – selber einen Eindruck gewinnen wollen, dürfen wir nicht kneifen, so schwer es auch fällt. Wir geben uns einen Ruck und treten ein – mit Herzklopfen und Magendrücken.

Gleich am Eingang begrüßt uns eine freundliche Dame. Ja, wir sind zum ersten Mal da und wollen frühstücken! Die „Restaurantkirche" erstrahlt in hellstem Licht. Die Morgensonne, die sich von Osten her durch hohe, neugotische Fenster ungehindert in den hohen Raum ergießen kann, erhält Verstärkung durch Dutzende moderner Lampen. In solchem Glanz dürfte sich die alte Kirche wohl selten bis nie gezeigt haben. Vor uns tut sich, nach obenhin von einer Kreuzgewölbedecke begrenzt, der ehemalige Kirchenraum auf. Um ihn in seiner Länge und Breite optisch zu verkürzen, haben die Architekten ihn nicht durch Zwischenwände, sondern geschickt durch ein verschiedenartiges und zudem unterschiedlich angeordnetes Mobiliar unterteilt. Ein großer, aber keineswegs übergroßer Raum, in dem das Gefühl, verloren zu sein und leicht vergessen zu werden, nicht aufkommt.

Wir nehmen in der rechten Hälfte an einem der quergestellten Tische Platz. Obwohl sich an diesem Morgen viele zum Frühstück eingefunden haben, dauert es nicht lange, bis ein junger Mann in einem ansprechenden, fast vornehmen Outfit freundlichst nach unseren Wünschen fragt und wenige Minuten später schon unser Frühstück auf zwei dekorativ gestalteten Tabletts serviert ...

*

St. Martini in Bielefeld ist nur eine von vielen Kirchen, die in den letzten Jahren umfunktioniert wurden, die einen zu Museen, andere zu Büros, wiederum andere zu Wohnungen! Diese Entwicklung macht Sorge. Nüchtern gilt es zu sehen, dass die Kirche als Ganzes, die katholische wie die evangelische, vielfach gefährdet ist: Gefährdet u. a. durch einen akuten Priestermangel, durch einen permanenten Mitgliederschwund, durch inhaltliche Differenzen, durch fehlende Finanzen, durch einen missionarischen Islam ... Angesichts dieser äußeren wie inneren Gefahren fragen viele ängstlich: Wohin geht die Entwicklung? Bedeuten diese Umfunktionierungen vieler Kirchen nicht den Anfang vom Ende des Christentums? Befinden wir uns nicht auf einem sinkenden Schiff?
Ich sehe Jesus am Bug eines kleinen, vom Sturm geschüttelten Bootes stehen, wie er den verängstigen Jüngern zuruft: „Ihr Kleingläubigen, warum seid ihr so furchtsam?!" (Mt 8,26). In moderner Sprache: „Habt doch keine Angst vor einer möglichen Insolvenz! Die Firma läuft auf meinen Namen!" – Ich vergegenwärtige mir das Wort des johanneischen Jesus, mit dem er im Abendmahlsaal die Jünger tröstet: „Ich lasse euch nicht als Waisen zurück! Wenn ich zum Vater erhöht bin, werde ich euch meinen Geist schicken. Und er wird euch trösten und stärken, erhellen und ermutigen." – Ich sehe vor mir den Auferstandenen auf dem Berg in Galiläa, wo er sich den Jüngern mit den Worten vorstellt: „Mir ist alle Macht gegeben im Himmel und auf Erden ... Ich bin bei euch bis ans Ende der Welt!" – Letztendlich höre ich in der Geheimen Offenbarung des Johannes den himmlischen Christus sagen: „Ich bin der Erste und der Letzte und der Lebendige. Ich war tot, doch nun lebe ich in alle Ewigkeit" (Offb 1,18).
Sätze voller Kraft! Doch wie ernst dürfen wir sie nehmen? Handelt es sich bei ihnen nicht nur um schöne, aber leere Worte? Ich schaue zurück auf 2000 Jahre Kirchengeschichte. Da erhebt sich im April des Jahres 30 n. Chr. auf Golgota in Jerusalem, einem kargen Felsen, ein Kreuz zwischen zwei anderen. Einer

der Gekreuzigten, Jesus mit Namen, stirbt dort einen einsamen Tod. Seine Jünger und Freunde haben sich abgesetzt und sind auf der Flucht ins ferne Galiläa. Aus der Ferne schauen drei bis vier Frauen zu und erleben das furchtbare Sterben eines von Geißeln zerfetzten Menschen. Kein Buchmacher in London hätte auf ihn auch nur einen Cent gewettet.
Und was alles an Katastrophen und Krisen hat diese Kirche in 2000 Jahren zwischen Golgota und heute überstanden?! Grausame Verfolgungen in den ersten Jahrhunderten, die Ausbreitung des Islams mit Feuer und Schwert ab dem 7. Jahrhundert, die Abspaltung der Ostkirche von der Westkirche im 11. Jahrhundert, die unseligen Kreuzzüge, einen ungebildeten und amoralischen Klerus im Mittelalter, wenig erbauliche Bischöfe und Päpste im 16. Jahrhundert, die Reformation und die Aufklärung ... Die Liste der kontraproduktiven, dem Christentum schadenden Fakten ist, wenn man genau hinschaut, endlos. Doch trotz all dieser und anderer Angriffe von außen und innen ist die Kirche in 2000 Jahren gewachsen: Aus einem winzigen Samenkorn ist ein mächtiger Baum geworden, wie es Jesus verheißen hat. Für den, der an Gottes Wirken in der Geschichte glaubt, sprechen 2000 Jahre Kirchengeschichte für sich. Aus der Rückschau sehen wir klarer als die Evangelisten: Jesus geht mit seiner Kirche durch die Geschichte bis zum Ende der Zeit, allerdings im unauffälligen Pilgerkleid.
Die zweite, in den Fakten des „Niedergangs" versteckte Botschaft lässt sich in dem russischen Sprichwort zusammenfassen: „Vertrau auf Gott, aber fahre fort zu rudern!" Ich höre Jesus den Verantwortlichen der Kirchen zurufen, dass Gottvertrauen allein nicht genügt, dass er von ihnen ein „kraftvolles Rudern" erwartet. Über die Frage, wie das zu konkretisieren ist, gehen die Meinungen weit auseinander: Bewahren wollen die einen, erneuern die anderen. Dabei ist die Situation doch nicht neu. Sah sich das Volk Israel auf seinem viele Hunderte Kilometer langen Weg durch die Wüste nicht öfter versucht, sich einzurichten und heimisch zu werden? Zuletzt auf dem Ostufer des Jordan, Jericho gegenüber! Sicher, auf der anderen Seite lag das von Gott verheißene Gelobte Land! Doch wurde es nicht von starken Städten überzogen und von Menschen beherrscht, die militärisch weit überlegen waren? Auf welches Risiko ließ man sich

ein, wenn man plötzlich auftauchte und sich breit machte? War es da nicht besser, diesseits des Jordan zu bleiben? Dank des Mutes und der Risikobereitschaft Josuas, aber auch dank seines festen Glaubens an Gott als einen Mit-geh-Gott wagte er die Überquerung. Viele hundert Jahre später werden theologische Schreiber zurückschauend festhalten, wie wunderbar Jahwe seinem Volk in dieser schwierigen Situation beistand (vgl. z. B. Jos 6).

Wie Israel ist auch die Kirche unterwegs, ein wanderndes Gottesvolk. Was sie auf ihrer Wanderung in wechselnden Zeiten mit sich verändernden Fragen und Menschen braucht, sind Frauen und Männer, die im Glauben an Gott als einen Mit-geh-Gott außer Mut, Tatkraft und Risikobereitschaft zukunftsweisende Visionen mitbringen. Mit Strukturreformen allein ist der augenblicklichen Krise kaum beizukommen.

*

Als wir nach zwei Stunden „GLÜCKUNDSELIGKEIT" verlassen, hat unsere Anspannung sich gelöst. Es hat uns gefallen, was wir gesehen und erlebt haben. Dieses Modell von „Kirchenrestaurant" scheint geglückt. Wie aber würde Jesus reagieren, wenn man ihn in die umgebaute Kirche hineinführe? Würde er – wie einst im Tempel zu Jerusalem – die Tische umstoßen und die Bedienung mit den Worten hinausjagen: „Mein Haus ist ein Haus des Gebetes und kein Gasthaus!" (Mk 11,17)? Wir sind uns einig, dass Jesus hier keine „Kirchenreinigung" vornehmen würde. Eher bleibt zu vermuten, dass er mit der Truppe der ihn begleitenden Frauen und Männer hier Platz nehmen würde, um mit ihnen gemeinsam Mahl zu halten, nicht nur, weil er gerne isst und trinkt, was ihm seine Gegner vorwerfen (Lk 7,34), sondern weil er keine schönere Geste als das Festmahl kennt, um den Menschen zu zeigen, wie es sein wird, wenn Gott am Ende der Zeit das Sagen hat: Dann wird man viel Zeit haben und bei erlesenen Weinen und feinsten Speisen lachen, tanzen und fröhlich sein (Jes 25,6). Und man wird glücklich, nein, vor GLÜCK SELIG sein – wie im „siebten" Himmel.

Im Jahre 2011, im siebten Jahr seiner Existenz, hat sich „GLÜCKUNDSELIGKEIT" auf dem Niveau eines anspruchsvollen Restaurants gehalten.

In einem vom nordrheinwestfälischen Bauministerium herausgegebenen Buch mit dem Titel „Kirchen im Wandel. Veränderte Nutzung denkmalgeschützter Kirchen" (2010) werden unter der Überschrift „Sakrales Flair verkauft sich gut – für Gastronomie und Einzelhandel" 48 Kirchen in ihrer neuen Funktion beschrieben.

Eine Pflasterung war schuld

Gott spricht durch Widrigkeiten zu uns

Gerne denke ich an die schönen, wenn auch strapaziösen Fronleichnamsprozessionen in den fünfziger Jahren zurück. In unserem Pfarrort mit seinen vier Filialdörfern, in denen es nur eine Handvoll evangelischer Christen gab, brach in der Woche vor diesem „katholischen Fest" ein edler Wettbewerb aus, in den wir Kinder mit eingebunden waren. Jedes Dorf wollte den schönsten Altar und den schönsten Blumenteppich mit dem schönsten Motiv präsentieren. Halbe Tage verbrachten wir damit, auf den Wiesen Blumen zu sammeln und im Wald frische, hellgrüne Buchenzweige zu brechen, damit die Frauen in ihrer künstlerischen Arbeit nicht aufgehalten wurden. Am Festtag selber war das ganze Dorf auf den Beinen, eine lange Prozession mit vielen hundert Menschen schlängelte sich durch das Pfarrdorf, das durch seine steile Hanglage allen Beteiligten viel Kraft und Schweiß abverlangte. Alle Häuser entlang des Prozessionsweges waren mit Blumen, Fahnen und Heiligenfiguren geschmückt. Wer an der vierstündigen Prozession nicht teilnehmen konnte, kniete andächtig nieder, wenn der Priester mit der Monstranz vorüberging. Zu Ehren des in einer kleinen Hostie verborgenen Gottes hatte das Dorf sich für vierundzwanzig Stunden in einen einzigen großen Festsaal mit festlich gestimmten Menschen verwandelt (vgl. Ollinger).

Wie es zur gleichen Zeit an diesem „katholischen Fest" in protestantischen Gegenden aussah, habe ich mir von „Insidern", von Protestanten und Katholiken, erzählen lassen. Obwohl doch viele Jahrhunderte vor der Reformation entstanden, fühlten Protestanten sich vielerorts durch die Prozession provoziert. In ihren Augen war das, was Katholiken da an Farbenpracht und Festlichkeit auf der Straße zur Schau stellten, pure Machtdemonstration, mit der man sie ins Unrecht setzen und beleidigen wollte. Entsprechend beließ man es nicht nur bei verbalen Protesten, nein, man zeigte seine Ablehnung handfest, indem man sich mit grimmiger Miene vor dem Haus zu schaffen machte: Demonstrativ hackte man mit dem Rücken zu den Vorbeiziehenden Holz, hängte schmutzige Wäsche im Garten auf die Leine, brachte den Dung aufs Feld, trieb die Kühe im „rechten" Augenblick auf die Straße, um die Prozession zu stoppen, und viele weitere kleine Teufeleien mehr. Die Katholiken ihrerseits rächten sich am höchsten Feiertag der Protestanten, dem Karfreitag. Und ihre „Rache" war nicht weniger beleidigend als die Aktionen der Protestanten an Fronleichnam.

*

Fronleichnam in Bielefeld, der grünen Stadt am Teutoburger Wald, fünfzig Jahre später! Die Stadt zählt im Jahr 2008 mit knapp 330 000 Einwohnern zu den zwanzig größten Städten Deutschlands. Von ihnen gehören nach einer neueren Statistik 53 % der evangelischen, 18 % der römisch-katholischen Kirche an, 26 % sind in anderen Religionsgemeinschaften organisiert, der Rest von knapp 5 % ist konfessionslos. Die Ökumene funktioniert: Man spricht und betet miteinander, besucht sich gegenseitig ...

Die Fronleichnamsprozession folgt seit Jahrzehnten einem festen Rundweg mit Standorten für die vier obligatorischen Altäre. Bis sich im Jahr 2003 im Zuge der Altstadtsanierung ein ernsthaftes Problem auftut. Wegen der Pflasterung eines zentralen Platzes ist der bisherige Prozessionsweg auf einer Länge von mehr als der Hälfte boykottiert. Bei der katholischen Planungsgruppe herrscht große Ratlosigkeit. Wohin, in welche Richtung der relativ kleinen, von Schnellstraßen eingeschlossenen Altstadt, kann man ausweichen? Soll man sich mit einer Mini-Prozession begnügen? Oder wäre es vielleicht nicht doch sinnvoller, die Prozession ganz ausfallen zu lassen?

Ob und wie er von dem Problem der kath. Kirchengemeinde hörte, ist bis heute ungeklärt, im Grunde auch nicht wichtig. In jedem Fall schlägt der evangelische Pfarrer M. dem katholischen Kollegen am Telefon vor, mit der Prozession doch in die andere

Hälfte der Altstadt auszuweichen, in Richtung der evangelischen Marienkirche, seiner Pfarrkirche.
Am Fronleichnamsdonnerstag, dem 19. Juni 2003, zeigt sich das Wetter von seiner besten Seite. Auf dem großen Platz vor der kath. Stadtkirche St. Jodokus haben sich mehrere hundert Gläubige eingefunden. Nach der festlichen Messe bricht die versammelte Gemeinde zur traditionellen Prozession auf: Die Spitze bilden mit dem Kreuzträger zusammen die Priester und Diakone der Stadtgemeinden; ihnen schließt sich der „Himmel" mit dem Allerheiligsten an, gefolgt von den Gläubigen. Viele der Teilnehmer trauen ihren Augen nicht, als sie sehen, wie die Prozessionsspitze plötzlich nach rechts statt – wie seit Jahrzehnten gewohnt – nach links abbiegt. Die *erste* Überraschung ist schließlich perfekt, als die Prozession an der evangelischen Marienkirche anhält und sich um einen wunderschön geschmückten Altar schart, der mitten im gotischen Eingang aufgebaut ist. Wie gewohnt findet eine kurze Andacht statt. Doch welche Überraschung, die *zweite* an diesem Tag! Was nach strengem liturgischem Ritual nur Priestern und Diakonen vorbehalten ist, übernimmt hier nun der evangelische Pfarrer: Sichtlich erfreut über diesen Verkündigungsdienst, trägt er mit fester Stimme das Evangelium vor.
Nach dem Segen mit dem Allerheiligsten formiert sich die Prozession neu, um zum nächsten Altar weiterzuziehen. Doch was ist das? An eine *dritte* Überraschung will keiner mehr glauben, und doch wird sie Realität: Gleich hinter dem Kreuzträger führt der evangelische Pfarrer die Prozession an. In beiden Händen trägt er mit Stolz und Würde das, was Protestanten so wichtig ist: Die Heilige Schrift! Wo und wann hat es das schon mal in einer Fronleichnamsprozession gegeben? Ein evangelischer Pfarrer mittendrin, nein, gar an der Spitze einer katholischen, von den Protestanten jahrhundertelang beargwöhnten Prozession! Ihm folgt in geringem Abstand, an einer für die Ostkirchen typischen Stola und der ihm nachgetragenen Ikone zu erkennen, der Pfarrer der griechischen Katholiken. Sie alle bilden die Vorhut des von vier Männern getragenen Baldachins, unter dem ein Priester die Monstranz trägt. Drei Konfessionen einträchtig singend und betend unterwegs durch die Welt – ein kleines Abbild von dem, was am Ende der Zeit Wirklichkeit werden

Fronleichnamsprozession in Bielefeld 2003
(Foto: Dr. Manfred Steiger †)

wird, wenn alle Völker der Welt zum Berg des Herrn in Jerusalem hinaufziehen werden (vgl. Micha 7,12).

*

Die Ökumene ist ein schwerer „Brocken". Wie ihn bewegen, wie ihn wegräumen? Sicherlich, vieles, was katholische und evangelische Christen vor wenigen Jahren noch trennte, verbindet sie heute bereits. Doch darf andererseits nicht verschwiegen werden, dass noch äußerst schwierige Fragen auf Klärung warten. Was ist mit dem Amt? Was mit der Eucharistie und dem Abendmahl? Wie will man diese gordischen Knoten entwirren, ohne die in ihnen zusammenlaufenden „Seile" (sprich evangelischen Praktiken und katholischen Traditionen) zu beschädigen? Aus menschlicher Sicht scheint die Aufgabe unlösbar! Aber vielleicht dürfen wir gerade deshalb auf eine Lösung hoffen, weil die Einheit aller keinem Geringeren als Gott selber am Herzen liegt (vgl. Joh 17,11.21.23); Gott aber folgt einer ganz anderen Logik als wir Menschen. In vielen Erzählungen sagt uns die Bibel, ...
• ... dass ER auf krummen Linien gerade schreiben kann, für ihn also nichts unmöglich ist. Zahllose Wundergeschichten geben

davon Zeugnis. Der ungläubigen Sara, die über die Ankündigung ihrer Schwangerschaft in hohem Alter heimlich lacht, lassen die drei Gottesmänner durch Abraham ausrichten: „Ist denn irgend etwas unmöglich für den Herrn?" (Gen 18,14). – Dem Propheten Jeremia stellt Gott sich mit dem Satz vor: „Siehe, ich bin der Herr, der Gott aller Sterblichen. Ist mir denn irgend etwas unmöglich?" (Jer 23,27). – Auf die Frage Marias, wie sie ohne Mann empfangen solle, antwortet der Engel Gabriel: „Bei Gott ist kein Ding unmöglich!" (Lk 1,34-37).
Die Fragen des Amtes, der Eucharistie und des Abendmahls sind auf einer „geraden Linie" kaum zu beantworten, zu weit klaffen die katholischen und die evangelischen Positionen auseinander. Doch Gott wäre nicht Gott, wenn er nicht auch hier zwei „Extreme" in einem Punkt zusammen führen könnte. „Wo Menschen in diesem Leben gerade Linien ziehen, scheint Gott ganz anders zu handeln" (Lenglet, S. 121).
• ... dass ER einen langen Atem, d. h. viel Zeit, hat. Er, der Ewige, kennt kein Gestern und kein Morgen, sondern nur ein Hier und ein Jetzt. Für ihn sind „tausend Jahre wie der Tag, der gestern vergangen ist, wie eine Wache in der Nacht!" (Ps 90,4).
Vierhundert Jahre brauchte es, bis die katholische und die evangelische Kirche wieder freundlich miteinander sprachen. Denkbar scheint, dass sie nach wiederum vierhundert Jahren gemeinsam am Tisch des Herrn sitzen, auch wenn wir uns heute noch nicht vorstellen können, wie die theologischen Streitfragen zu lösen sind.
• ... dass ER sein Ziel in kleinen Schritten ansteuert. Israel führt er nicht an einem Tag, sondern in vierzig langen Jahren ins Gelobte Land. – Die Verheißung, die er dem David durch den Propheten Natan gibt (vgl. 2 Sam 7,14-16), erfüllt sich erst tausend Jahre später in Jesus von Nazaret.
Eine Fronleichnamsprozession mit Beteiligung eines ev. Pfarrers ist aufs Ganze besehen ein kleiner Schritt, und doch auch wiederum so sensationell, dass man die dokumentierenden Fotos in alle Welt verschicken möchte. Gott kommt auch in der Ökumene ans Ziel, wenn auch in nur winzigen Schritten.
• ... dass ER seine Ziele zuweilen auf Umwegen angeht. Bestes Beispiel ist hier Mose. Mose musste vor der Rache des Pharao in die Wüste Midian fliehen, weil er einen ägyptischen Aufseher

erschlagen hatte. Dass diese Flucht ihn aber für eine schwierige Aufgabe vorbereitete, merkte er erst viel später; denn nur mit den Wüstenkenntnissen und -erfahrungen von Midian gelang es ihm, mit dem Volk die Sinaiwüste zu durchqueren und das verheißene Gelobte Land anzupeilen.

Die Pflasterung der Bielefelder Altstadt erschien den Verantwortlichen zunächst wie ein von böser und langer Hand vorbereitetes Hindernis, im Nachhinein aber hat sie sich als eine göttliche Fügung zu erkennen gegeben.

- ... dass ER immer wieder aufs neue mutige Frauen und Männer beruft, die ihm ihre Hände und ihren Verstand leihen. Die Bibel kennt tausend Namen, höchst ehrenwerte und weniger rühmliche, hoch offizielle und völlig unbekannte; die Welt- und Religionsgeschichte schreibt ihre Reihe fort. Sie alle, „Pfad-Finder" im besten Sinn des Wortes, die allen Warnungen zum Trotz den Mut haben, in ein „Gelände" einzudringen, in dem es noch keine eingetreten, von den Kirchen vorgegebenen und „beschilderten" Wege gibt, sie alle nimmt Gott in seinen Dienst, um SEIN REICH in dieser Welt aufzubauen. Ein Sprichwort rät, „lieber auf neuen Pfaden stolpernd einem Ziel zuzustreben, als auf alten, ausgetretenen Wegen bequem, aber antriebsschwach dahinzuschlendern".

PS. Seit 2003 sind inzwischen acht Jahre vergangen. Die Pflasterung der Bielefelder Altstadt ist längst abgeschlossen, doch der Abstecher zur Neustädter Marienkirche ist geblieben.

A. Lenglet, Wenn ich nicht mehr beten kann, ist gerade das mein Gebet, in: L. Fijen (Hg.), Wie werde ich glücklich?, 2003. – Zur Feier kirchlicher Feste in den 50er und 60er Jahren auf katholisch geprägtem Land vgl. J.Ollinger, Geschichten und Sagen von Saar und Mosel, Bd. I (2005) 8-89; Bd. II. (2008) 9-83.

„Was nicht in meinem Plan lag ...!"

Gott spricht in unseren Enttäuschungen zu uns

Edith Stein wird am 12. Oktober 1891 als siebtes Kind jüdischer Eltern in Breslau geboren. Ihr Studium bei dem Begründer der Phänomenologie Edmund Husserl zunächst in Göttingen, später in Freiburg schließt sie glanzvoll 1916 in Freiburg mit der Promotion zum Dr. phil. ab. Aufgrund einer Sinnkrise nähert sie sich seit 1917 dem Christentum, lässt sich 1922 taufen und wirkt 1923-1931 als Lehrerin für Deutsch und Geschichte in Speyer. Übersetzungen von John Henry Newman und Thomas von Aquin führen sie tiefer in das katholische Denken ein. Nach zwei Semestern Vorlesungen über philosophische und theologische Anthropologie am Pädagogischen Institut in Münster/Westfalen tritt sie im Oktober 1933 in den Kölner Karmel ein und erhält dort den von ihr gewünschten Namen Teresia Benedicta a cruce. In den Jahren 1934-1936 verfasst sie ihr Hauptwerk „Endliches und ewiges Sein", in dem sie eine „Verschmelzung von mittelalterlichem Denken mit dem lebendigen Denken der Gegenwart" (Vorwort, S. IX) anstrebt. Als Arbeit einer Jüdin wird das umfassende Werk erstmals erst 1950 veröffentlicht. Nach der Pogromnacht 1938 wechselt sie in den Filialkarmel Echt in Holland, wo sie 1942 als letztes (unvollendetes) Werk eine Auslegung der mystischen Schriften ihres Ordensvaters Johannes vom Kreuz, die Kreuzeswissenschaft, verfasst. Am 2. August 1942 wird sie zusammen mit ihrer Schwester Rosa verhaftet und acht Tage später, am 9. August 1942, im KZ Auschwitz-Birkenau vergast. Nach 45 Jahren ihres gewaltsamen Todes ist es Papst Johannes Paul II., der sie 1987 selig- und 1998 heiligspricht.

Das bewegte Leben Edith Steins, von dem sie später selbst sagen wird, dass es von Gott gelenkt wurde, wird von vielen Enttäuschungen überschattet. Zwei lassen sich dokumentieren: Enttäuscht wurde sie in ihren *beruflichen*, enttäuscht wurde sie in *privat-persönlichen* Plänen.

Promoviert mit der Note „summa cum laude", einem ausgezeichneten, nicht mehr zu überbietenden Prädikat, hatte Husserl, der Doktorvater, seine Schülerin Edith Stein diskret ermutigt, eine Habilitation anzustreben. Doch in den nächsten Jahren werden „alle ihre Bemühungen um eine universitäre Karriere fehlschlagen" (Heidrich, S. 197). Selbst Husserl, von Edith Stein voller Hochachtung „der Meister" genannt, hat für seine von ihm wertgeschätzte persönliche Assistentin bis auf eine schriftliche Empfehlung „selbst nichts getan" (S. 197), um ihr in seinem Einflussbereich die Habilitation zu ermöglichen. Vier Versuche der jungen Philosophin in Göttingen, Kiel, Breslau und Freiburg bei Heidegger scheitern schon im Vorfeld. Die Zeit war für die Berufung einer Frau auf den Katheder einer Hochschule noch nicht reif, wie Husserl dachten viele Kollegen: „Der Gelehrtenberuf (war) allein Männern vorbehalten" (S. 197). Zu Hilfe kamen den „Patriarchen", selbst den gutwilligen unter ihnen (wie Husserl, selber jüdischer Abstammung), gesetzliche und bürokratische Hürden.

Zu den beruflichen Enttäuschungen gesellt sich in diesen Jahren Pech auch im privaten Bereich, das gerne unerwähnt bleibt, weil es sich den gängigen Vorstellungen von einer Karmelitin und Heiligen nur widerwillig einfügt. Briefe an den polnischen Philosophen und Husserl-Schüler Roman Ingarden (1893-1970) zeigen das Gesicht „einer verliebten jungen Frau, die scheu und verhalten um die Zuneigung" (S. 198) des zwei Jahre jüngeren Kollegen wirbt. Doch ohne jeden Erfolg! Ingarden verlässt 1917 Freiburg und heiratet eine andere Frau. Ein sachlicher Briefwechsel besteht zwar bis 1938, „doch die Spuren des unglücklichen Verhältnisses lassen sich deutlich wahrnehmen" (S. 199). Als Ingarden die ehemalige Kollegin 1929 um das „Du" bittet, wird er abgewiesen: „Ich hätte gern die kleine Bitte gewährt. Aber es wäre unwahrhaftig, weil nicht meinem Empfinden entsprechend ... Für mich hängt an der vertraulichen Anrede etwas von Familienwärme, wie sie in mein Leben nicht mehr passt ..." (S. 199).

Das gleiche Schicksal war der Beziehung Edith Steins mit dem fast gleichaltrigen Philosophen und Arzt Dr. Hans Lipps (1889-1941) beschieden, dessen Bild sich ihr offenbar fest eingeprägt hat: „Er war sehr groß, schlank, aber kräftig, sein schönes, ausdrucksvolles Gesicht war frisch wie das eines Kindes, und ernst – fragend wie die eines Kindes – blickten seine großen, runden Augen ..." Diese Beziehung zerbricht Mitte 1921.

*

Statt einer Professur nur eine Schule und statt einer Familie ein asketisches Leben im Karmel! Eine doppelte, schmerzliche Enttäuschung, die jede für sich den Boden unter den Füßen ins Wanken bringen kann und auch gebracht hat. Das Erstaunliche nun aber ist, dass Edith Stein auch diese bitteren Erfahrungen im Rückblick als von Gott gefügt deutet: „Was nicht in meinem Plan lag, das hat in Gottes Plan gelegen!"
Die Philosophin schreibt diesen Satz in den Jahren 1936, also wenigstens sechs Jahre vor ihrem gewaltsamen Tod 1942. Ob sie ihn auch noch nach der tödlichen Katastrophe geschrieben hätte? Ohne lange zu überlegen, darf man die Frage mit Ja beantworten. In ihrem bewegten Leben mit Höhen, aber auch mit gewaltigen Tiefen sah sie in der Rückschau mit vom Glauben erleuchteten Augen die lenkende Hand eines gütigen, von Liebe überfließenden Gottes. Mit dem brasilianischen Erzbischof Helder Camara, dem legendären Beschützer der Armen und Verfolgten, der 1999 im Alter von 90 Jahren stirbt, würde sie auch auf dem Weg in die Gaskammer noch den Zurückbleibenden zurufen: „Sage ja zu den Überraschungen, die deine Pläne durchkreuzen, deine Träume zunichte machen, deinem Tag eine ganz andere Richtung geben – ja, vielleicht deinem Leben. Sie sind nicht Zufall. Lass dem himmlischen Vater die Freiheit, selber den Verlauf deiner Tage zu bestimmen!"

*

K. Rahner († 1984), einer der weltweit einflussreichsten Theologen des 20. Jahrhunderts, für den die Frage der „Gotteserfahrung heute" ein höchst aktuelles, keineswegs nur theoretisches Thema war, fragt nach Gott in selbsterlebten Enttäuschungen und Frustrationen: „Haben wir schon einmal geschwiegen, obwohl wir uns verteidigen wollten, obwohl wir ungerecht behandelt wurden? Haben wir schon einmal verziehen, obwohl wir keinen Lohn dafür erhielten und man das schweigende Verzeihen als selbstverständlich annahm? ... Haben wir schon einmal geopfert, ohne Dank, Anerkennung, selbst ohne das Gefühl einer inneren Befriedigung? ... Waren wir einmal gut zu einem Menschen, von dem kein Echo der Dankbarkeit und des Verständnisses zurückkommt, und wir auch nicht durch das Gefühl belohnt werden, ‚selbstlos', anständig usw. gewesen zu sein?" (Rahner, S. 106). Vier Fragen voll bitterer Erfahrungen, die keinem in dieser oft oberflächlichen, ichbezogenen und undankbaren Welt erspart bleiben; Erfahrungen, die selbst Hochmotivierte demoralisieren und entmutigen können; Erfahrungen, die größte Selbstlosigkeit von uns als Menschen verlangen. „Haben wir das getan," – führt Boros die Rahner'schen Überlegungen weiter – „dann haben wir zugleich Gott als die tiefste Wirklichkeit dieses Handelns erfahren, selbst wenn wir ihn ausdrücklich nicht kannten, selbst wenn wir Gott nicht als den Grund dieser Handlungen benennen konnten" (Boros, S. 24).

E. Stein, Endliches und ewiges Sein. Versuch eines Aufstiegs zum Sinn des Seins, 2006, 596 Seiten. – Ch. Heidrich, Die Konvertiten. Über religiöse u. politische Bekehrungen, 2002. – K. Rahner, Gotteserfahrung heute, 2009. – Ders., Schriften zur Theologie, Bd 3, S. 106f. – L. Boros, Der nahe Gott, 1971.

GOTT BEGEGNET UNS IN SELTSAMEN ZUFÄLLEN, WUNDERBAREN ERLEBNISSEN UND GROSSARTIGEN WUNDERN

„Die wahre Lebensweisheit besteht darin, im Alltäglichen das Wunderbare zu sehen."
Pearl S. Buck

Von fünfhundert Programmen auf Anhieb das Erste

Eine Gotteserfahrung für den, der im „Zufall" Gottes Hand erkennt

Was in der Jugend einmal begeisterte, bricht im Alter wieder auf. Französisch gehörte vor vielen Jahren in der Schule zu meinen Lieblingsfächern. Früh schon bezog ich „Le Phare", eine französische Schülerzeitschrift; wann immer nur möglich fuhr ich in den Ferien nach Frankreich; als im Internat Brieffreunde für französische Schüler in Nancy gesucht wurden, gehörte ich zu den Ersten, die sich meldeten. Das spätere Studium und vor allem auch der Beruf ließen mir in den nachfolgenden Jahren dann aber für dieses Hobby wenig Zeit. Endlich nun wollte ich mir einen langgehegten, aber immer wieder zurückgestellten Wunsch erfüllen und mir einen französischen Fernsehsender ins Haus holen.
Doch wie ein französisches Fernsehprogramm installieren? Die Nachfrage in einem Fernsehgeschäft ergibt, dass dies bereits ein einfaches Zusatzgerät ermöglicht. Gleich am nächsten Tag schon schaut der Monteur vorbei, bringt in drei Minuten ein „Etwas" an der „Fernsehschüssel" an, um dann anschließend noch einen so genannten Receiver am Fernsehgerät selber einzustöpseln. Damit ist der Weg frei zu sage und schreibe fünfhundert Programmen. Fünfhundert Programme aus aller Welt – aus Deutschland, Österreich, Frankreich, Spanien, Polen, Arabien und ... und ... und ...! Ich kann es nicht fassen! Der Techniker, der mein Staunen mit Freude beobachtet, reicht mir die Tastatur, damit ich selber nun einen Probelauf starte. Zaghaft drücke ich, ohne lange zu überlegen, eine Zahl. Auf dem Fernseher blitzt es auf: Die Stimme, die als Erstes zu hören ist, verrät, dass ich gleich beim ersten Einschalten – o Wunder! – einen französischen Fernsehkanal gefunden habe. Dann erscheint auf dem Bildschirm langsam ein Bild, das erste Bild von fünfhundert Sendern. Es zeigt schwarz gekleidete Mönche – Benediktiner, beim Gebet in der Kirche. Als ich näher hinschaue, fängt mein Herz an, höherzuschlagen. Diese Kirche kenne ich; es ist die

Klosterkirche von La Pierre-qui-Vire, einer Abtei in Burgund, die ich vor wenigen Jahren mit Studierenden der Universität besucht habe. Der Film erzählt vom Besuch einer jungen Reporterin in diesem Kloster, zeigt Mönche bei der Arbeit und dem Gebet, interviewt den Abt, befragt junge und alte Mitbrüder nach den Motiven ihres Eintritts und anderes mehr. Insgesamt eine sehr ansprechende Reportage!

Nach dem Abspann stellt der Sender sich mit den Großbuchstaben KTO vor (bis heute weiß ich nicht, was sie bedeuten). Recherchen im Internet ergeben, dass es sich bei ihm nicht nur um einen französischen Fernsehkanal handelt, sondern auch noch um einen religiösen. Im Jahr 2000 gegründet, sendet KTO von Paris aus, ausschließlich religiöse Sendungen: Reportagen aus der Weltkirche, Analysen, Diskussionsrunden zu theologischen, kirchenpolitischen und sozialen Fragen, kunstgeschichtliche Betrachtungen über Kirchen, Klöster und andere religiöse Kunstwerke, Direktsendungen aus dem Vatikan – alles in allem 24 Stunden ein qualitativ anspruchsvolles Programm.

Was mir KTO aber besonders wertvoll macht, sind die Direktübertragungen dreier Gottesdienste an Werktagen, der „Laudes" um 7.00 Uhr am Morgen, der „Mittagshore" um 12.30 Uhr und der „Vesper" um 17.45 Uhr am frühen Abend. Während Letztere aus der Kathedrale „Notre-Dame" in Paris ausgestrahlt wird, zeichnen für die „Laudes" am Morgen und die „Mittagshore" die Nonnen und Mönche der „Fraternité monastique de Jérusalem" verantwortlich – eine Neugründung aus dem Jahr 1975, die inzwischen über zweihundert vor allem junge Frauen und Männer aus dreißig Nationen angezogen hat und seit April 2009 mit einer kleinen Gemeinschaft aus sieben Schwestern und fünf Brüdern auch in Köln, in „Groß Sankt Martin", betet und arbeitet. Der schöne, byzantinisch gefärbte, vierstimmige Gesang von rund zwanzig Schwestern und einem Dutzend Mönchen, gute geistliche Texte und auch gute, von Brüdern und Schwestern im Wechsel vorgetragene Predigten machen jeden Gottesdienst in der Kirche „St. Gervais" zu Paris zu einem Erlebnis.

Das Einzigartige an diesen drei Sendungen ist, dass sie Direktübertragungen sind, also keine mehr oder weniger verstaubte Filmkonserven, die vor Jahren irgendwo in einem Kloster aufgezeichnet wurden. Die Menschen, die im Bild vor mir erscheinen, stehen in diesem Augenblick genau dort, wo die Kamera sie mir zeigt. Ihre Müdigkeit, mit der sie um 7.00 Uhr noch kämpfen, ist aktuell, die krächzende Stimme noch nicht eingesungen. Ich darf mich hier einreihen, ich gehöre dazu, auch wenn ich vierhundert Kilometer entfernt im Sessel sitze. Hier habe ich nicht nur einen französischen Fernsehkanal, hier habe ich ein Stück geistlicher Heimat gefunden.

Nach fünf Jahren noch durchzuckt es mich, wenn ich KTO einschalte. Wie war es möglich, dass ich in dem Angebot von fünfhundert Fernsehkanälen, von denen hundert und mehr (wie ich inzwischen weiß) Sexprogramme anbieten, auf Anhieb, unabsichtlich, „zufällig" auf diesen Sender stoße?

*

Was hat es mit dem"Zufall" auf sich? Handelt es sich bei ihm wirklich nur um das unerwartete, glückliche, zuweilen auch unglückliche Zusammentreffen von Ereignissen oder aber ist er – wie der Schauspieler Gerd Fröbe meint – „ein Pseudonym für den lieben Gott"?

Für Edith Stein, die jüdisch-katholische Philosophin und Heilige, gibt es erklärtermaßen keinen „Zufall". In dem, was die Welt mit Zufall umschreibt, sieht sie die vorausschauende Hand Gottes – die Vorsehung – am Werk. In ihrem Hauptwerk „Endliches und ewiges Sein", das sie im Alter von 45 Jahren 1936/1937 im Kölner Karmel verfasst, schreibt sie rückblickend auf Ihren ungewöhnlichen Lebensweg:

„Dass ich in jener Stadt einen Menschen kennenlerne, der ‚zufällig' auch dort studiert und eines Tages ‚zufällig' mit ihm auf weltanschauliche Fragen zu sprechen komme, erscheint mir zunächst nicht durchaus als verständlicher Zusammenhang. Aber wenn ich nach Jahren mein Leben überdenke, dann wird mir klar, dass jenes Gespräch von entscheidendem Einfluss auf mich war, vielleicht ‚wesentlicher' als mein ganzes Studium, und es kommt mir der Gedanke, dass ich vielleicht ‚eigens darum' in jene Stadt ‚gehen musste'. Was nicht in meinem Plan lag, das hat in Gottes Plan gelegen. Und je öfter mir so etwas begegnet, desto lebendiger wird in mir die Glaubensüberzeugung, dass es – von Gott her gesehen – keinen Zufall gibt, dass mein ganzes Leben bis in alle Einzelheiten im Plan der göttlichen Vorsehung

vorgezeichnet und vor Gottes allsehendem Auge ein vollendeter Sinnzusammenhang ist ... Das gilt aber nicht nur für das einzelne Menschenleben, sondern auch für das Leben der ganzen Menschheit ..."
Edith Steins Überzeugung bestätigt Henry Nouwen, der holländische Priester, Psychologe und geistliche Schriftsteller (1932-1996). In seinem Bestseller „Ich hörte auf die Stille" (1976) schreibt er 44-jährig: „Ich glaube nicht, dass mein Leben nur eine lange Reihe zufällig miteinander verketteter Vorfälle und Ereignisse ist ... Nein, ich glaube, dass nichts zufällig ist, sondern dass Gott an mir durch die Ereignisse meines Lebens wie ein Töpfer geformt hat und dass ich dazu berufen bin, seine gestaltende Hand zu erkennen ..." (S. 90).
Schöne, zugleich aber problematische Bekenntnisse zur Göttlichen Vorsehung! Wo bleibt in ihnen die Freiheit des menschlichen Willens und der menschlichen Verantwortung? Darf ich für das, was mir gelingt, und umgekehrt für das, was in meinem Leben verkehrt läuft, Gott verantwortlich machen und nicht mich selber? Kritisch fragt denn auch Abt G. Mathijsen: „Was ist Zufall, wann greift Gott ein? Ich kann es schwer nachvollziehen, wenn Menschen sagen, Gott wache über ihr Leben. Mir kommt dann der Gedanke: Wo sind denn dann die Engel bei denen, die gegen einen Baum fahren?" (S. 86).
Eine schwierige Frage, die wir mit unserem menschlichen Verstand, selbst dem klügsten, nicht befriedigend erklären können. Die Lösung werden wir in Gott suchen müssen, in seiner unbegreiflichen Weisheit, die auf krummen Linien gerade schreiben, eine Jungfrau zur Mutter machen, Gott und zugleich Mensch sein kann, ohne dass eine der beiden Seiten verkürzt wird, Einer und zugleich Drei ist ... Wer solches vermag, der kann auch zugleich aktiv in einem Menschenleben gegenwärtig sein und dennoch die Freiheit des Menschen voll respektieren. Dieses für uns unlösbare göttliche Geheimnis des Zugleich zweier „Gegensätze" hat der mittelalterliche Philosoph und Kardinal Nikolaus von Cues († 1464) mit seinem berühmten Stichwort von der „Coincidentia oppositorum", dem „Zusammenfallen der Gegensätze in Gott", umschrieben. Gott folgt einer Logik, die von der unseren so weit entfernt ist wie der Himmel von der Erde (vgl. Jes 55,8f.). Von der Ahnung um die Größe Gottes überwältigt,

ruft ein unbekannter Beter lange vor der Zeitenwende aus: „Wie unergründlich sind für mich, o Gott, Deine Pläne! Wie gewaltig ist ihre Zahl!" (Ps 139,17). So bleibt uns nur, in aller Demut festzustellen, dass göttliches Walten und menschliches Tun ineinander verschränkt sind, auch wenn nicht gesagt wird, wie sich beide zueinander verhalten und erklären lassen. Ich darf auf Gottes Vorsehung vertrauen, auch wenn ich sie nur undeutlich zu erkennen vermag. Aber auch das muss ich mir immer wieder aufs neue vorsagen: „Seine Vorsehung entbindet uns von keinem Bemühen!" (T. de Chardin).

E. Cardenal, Das Buch von der Liebe. Lateinamerikanische Psalmen, 1979. – H. Nouwen, Ich hörte auf die Stille, 1976. – G. Mathijsen, Es geht um heute, weil dieser Tag von Gott kommt, in: L. Fijen (Hrsg.), Wie werde ich glücklich, 2003, S. 85-92.

„EINEN PLATZ IM MITTELGANG BITTE!"

GOTT LIEBT ES, UNS ZU ÜBERRASCHEN

Eine böse Blasenentzündung hatte mir diesmal die Freude am Hinflug nach Israel gründlich verdorben. Der Fensterplatz, um den ich bei früheren Flügen am Check-in-Schalter bettelte und schöne Augen machte, war mir diesmal ohne mein Zutun zugefallen. Dass ich ihn je einmal verwünschen könnte, hätte ich nie für möglich gehalten. Doch diesmal war es der Fall; die vier Stunden von Frankfurt bis Tel Aviv mit einem phantastischen Blick auf Berge, Täler, Seen, Meer und Wolken aus Zehntausend Metern Höhe gestalteten sich zu einer einzigen Qual, und mehr als einmal wünschte ich mich auf den letzten aller Plätze in der Maschine; allein in der Nähe der Toilette sollte er sich befinden. Kaum, dass der Airbus 300 gestartet war, fing die Blase auch schon zu drücken an. Den schnellen Weg zum Bord-WC versperrten mir zur Rechten zwei ältere, recht beleibte Russinnen, die mir – kaum, dass sie sich in die engen Sitze gequetscht hatten – zu verstehen gaben, dass sie keinen Kontakt und schon gar keine Kommunikation wünschten. Alle meine Dennoch-

Versuche, in ein freundliches Gespräch einzutreten, wurden mit demonstrativen Gesten abgelehnt. Also blieb mir fürs erste, wenn ich nicht lautstarke Flüche meiner beiden Sitznachbarinnen riskieren wollte, nichts anderes übrig, als mich tiefer und fester in meinen Sitz zu drücken und der entzündeten und somit überempfindlichen Blase beruhigend zuzusprechen. Erst als dieses Beruhigungsrezept nach zwei Stunden nicht mehr funktionierte, nahm ich meinen ganzen Mut zusammen und gab meiner direkten Nachbarin zur Rechten – auf den Mittelgang zeigend – zaghaft zu verstehen, dass ich einmal vorbei müsste. Widerwillig weckte sie ihre Bekannte rechts, murmelte ihr ein paar unverständliche Brocken auf Russisch ins Ohr – und die „Operation WC-Gang" begann anzulaufen. So mühsam sich die beiden in die Sitze hineingequält hatten, so mühsam erhoben sie sich, schoben sich nach viel Ächzen und Schnaufen endlich nach rechts in den Mittelgang und ließen mich passieren. Der Weg zur Toilette war frei ...

In der warmen Sonne Israels und mit Hilfe eines starken Antibiotikums zeigte sich die Blase von Tag zu Tag weniger aggressiv, die Angst vor dem Rückflug wollte dennoch nicht weichen; die Not während zweier Stunden auf der Hinreise hatte sich zu tief in die Seele eingebohrt. Und so gingen denn meine Augen in diesen acht Tagen der Rundreise immer wieder zum Himmel hinauf und baten – ich mag es kaum niederschreiben – um so etwas Profanes wie einen Platz am Mittelgang mit problemlosem Zugang zum WC.

Als wir am zehnten Tag unserer Reise frühmorgens um 6 Uhr im Ben-Gurion-Flughafen ankommen, ist die Abflughalle bereits übervoll. In der Menge der Abreisenden Sicherheitsbeamtinnen und -beamte, wohin man auch schaut. Eine lange, zermürbende Prozedur aus mehrfacher Befragung, Kofferröntgen, individueller Kofferkontrolle beginnt. Stehen, warten, ein paar Schritte weiter gehen, stehen bleiben ..., die Sicherheit, unsere Sicherheit, verlangt diese Strapaze, und so gibt es denn auch niemanden, der aufbegehrt oder missmutig den Kopf schüttelt. Als die ersten von unserer Gruppe nach diesem „Stop and go" endlich in einer der vielen Warteschlangen vor einem der Dutzend Check-in-Schalter stehen, sind neunzig Minuten vergangen. Man ist müde, möchte endlich den Koffer loswerden, um sich einmal hinsetzen und etwas ausruhen zu können. Gestresst sind auf der Gegenseite auch die Damen an den Terminals. Als ich endlich an der Reihe bin und die hübsche, aber kühl wirkende Stewardess mit allem mir zur Verfügung stehenden Mut um einen Platz am Mittelgang bitte, winkt diese – ohne ihren Computer auch nur kurz konsultiert zu haben – ab und bemerkt schnippisch: „Sorry! Alle Plätze sind fest eingebucht! Ich kann nichts für Sie tun!" Ein kurzer Blick auf die Bordkarte genügt, um festzustellen, dass mein Platz wiederum ein Fensterplatz ist und im vorderen Bereich der Maschine, weit, weit weg von der Toilette, liegt. Meine Hoffnung, mit einem der Teilnehmer der Gruppe tauschen zu können, erweist sich rasch als trügerisch. Die wenigen Mitreisenden, die ich in der weiten Abflughalle treffe, verteilen sich nicht nur auf die ganze Maschine, sie alle haben auch – man mag es nicht glauben – Fensterplätze.

Um die Zeit im Flugzeug zu verkürzen, warte ich diesmal bis zum letzten Aufruf. Langsam bewegt sich die Reihe der „Bummler" nach vorn, fließt gleichförmig dahin, stoppt für wenige Sekunden, fließt wieder weiter ... Mit halbem Auge beobachte ich, wie Passagiere vor mir, die ihre Bordkarte bereits abgegeben haben, herausgebeten werden und abseits am Rand warten müssen. Was ist mit ihnen? Ist die Maschine überbucht? Gibt es Sicherheitsprobleme? Nun bin ich an der Reihe, reiche der kontrollierenden Stewardess die Bordkarte, warte, dass sie mir den Schnipsel mit der Sitzplatzanweisung aushändigt, damit ich an Bord gehen kann ... Doch nichts! Höflich werde auch ich gebeten, mit den anderen zu warten ... Ehe ich Zeit habe, darüber nachzudenken, was der Grund für diese „Auslese" sein könnte, drückt man uns auch schon – wir sind fünf – ein Bordkartenschnipsel in die Hand und verabschiedet uns mit einem „Have a good flight!" in die Maschine.

Da auf dem Schnipsel der neue Platz mit einer unleserlichen Handschrift vermerkt ist, muss ich mich von einer Bordstewardesse führen lassen. Als ich nach einem freundlichen „This is your place!" endlich die Augen vom Boden heben kann, finde ich mich – ich will es nicht glauben – im hinteren Teil der Maschine auf einem Platz am Mittelgang fünf Reihen vor der Toilette wieder. Zufall oder Wunder?

*

Für mich hatte Gott hier die Hand im Spiel, wie, wo und wann – das ist sein Geheimnis. Nach einem geläufigen Wort tut Gott nichts wie fügen, meist gewöhnliche Ereignisse so zusammenfügen, dass sie zum Wunder werden. Dabei ist er für Überraschungen gut! Wer glaubt, er käme durch den vorderen Eingang, wird später feststellen müssen, dass er durch die Hintertür eingetreten ist. Oft auch ist er dort anzutreffen, wo keiner ihn vermutet oder nach ihm ausschaut.

Dem großen Physiker Albert Einstein schreibt man die Bemerkung zu, Gott sei raffiniert, aber nicht boshaft. Das Wort „raffiniert" findet sich interessanterweise nicht in der Bibel, vielleicht auch deshalb nicht, weil man es zu leicht gegen „hinterlistig", „gerissen" und „verschlagen" austauschen kann. Das alles ist Gott nicht! Wohl aber ist unser Gott ein Gott der Überraschungen, wie ich selber erfahren durfte. Dass er sich jeder Berechnung und jedem Zugriff entzieht, ging dem amerikanischen Trappisten und Bestsellerautor Thomas Merton († 1968) schon früh auf. In „Zeiten der Stille" schreibt er: „Mit meiner Hand auf dem Schlüssel zur Tür der Empore, wo ich zum erstenmal die Mönche Psalmen singen hörte, harre ich nicht auf Antwort, denn ich habe angefangen zu begreifen, dass Du niemals antwortest, wenn ich es erwarte" (S. 52). Gott steht nicht auf Abruf bereit, auch lässt er sich nicht programmieren, so dass man sagen könnte, wie er „funktioniert". „Er handelt jenseits unserer menschlichen Berechenbarkeit" (Thumm, S. 152). So ist jeder Tag ein spannendes Abenteuer mit ihm, das „jenseits der Fahrpläne, jenseits alles Geplanten" beginnt (Spiecker, S. 25).

„Sie schauen nach oben und warten auf den, der da kommt.
Doch von oben kommt er nicht.
Vergebens schauen sie,
indessen hinter ihrem Rücken der da kommen soll kommt."
(F. Schwandecke)

* Th. Merton, Zeiten der Stille, 1992. – M. Thumm, Berufung, das heißt: Gottes Bild von mir zum Leuchten bringen, in: L. Fijen (Hrsg.), Wie werde ich glücklich, 2003, S. 147-154. – K. Spiecker, Salzkörner, 1980.

„Der Geist hilft unserer Schwachheit auf …" (Röm 8,26)

Ein Wunder für den, der an die Kraft des Heiligen Geistes glaubt

Am Mittwoch, um 10.15 Uhr, musste wieder einmal – wie in jedem Semester – die Vorlesung stehen. Acht Tage lang mühte ich mich um sie in jeder freien Minute. Doch wie ich das Thema auch anpackte, ich bekam es nicht in den Griff. Tausend Mal stellte ich die Gliederung um, am Ende war sie völlig durcheinandergeraten. Mittwochs saß ich bereits um 5.00 Uhr früh am Schreibtisch; in einer Art Verzweiflungstat suchte ich zu retten, was zu retten war. Um 10.10 Uhr machte ich mich auf den Weg in den Hörsaal, um pünktlich um 10.15 Uhr mit der Vorlesung zu beginnen. Auf dem Weg dorthin durch die übervolle Uni-Halle sah ich niemanden, mein Kopf war ein einziges Stoßgebet zum Heiligen Geist: „Jesus hat seine Jünger mit dem Satz getröstet, sie sollten sich um das, was sie vor Gericht aussagten, keine Sorgen machen, weil Du für sie das Reden übernimmst (vgl Mk 13,11). Sprich Du heute auch für mich, damit die Menschen nicht umsonst gekommen sind, damit wenigstens das Fahrgeld sich lohnt!" Ich beginne und rolle den Faden auf, nach 90 Minuten bin ich punktgenau am Ziel angekommen. Die Vorlesung ist geschafft! Aus der Menge der Zuhörer bahnt sich Herr Dr. M., ein Oberstudiendirektor i. R., dem der Ruf eines kompetenten und kritischen Lehrers nachgetragen wird, einen Weg zu mir hin an das Katheder. Was er zu sagen hat, umfasst nur einen Satz: „Nun bin ich ja schon viele Semester bei Ihnen Hörer, aber das war heute für mich eine der besten Vorlesungen, die ich von Ihnen gehört habe!"

*

Für viele Christen ist der *Heilige Geist* der große Unbekannte, das Stiefkind der Dreifaltigkeit. Ja, man glaubt an ihn, weil er in jedem Kreuzzeichen vorkommt; doch tut man sich schwer, mit ihm eine Beziehung einzugehen. Hilflos fragt man: „Wie darf ich ihn mir vorstellen? Wie werde ich seiner teilhaftig? Wann und wo kann ich ihm begegnen? Wie zeigt er sich mir?"

- *Lukas* nennt den Heiligen Geist (griechisch „tò pneûma hágion"), die „Kraft (griechisch ‚dýnamis') aus der Höhe" (Lk 24,49). Das griechische Wort „dýnamis" ist uns bekannt in der Ableitung von „Dynamit". Das „pneûma hágion" also als „Dynamit Gottes", als „Kraftpaket mit viel Power", wie Jugendliche heute formulieren würden! – Für *Johannes* ist er der „Paraklet", d. h. Beisteher, Fürsprecher, Ratgeber und Anwalt (nicht nur „Tröster", wie Luther übersetzt). Was er alles an Wunderbarem und Tröstlichem zu wirken vermag, hat der vierte Evangelist in fünf „Sprüchen" (vgl. Joh 14-16) und der heilige *Paulus* in 1 Kor 12 / Röm 12 festgehalten: Er gibt Kraft und ermutigt, er erhellt die Dunkelheit und tröstet, er inspiriert und schenkt Ideen, er belehrt und erinnert, er ist die Quelle aller Begabungen und Kompetenzen. Die Pfingstsequenz „Veni sancte Spiritus" aus dem 12./13. Jahrhundert fasst seine umfassende Bedeutung in dem Satz zusammen: „Ohne dein lebendig Weh'n kann im Menschen nichts besteh'n, kann nichts heil sein noch gesund!" (GL 244.6).
- Dieser göttliche Helfer wurde uns in der Taufe geschenkt – von oben, von Gott, gratis, und zwar auf ewig! Goethe nennt ihn „Gottes Hochgeschenk". Nach Joh 14,17 kann „die Welt" ihn nicht empfangen. Was sie in der Gestalt von positivem Denken und neuem Bewusstsein anzubieten hat, darf nicht mit dem Heiligen Geist verwechselt werden. Durch meditative Übungen können wir ihm allenfalls eine Basis schaffen, nicht aber erwerben, schon gar nicht erzwingen.
- Der Heilige Geist ist uns nah. In dem ersten seiner fünf Sprüche verspricht der johanneische Jesus, dass der „Paraklet" für immer mit ihnen und bei ihnen und in ihnen bleiben wird (Joh 14,16f). – Paulus ermahnt seine Gemeinde in Korinth mit dem Satz: „Wisst ihr nicht, dass ihr Gottes Tempel seid und der Geist Gottes in euch wohnt?" (1 Kor 3,16). Wir tragen einen teuren Gast in uns, mit dem wir rechnen dürfen, wenn wir nach ihm rufen.
- Wer wissen will, wann und wo er mit dem Heiligen Geist rechnen darf, erfährt aus dem Mund des johanneischen Jesus, dass er sich – wie der Wind – nicht bestimmen lässt: „Der Wind weht, wo er will; du hörst sein Brausen, weißt aber nicht, woher er kommt und wohin er geht" (Joh 3,8). Aus seiner vieljährigen Missionstätigkeit aber, die gekennzeichnet ist von vielfältiger

Not, Gefahr, Bedrängnis, Angst, Verfolgung und Verleumdung (2 Kor 4,7-18; 6,4-10; 11,16-33), weiß Paulus zu sagen, dass „der Geist unserer Schwachheit aufhilft ..." (Röm 8,26). Und an einer anderen Stelle: „Wenn ich schwach bin, dann bin ich (dank dieses Geistes) stark!" (2 Kor 12,10). Daran hat sich bis heute nichts geändert, wie dieses zeitgenössische Zitat beweist: „Dein Geist kommt nie, wann man mit ihm rechnet, sondern später oder früher, irgendwann – wenn man Angst hat, die Türen verriegelt, keinen Rat weiß, dann kann es sein ..." (Otto/Hohn-Morisch).

• Und schließlich: Wie zeigt sich der Heilige Geist? Wenn wir Lukas, den Dramatiker unter den Evangelisten, befragen, hören wir von einem Aufsehen erregenden Geschehen am ersten Pfingstfest nach Ostern (Apg 2,1-13), bei dem die im Abendmahlssaal Versammelten von einem plötzlichen sturmartigen „Brausen" (V. 2) und von „Feuerzungen" (V. 3), überrascht werden. Was Jerusalem an diesem Tag erlebt, ist so gewaltig, dass alle außer sich geraten und ratlos sind. – Im Unterschied zu diesem lukanischen Pfingsten (fünfzig Tage nach Ostern) ist das johanneische (am Osterabend) völlig unspektakulär. Nach Joh 20,22 „haucht" der Auferstandene die Jünger „an" (griechisch enephýsesen) – die Parallele zum göttlichen Hauch am Schöpfungsmorgen ist nicht zu übersehen (Gen 2,7: griechisch enephýsesen) –, dabei die Worte sprechend: „Empfanget den Heiligen Geist ...!" Beide Erscheinungsformen, die lukanisch-dramatische wie die johanneisch-leise, sind dem Geist Gottes eigen: „Sturm und Windhauch – Brausen und Säuseln – hart und zart – laut und leise" (Hedwig Beckmann); seine Vorliebe aber gehört bis heute den leisen „Tönen".

*

Wo zeigt sich der Heilige Geist eigentlich heute? Scheint unsere Welt nicht vielmehr von allen „guten Geistern" verlassen?
Der Heilige Geist ist auch heute noch da, meist aber diskret und leise und unmerklich am Werk und erst hinterher zu erkennen. In einem Tagebuch von 1971 notiert Roger Schutz, der Prior von Taizé († 2005), unter dem 13. November: „Ein langes Interview für das kanadische Fernsehen. Der Techniker, ein älterer Mann, ist schon oft hier gewesen. Zwischen uns besteht etwas wie ein gemeinsames Einverständnis. Der Reporter ist der Kirche gegenüber misstrauisch, ohne aggressiv zu sein, seine Fragen sind

sachgerecht und ehrlich. Ich gebe Antworten, an die ich niemals gedacht hatte ..." (S. 102).

Pater Reinhard Körner, Karmelit und geistlicher Autor, erzählt im 2. Bändchen eines Büchleins mit dem Titel „Jesus braucht Kleinbauern", wie er sich auf den Weg zu einem Mitarbeiter macht, um „ihn gehörig zusammenzustauchen, weil er eine Arbeit schlecht gemacht hatte. Auf dem Weg zu ihm komme ich am Abreißkalender vorbei, der in unserem Kloster-Gästehaus hängt, und lese diesen Kalenderspruch: ‚Die Fehler anderer verzeih, die eigenen korrigiere!' Das saß! Ich wusste sofort: Was da steht, ist wahr – und ich bin gemeint ..." (S. 85). P. Körner kommentiert dieses und andere Erlebnisse mit der Feststellung: „Inzwischen bin ich mir ganz sicher: Hinter solchen Erfahrungen steckt der Heilige Geist!" (S. 86).

Neben solchen stillen und leisen Geisterlebnissen gibt es aber auch heute noch „gewaltige" Pfingstereignisse wie das von Lukas in der Apostelgeschichte berichtete. Ein solches war für viele, selbst für die schärfsten Kirchenkritiker, der Weltjugendtag in Köln 2005. Im Vorfeld äußerten sich die Medien äußerst kritisch. Papst Benedikt XVI., noch unerfahren im Amt, wurde zwar als hoch gescheit gelobt, aber als Greis vorgestellt, der von der Jugend so weit entfernt sei wie Mond und Sonne von der Erde. Und dann geschah das Wunder, das sich keiner erklären konnte und bis heute kann: Die kritische Stimmung schlug um in eine helle Begeisterung. Selbst in den Zeitungen und Fernsehsendern, die für ihre negativen Schlagzeilen bekannt und berüchtigt sind, war man des Lobes voll.

Und so gibt es die Spuren des Heiligen Geistes – deutliche und diskrete, laute und leise – hier und jetzt, zu erkennen jedoch nur von dem, der sich glaubend öffnet.

M. Otto / L. Hohn-Morisch, Das Lächeln Gottes, 2003. – R. Schütz, Kampf und Kontemplation, 1974. – R. Körner, Jesus braucht Kleinbauern II, 2009.

Fast ein Frontalzusammenstoss

Ein Wunder für den, der mit Gott als einer lebendigen Wirklichkeit rechnet

Wir, das waren neun angehende Lehrerinnen und Lehrer, hatten an diesem Donnerstagmorgen mit dreißig Mädchen und Buben einer achten Klasse Eucharistie gefeiert. Obwohl im vertrauten Klassenraum, war die Stimmung gedrückt; in der vierzigköpfigen Gruppe fand sich keiner, der nicht den Kopf hängen ließ. Was war geschehen? Im Mittelpunkt der stillen Feier stand die Studentin Barbara, die vor acht Tagen ihre erste Lehrprobe gehalten hatte, als erste der zehn Lehramtskandidatinnen und -kandidaten. Unsicher und voller Angst hatte sie begonnen, schwamm sich dann aber schnell frei und gewann von Minute zu Minute mehr an Sicherheit und Selbstvertrauen. Als sie nach 45 Minuten, am Ende der Lehrprobe, ihren persönlichen Eindruck wiedergeben sollte, meinte sie schüchtern, aber mit einem glücklichen Lächeln im Gesicht: „Es hat unheimlichen Spaß gemacht!" Um die anderen neun zu ermutigen, nach diesem schönen Erlebnis nun auch ihrerseits ihre Lehrprobe mutig in Angriff zu nehmen, bat ich sie, diesen Satz an die Tafel zu schreiben.

Drei Tage später erreichte mich dann der Anruf, der mir im ersten Moment das Blut in den Adern stocken ließ: „Barbara ist tot!" Ein volltrunkener Autofahrer mit einem Alkoholspiegel von 2,77 Promille war frontal auf sie drauflos gefahren und hatte sie so schwer verletzt, dass sie noch an der Unfallstelle verstarb. Heute nun, in der Messe, gedachten wir ihrer, die vor acht Tagen noch als Glücklichste von uns allen von der Schule nach Hause gefahren war. In den selbst formulierten Fürbitten bat ich für uns alle, die mit dem Fahrrad oder dem Auto unterwegs waren, um den Schutz des Himmels: „Herr, unser Gott, lasse uns heute heile und gesund zu Hause ankommen!" Dabei dachte ich aus gutem Grund auch an mich; denn mein Heimweg war 450 Kilometer lang. Als Assistent an der Hochschule im westfälischen Münster hatte ich diesen Weg jede Woche in doppelter Richtung zurückzulegen, am Wochenanfang von Saarbrücken nach Münster, am Wochenende zurück von Münster nach Saarbrücken. 450 Kilometer – das waren 450 Kilometer durch mehrere Landschaften und damit durch verschiedene Wetterzonen. Schien in Saarbrücken die Sonne, fand ich mich in der Eifel oder im Bergischen Land in dichtem Nebel wieder und wurde in Münster von Regen begrüßt. Jede Fahrt, ob von Süden nach Norden oder in umgekehrter Richtung, glich dem menschlichen Leben mit seinen sonnigen Höhen und seinen vernebelten Tiefen, mit einfachen und flachen Wegstrecken, aber auch mit schwierigen und engen.

An jenem Donnerstag im Januar war in der Nacht Schnee gefallen, Schneewolken gaben der Sonne auch am Mittag noch keine Chance durchzudringen; nach dem traurigen Morgen glich das Grau des Tages meiner Seelenlage. Ich hatte Köln bereits hinter mir gelassen und verließ nach einer halben Stunde am Kreuz Meckenheim die A 61, um auf direktem Weg durch das Ahrtal die nach Trier führende A 48 zu erreichen, wodurch ich wenigstens 50 Kilometer abkürzte. Doch kaum, dass ich die A 61 verlassen hatte, sah ich mich an der Stoßstange eines schweren, mit Stahlträgern beladenen LKWs. Der Traum von einer schnellen Fahrt war gestoppt, ich musste das Tempo von 80 km auf 50 km reduzieren. Bei 50 km und weniger würde es in der nächsten Stunde auch bleiben; denn im Ahrtal mit seiner engen und kurvenreichen Straße gab es so gut wie keine Überholmöglichkeit; den eingeplanten Zeitgewinn konnte ich vergessen.

Vierzig Kilometer zockelte ich so, mit wachsendem Ärger im Bauch, hinter dem LKW her. Die Schneelandschaft links und rechts verlor in einem langsam aufsteigenden Nebel zunehmend an Reiz; der graue Asphalt der Straße hatte sich durch das morgendliche Streusalz so aufgehellt, dass er – durch den Schnee auf beiden Seiten noch verstärkt – fast weiß schimmerte. Ich kann es mir bis heute nicht erklären, wie ich trotz dieser eingeschränkten Sicht und trotz der Erinnerung an Barbara dazu kam, auf einer etwa 500 Meter langen, frei aussehenden Strecke zum Überholen anzusetzen. Am Ende ging alles blitzschnell!

Mit aufheulendem Motor fahre ich los, passiere den Anhänger des Lasters und sehe mich, als ich mich mit meinem Golf auf der Höhe seines Führerhauses befinde, plötzlich einem silbergrauen Sportwagen gegenüber. Im Grauweiß der Straße hatte ich ihn nicht kommen sehen, auch weil er ohne Licht unterwegs war. Instinktiv ziehe ich den Golf nach rechts, spüre einen Widerstand, lenke nach links ... Mit dem rechten Auge sehe ich, wie der Laster bedrohlich hin und her schwankt und umzukippen droht; doch gottlob fängt er sich wieder und bleibt aufrecht. Vom Sportwagen ist nichts mehr zu sehen; so schnell er aufgetaucht war, so schnell war er auch wieder verschwunden. In Sekundenbruchteilen hundert Bilder vor, neben und hinter mir. Dass ich um eine Handbreit nur dem Tode entronnen war, wurde mir erst später bewusst.

*

Bis heute gibt es für mich keinen Zweifel: Gott hat mich in dieser Minute wunderbar bewahrt. Als ich wenige Tage später die Studierenden wieder sehe und ihnen von meinem Wunder erzähle, fällt ihre Reaktion doch so ganz anders als erwartet aus. Ich hatte gehofft, sie würden spontan mit mir ein Loblied auf „den Herrn, der auch heute noch Wunder tut" (Ps 72,18), anstimmen, doch weit gefehlt: Einige lobten mein „tolles Reaktionsvermögen", andere beglückwünschten mich zu dem „Schwein", das ich gehabt habe, andere sprachen von einem guten Schutzengel.

Was ist ein Wunder? In seiner Antwort unterscheidet der Theologe – und dies ist hilfreich – zwischen einer objektiven und einer subjektiven Dimension. Was die *objektive* Dimension angeht, so muss sie – entgegen dem geläufigen Wunderverständnis – keineswegs spektakulär und außergewöhnlich sein. Kein Geschehen, selbst nicht mein so spektakulärer Unfall, ist in seiner objektiven Dimension letztlich so überzeugend, dass es nicht unterschiedlich erklärt oder gedeutet werden kann. Während sich der Naturwissenschaftler mit der Bemerkung „Nicht zu verstehen, doch nur eine Frage der Zeit!" genervt abwendet, der Fatalist – süffisant lächelnd – mit „Glück gehabt!" kommentiert, der Esoteriker von „Zufall" spricht, ist der Gottgläubige überzeugt, dass Gott seine Hand im Spiel hatte. Damit ist die *subjektive* Dimension als die wichtigere angesprochen. Wunder gibt es nur für den, der mit Gott als einer lebendigen Wirklichkeit rechnet. Für gottgläubige Augen und Ohren können bereits winzige, völlig unscheinbare Alltäglichkeiten wie eine Blume, ein Telefonanruf, ein Brief, ein Lächeln zum Wunder werden. „Wer glaubt, bleibt nicht ohne Zeichen!" (B. Hallensleben).

Die Wichtigkeit der subjektiven Deutung erläutert H. Zahrnt am Beispiel seiner Kriegserlebnisse: „Auf welche Weise es sich gefügt hat, dass ich den Krieg heil überstanden habe, kann ich rückschauend auf zweierlei Weise schildern. Ich kann es als Gottes Führung und Geleit deuten – so, wie es im 91. Psalm heißt: ‚Wenn auch tausend fallen zu deiner Seite und zehntausend zu deiner Rechten, so wird es doch dich nicht treffen.' Ich kann dasselbe Geschehen aber auch als ein fortgesetztes menschliches Kunststück schildern, ähnlich dem gewitzten Soldaten Schwejk ..." (S. 112).

Die Frage, warum Barbara sterben musste, ich hingegen überlebe und mit dem Schrecken davonkomme, wird bis in die Ewigkeit hinein offen bleiben. Gott bleibt der Geheimnisvolle nicht nur im Unglück, sondern auch dort, wo wir in Dummheit und Leichtsinn seine Liebe erfahren. Wunder sind etwas sehr Persönliches, warum man sich wohl überlegen sollte, wem man sie erzählt.

*

Dass der liebe Gott an diesem Nachmittag wirklich gut auf mich aufgepasst hatte, durfte ich bei der Besichtigung des Schadens feststellen. Der Laster zeigte nur einige Kratzer in der vorderen Stoßstange, bei meinem Golf war lediglich auf der rechten Seite die Tür in ihrer ganzen Breite zentimetergenau eingedrückt.

H. Zahrnt, Mutmaßungen über Gott, 1994.

„Meines Unverstandes schäme ich mich, o mein Gott!"

Ein Wunder für den, der an Gott als einen persönlichen Gott glaubt, dem jedes einzelne seiner Geschöpfe am Herzen liegt

Dr. W. gibt seiner Stimme einen ernsten Ton: „Mit diesem Befund erlaube ich Ihnen nicht zu reisen, schon gar nicht als Reiseleiter! Ihre Herzkranzgefäße lassen es nicht zu!" Ich sehe eine Katastrophe auf mich zukommen. Ein ganzes Semester lang haben wir die Reise sorgfältig geplant; fünfundzwanzig Studierende freuen sich seit Monaten auf fünfzehn Tage „Bibel vor Ort". In Galiläa und Jerusalem wollen wir den Spuren Jesu, in der Wüste Sinai denen des alttestamentlichen Gottesvolkes folgen. Zu Hause verschweige ich den negativen Befund. Als der arabische Guide mir in einem Telefonat die größt mögliche Hilfe verspricht, entscheide ich mich schließlich, das Risiko auf mich zu nehmen und gegen den Rat des Arztes zu fliegen.

Als wir in Tel Aviv landen, bin ich froh, geflogen zu sein. Der vierstündige Flug war problemlos verlaufen. Beschwerdefrei auch bin ich in den nächsten Tagen. Am vierten Tag aber dann passiert es: Ein messerscharfer Stich in der Herzgegend, mir schwindelt, ich drohe zu fallen, doch im nächsten Augenblick schon ist er wieder vorbei; nur ein leichtes Brennen in der Brust zeigt an, dass hier ein „Vulkan" für eine Sekunde explodiert ist und nun still vor sich hin brodelt. Ich bin gewarnt und bleibe an den beiden nächsten Tagen im Hotel, um mich zu schonen.

Nach zehn Tagen Galiläa und Jerusalem steht die Abreise nach Elat bevor, von wo aus wir in den Sinai aufbrechen wollen. Kann ich die Reise wagen, oder soll ich doch lieber in Jerusalem bleiben? Nach langem Hin und Her entscheide ich mich mitzukommen.

Obwohl doch nur eine Wüste aus Felsen und Sand, fasziniert der Sinai jeden seiner Besucher. Zu seinem touristischen Höhepunkt, dem Moseberg mit dem Katharinenkloster, führen heute gut ausgebaute Straßen. Mit dem Ergebnis, dass Busse aus allen vier Himmelsrichtungen dorthin unterwegs sind und Massen von Menschen aus der ganzen Welt ausspucken – Männer in Shorts und Frauen in Bikinis, mit der Kamera in der Rechten und einer Cola in der Linken, lautschwatzend die einen, mit einem Transistorradio im Arm die anderen. Ein abstoßendes, desillusionierendes Erlebnis! Auch auf dem Moseberg hat eine geballte Masse Mensch alles getan, das Erlebnis des so viel gerühmten Sonnenaufgangs über den roten Bergen des Sinai zu einem billigen Happening zu pervertieren.

Wie anders dagegen ist dann das, was uns am nächsten Tag erwartet. Mehrere Stunden sind wir mit unseren Jeeps unterwegs, bis wir in der Feuerlandschaft von Serabit el-Khadim ankommen.

In der „Feuerlandschaft" von Serabit el-Khadim
(Foto: Hildegard Wirges)

Nur zweimal begegnen uns in dieser Zeit Beduinen, Männer, die irgendwohin alleine unterwegs sind. Unsere Fahrer fahren auf sie zu, halten bei ihnen an, steigen aus und rauchen eine Zigarette mit ihnen zusammen – und weiter geht die Fahrt.
In diese Felsenlandsschaft aus schwarzem und verbranntem Granit und Basalt kommen nur selten Besucher; die wenigen aber haben einen Pfad getreten, so dass der Anstieg auf das Felsplateau sich als nicht gefährlich, aber doch als mühsam und schweißtreibend erweist. Was sie anzieht und Hitze und Strapazen ertragen lässt, klingt wie ein Märchen: Hier, wo die Sinaihalbinsel sich am lebensfeindlichsten präsentiert, birgt sie die größten Schätze des Landes – außer Kupfer und Mangan wertvolle blaugrüne Steine, als Türkise bekannt. Seit dem dritten Jahrtausend schicken die ägyptischen Pharaonen Tausende von Sklaven in diese trostlose Hölle aus Hitze und Stein. Primitive unterirdische Stollen dienen ihnen als Wohnquartiere, einzig ein Tempel zu Ehren der „kuhköpfigen" Hathor, der „Göttin der Türkise", zeugt von kulturellen Aktivitäten an diesem trostlosen Ort. Mit feinem Gespür dafür, dass der Mensch gerade in der Not nach himmlisch-göttlicher Hilfe ruft, haben die Pharaonen großzügig, aber sicher auch mit dem Hintergedanken der Leis-

tungssteigerung, immer neue Erweiterungen und Anbauten genehmigt.

Der Abstieg in der sich langsam abkühlenden Nachmittagssonne gerät zu einem erholsamen Spaziergang; noch angenehmer ist die Temperatur, als wir gegen 17 Uhr in „unserem" Beduinenlager ankommen. Wir haben schwarze, lang gezogene Zelte aus Ziegenhaar erwartet, statt dessen stehen wir vor einem halben Dutzend armseliger, mit Wellblech gedeckter Hütten. Zu besichtigen gibt es hier nichts. Für Touristen – sie kommen jetzt häufiger und bringen Geld – hat man ein einfaches Lehmhaus mit zwei Schlafräumen gebaut.

Noch ahnen wir nichts Böses, als zwei unserer Fahrer uns einen Hammel vorführen. Doch welch ein Sturm der Entrüstung, als einer der Burschen, der verwegenste von den fünf, plötzlich mit einem langen Messer erscheint und wild herumfuchtelnd zu erkennen gibt, was er zu tun beabsichtigt! Nun ist kein Halten mehr, in weniger als einer halben Minute ist der Platz geräumt. Keiner und keine will bei der Schlachtung des Hammels dabei sein. Ob das Hammelerlebnis oder die fehlende Hygiene später den Appetit zügeln, ist so eindeutig nicht mehr zu entscheiden.

Unvergesslich bleibt die Erinnerung an die Stunden, in denen wir anschließend um das Lagerfeuer sitzen und plaudern. War das nicht die Situation der biblischen Erzähler vor vielen Jahrhunderten? Von der tiefschwarzen Nacht zum Nichtstun genötigt, hatten sie viel Zeit, um über die wesentlichen, jeden Menschen bedrängenden Fragen nach dem Woher und dem Wohin, nach Schuld und Vergebung, nach dem Sinn des Lebens nachzudenken. Wo sie die Antwort zu suchen hatten, zeigte ihnen der durch nichts getrübte Sternenhimmel, für dessen stumme Botschaften ihre in der abendlichen Stille geschärften Sinne offen waren. Durfte man sich nicht so die Entstehung der ersten Kapitel der Genesis vorstellen?

Dass „unser" Beduinenlager wenigstens zwei Jeepstunden von der nächsten Siedlung, einem größeren Beduinendorf, entfernt lag, merken wir anderntags auf dem Weg zur Westküste. So viel Spaß wir auch gestern bei der Fahrt in diesen hart gefederten Autos hatten, können wir es heute kaum erwarten, aus dieser wegelosen, teils steinigen, teils sandigen Wüste herauszukommen.

*

Zurück von der Reise, unterziehe ich mich schon zwei Tage später in Bad O. einer Herzkatheteruntersuchung. Am Gesicht des untersuchenden Arztes kann ich erkennen, dass etwas nicht stimmt. Nach etwa zehn Minuten verlässt er spontan, ohne auch nur ein Wort gesagt zu haben, den OP-Saal. Als er fünf Minuten später mit Professor G. zurückkommt, ist mir klar, dass es sich um einen besonders komplizierten Befund handelt. Ich schließe die Augen und auch die Ohren, um so weit wie möglich ruhig zu bleiben und den Eingriff nicht zusätzlich zu verkomplizieren. Nach einer halben Stunde endlich ist es geschafft. Und nun auch höre ich aus dem Mund von Prof. G. den für mich niederschmetternden Satz: „An einer der Hauptarterien hatten Sie einen Blutdurchfluss von gerade noch einem Prozent! Sie hatten Glück, viel Glück!" Dass ich mich vor acht Tagen noch mitten in der Sinaihalbinsel aufgehalten, einen hohen Berg bestiegen und in einem Beduinencamp übernachtet habe, verschwieg ich ihm aus Scham.

*

Müsste ein solch objektiver, mit Zahlen zu dokumentierender Befund nicht den größten Skeptiker zum Glauben an Wunder bewegen? Man sollte es meinen, unterschätzt aber, dass es dabei um nicht weniger als um den Glauben an Gott als einen persönlichen Vatergott geht, dem das Wohl eines jeden einzelnen seiner Geschöpfe zutiefst am Herzen liegt. Wie hatte der große Max Planck († 1947) einem Ingenieur auf die Frage nach seinem Religionsbegriff geantwortet? „In Beantwortung ihres Schreibens … kann ich Ihnen mitteilen, dass ich seit jeher tief religiös veranlagt bin, dass ich aber nicht an einen persönlichen Gott … glaube" (Brief vom 18. Juni 1947). Bevor hartnäckige Zweifler den „Sprung" vom „Ufer" eines unpersönlichen Gottes auf das eines personalen Vatergottes, wie ihn uns die Bibel lehrt, wagen, werden sie selbst für das außergewöhnlichste und großartigste Geschehen tausend Erklärungen haben, und wenn es auch nur die Floskel ist: Glück gehabt! „Man bekehrt sich nicht wegen eines Wunders!", so lautet ein theologischer Kernsatz. Vielmehr setzt ein Wunder den Glauben voraus.
Wunder sind keine Beweise, Wunder können höchstens zum Nachdenken und zur Nachfrage führen. Besonders, wenn sie

selbst erlebt wurden. Von den Wundererfahrungen anderer zu hören, ist zwar interessant, aber meist ohne große Wirkung. Erst wenn man am eigenen Leib ein „wunderbares" Ereignis erlebt hat, durch die Feinheiten und Nuancen des Geschehens sensibilisiert und für die Frage der Transzendenz geöffnet wurde, ist man eventuell zur Meinungsänderung und zu einem ersten Schritt in Richtung Glauben bereit. Für Lessing ist daher „das kleinste Kapitel eigener Erfahrung mehr wert als Millionen fremder Erfahrungen".

In den Stunden, in denen ich nach der Katheteruntersuchung ruhig im Bett liegen muss und Zeit genug habe, mir die Dramatik der Situation in der Wüste noch einmal bewusst zu machen, geht mir auf, dass ich mich schuldig gemacht habe – nicht durch eine Lieblosigkeit oder ein anderes Vergehen, sondern durch meinen Eigensinn und Unverstand. Töricht, wie ich war, riskierte ich leichtsinnig nicht nur mein von Gott geschenktes Leben, sondern gefährdete auch seinen guten Ruf. „Wie kann Gott so etwas zulassen?", hätte man gefragt, wenn ich mitten in der Wüste des Sinai zu Tode gekommen wäre. Man hätte Gott – wie so oft – an den Pranger gestellt und gnadenlos abgeurteilt, obwohl die Schuld an dieser Katastrophe doch einzig und allein bei mir zu suchen war. Mit vielen anderen, die gleich töricht und eigensinnig handeln, bete ich: „Ich schäme mich meines Unverstandes, o Gott!"

M. Planck, in: W. Schröder, Naturerkenntnis und christlicher Glaube, 2008, S. 8.

GOTT BEGEGNET UNS VORNEHMLICH IN MENSCHEN

„Prüfsteine sind nicht Steine
Prüfsteine sind Menschen ...
Sie sind mir in den Weg gestellt, dass ich mich reibe
mich daran verletze, mich anstoßen lasse
Sie prüfen mich nur in einer Frage:
Liebst du mich?
Wäre die Antwort einfach
würden nicht so viele an ihr, an mir zerbrechen"

Hedwig Beckmann

WIE MAN SICH DOCH TÄUSCHEN KANN!

UNS NAH IN MENSCHEN, NICHT SELTEN IN DENEN, DIE NICHT WIE ENGEL AUSSEHEN

Eine erste Begegnung (2007): Wieder einmal haben wir uns zu einer dreitägigen Tagung im Gästehaus einer Benediktinerinnenabtei eingefunden. Drei Tage lang, von Montagabend bis Mittwochmittag, wollen wir diesmal mit Hilfe von Dias den Spuren Jesu in Galiläa und Jerusalem folgen und die dazu passenden Texte in den Evangelien lesen und auslegen. Wir – das sind Seniorinnen und Senioren aus der Region, Katholiken und Protestanten, denen die Vertiefung ihres Glaubens ein Herzensanliegen ist. Wie bei allen unseren Veranstaltungen beginnen wir auch diesmal den Tag jeweils mit einem geistlichen Impuls vor dem Frühstück. Da aber hier im Kloster die Möglichkeit der Teilnahme an der Eucharistiefeier mit den Schwestern des Konventes besteht, soll die übliche kleine Andacht zugunsten der Messe ausfallen.

Obwohl die Teilnahme wie immer freigestellt ist, sind auch an diesem Morgen alle dreißig, selbst die evangelischen Damen und Herren, gekommen. In bunter Mischung füllen wir, lange schon bevor der Priester ankommt und zur Sakristei eilt, die ersten Bänke der Klosterkirche. Als er endlich feierlich einzieht und die Altarstufen emporschreitet, ist bereits so viel zu erkennen, dass er ein sehr frommer Mann sein muss. Wir indessen beten und singen mit den Schwestern um die Wette; allein die Heiligste Dreifaltigkeit im Himmel kann (aber auch nur, wenn sie genau hinschaut) ausmachen, wer welcher Konfession angehört. Jesus jedenfalls, der selbst bei der Auswahl seiner Kerntruppe nicht auf Beruf, Bildung, Parteizugehörigkeit achtete, dürfte über so viel Harmonie und Eifer seine besondere Freude haben.

Es naht die Kommunion. Einige in den Bänken vor und hinter mir schicken sich an, zum Empfang nach vorne zu gehen, unter ihnen auch drei evangelische Teilnehmerinnen; sie schließen sich einer der zwei Reihen im Mittelgang an. Was dann geschieht, verläuft so unauffällig, dass wir erst hinterher beim

Verlassen der Kirche davon hören. Danach hielt die erste der evangelischen Damen die Hostie bereits in ihrer offenen Hand, als der Priester sie, durch was auch immer argwöhnisch geworden, fragt: „Sind Sie katholisch?" Als sie wahrheitsgemäß verneint, geschieht das Unvorstellbare, dass er ihr die Hostie mit den Worten „Dann geht es nicht!" wegnimmt, um sie dem Nächsten zu reichen, den sein geistlicher Spürsinn offenbar als katholisch erkannt hat. (Welch ein Aufschrei wäre mit Recht durch die Welt gegangen, wenn Kardinal Ratzinger beim Trauergottesdienst für Papst Johannes Paul II. am 8. April 2005 den protestantischen Pfarrer Frère Roger Schutz, den Gründer der ökumenischen Gemeinschaft von Taizé, bei der Eucharistie auf dem Petersplatz in Rom übergangen bzw. ihm die Hostie wieder aus der Hand genommen hätte!) Gedemütigt, mit tief gesenktem Kopf und mit Tränen in den Augen kehren die drei evangelischen Frauen in ihre Bank zurück.

*

Eine zweite Begegnung (2008): Nach einem sehr schönen Tag in Betlehem und Hebron befinden wir uns, vierunddreißig Damen und Herren aus Norddeutschland an der Zahl, auf der Fahrt zum Hotel in Jerusalem. Am Morgen haben wir alles Gepäck, d. h. alle Koffer, Taschen und Rucksäcke, im Gepäckraum des Busses verladen; weil die Zeit in der Frühe drängte, hatten die Hotelboys alles wild durcheinander verstaut. Da bei der Ausreise aus Betlehem mit einer Kontrolle durch das israelische Militär zu rechnen ist, habe ich schon am Vorabend jeden einzelnen darauf hingewiesen, den Reisepass in keinem Fall im Koffer zu lassen, sondern im Handgepäck bereit zu halten, damit wir nicht unter Umständen genötigt seien, alles Gepäck am Straßenrand auszuladen und nach dem Dokument zu suchen. Dass das israelische Militär hier keinen Pardon kennt, hat es mehrfach unter Beweis gestellt.

Gegen 16.00 Uhr nähern wir uns dem Checkpoint, im Schritttempo durchfahren wir die neun Meter hohe Betonmauer, die Betlehem von Jerusalem trennt. Die Szene wirkt gespenstisch: Massive Betonklötze, in den Boden eingelassene stählerne Krallenleisten, die – wenn sie hoch gestellt sind – jeden Autoreifen zerfetzen. Schussbereite Soldatinnen und Soldaten links und rechts der Straße lassen erkennen, dass hier nicht nur Krieg gespielt wird. An einem betonen Wachhäuschen hält unser arabischer Fahrer an und öffnet die Tür, um einen bis an die Zähne bewaffneten israelischen Soldaten mit gezücktem Maschinengewehr einsteigen zu lassen. Was im Vorbeifahren schon Aufregung genug bereitete, steigert sich in der unmittelbaren Nähe einer todbringenden Waffe ungewollt zu einer panikartigen Angst, obwohl wir doch nichts Ernsthaftes zu befürchten haben. Die Fragen, die sich an mich als den Reiseleiter richten, sind kurz und knapp:

„Woher?" – „Aus Deutschland!"
„Alle deutsch?" – „Nein, eine Japanerin!"
„Wohin?" – „Nach Jerusalem!"
„In welches Hotel?" – „Hotel Regency!"
„ Ihren Pass bitte!"

… In diesem Augenblick trifft es mich wie einen Blitz! Ich, gerade ich als Reiseleiter, habe meinen Reisepass im Koffer, der irgendwo unter uns im Gepäckraum verstaut liegt, vergessen. Hilflos stammle ich und sehe uns alle schon am Straßenrand mit der Koffersuche beschäftigt: „O mein Gott, ich habe ihn unten im Koffer!" Geistesgegenwärtig und mit einem Schuss Ironie in der Stimme kommentiert Frau W., eine für ihren trockenen Humor bekannte Teilnehmerin, von der Seite her: „Ach, unser Professor!" So als wollte sie sagen: Das kennen wir doch! Der vergäße seinen Kopf noch, wenn er nicht angewachsen wäre! Zwei, drei, vier Sekunden – eine höchst angespannte Stille. Schweigen! Mit meinen von schamhafter Verlegenheit geweiteten Augen sehe ich, wie langsam ein feines Grinsen die Mundwinkel des Soldaten anfällt und sich seiner bemächtigt. Die Situation ist gerettet. Mit einem kurzen „Schalom!" und einem „Gute Fahrt!" auf Deutsch verlässt er den Bus und gibt den Weg frei. Wir dürfen weiterfahren.

*

„Am stärksten erfahre ich Gott" – so bekennt Abt G. Mathijsen – „in den Menschen, die mir begegnen" (S. 86f.). Auf welche Überraschungen man dabei allerdings gefasst sein muss, zeigen die beiden Begegnungen: Ein martialisch ausgerüsteter Soldat in Uniform, dessen Anblick allein schon den Blutdruck hoch treibt, entpuppt sich als freundlicher junger Mann mit einem stillen Humor. Umgekehrt glaubt man in einem Priester, in dem nach dem „Katechismus der Katholischen Kirche" aus dem Jahr 1993 „Christus selbst .... zugegen" (Artikel 1548) ist, einem Engel zu begegnen, sieht sich dann aber einem bedauernswert engstirnigen, legalistischen Menschen gegenüber. Wie man sich doch durch Titel und Uniformen täuschen lassen kann! So genannte „Geistliche" sind nicht auch schon per sakramentaler Weihe geistliche Menschen, und Soldaten nicht schon aufgrund ihres Berufes brutale, unsensible Rohlinge.

Gottes Engel sind wahrlich nicht leicht zu erkennen. Wie schwierig es zuweilen sein kann, lehrt uns die alte Geschichte vom heidnischen Propheten Bileam (Num 22-24), in der ein Esel, ja ein Esel, zu einem göttlichen Boten wird. Vorsicht ist seitdem nicht mehr nur vor noch so frommen Gesichtern und vor noch so großen Titeln und glänzenden Uniformen geboten, selbst an sprichwörtlichen dummen „Eseln" in welcher Gestalt auch immer werden wir zukünftig nicht mehr achtlos vorübergehen.

PS: Nachfragen im Bischöflichen Ordinariat ergaben, dass der Pfarrer sich – selbst nach dem geltenden Kirchenrecht – nicht korrekt verhalten hat.

G. Mathijsen, Es geht um heute, weil dieser Tag von Gott kommt, in: L. Fijen (Hrsg.). Wie werde ich glücklich, 2003, S. 85-92.

Selbstlos bis zur Selbstgefährdung

Gott spricht zu uns durch selbstlose Menschen

„Wissen Sie eigentlich, dass in dem Haus dort vor Ihnen ein Mann geboren wurde, der Eugen Kogon im KZ Buchenwald das Leben gerettet hat?" Es ist Herr B., ein alteingesessener Dorfbewohner, der mich, den Zugezogenen, an einem Sonntagmorgen auf der Kirchentreppe mit dieser Information überrascht. Den Namen von Eugen Kogon († 1987), dem seinerzeit bekannten Politikwissenschaftler und Publizisten, kannte ich. Doch wer war August Feld, sein Lebensretter? Was hatte er für Kogon gewagt? Mein Interesse ist geweckt. Dass in unserem kleinen

Dorf ein Mensch geboren und groß wurde, der den Mut aufbrachte, den SS-Staat unter Lebensgefahr zu sabotieren, scheint mir mehr als interessant. Was lässt sich an Tatsachen sichern?

*

Eugen Kogon erwähnt August Feld in seinem mehrfach aufgelegten Buch „Der SS-Staat. Das System der deutschen Konzentrationslager", das auf 150 Einzelprotokollen und Eigenerlebnissen beruht, an vier Stellen.

Gleich an der ersten spricht er ihm das höchste Lob aus: „Von Buchenwald ist nur der Fall eines einzigen SS-Angehörigen bekannt, der ohne jede Gegenleistung, aus reiner Menschlichkeit bereit war, alle Gefahren eines solchen Unternehmens auf sich zu nehmen und der auf diesem Gebiet für eine große Zahl von Kameraden Außerordentliches geleistet hat (er war auch sonst nicht nur in jeder Beziehung einwandfrei, sondern zeigte stets die allergrößte Hilfsbereitschaft); es war der nicht zum Konzentrationslager gehörige, einem Buchenwalder Sonderunternehmen als Kurier zugeteilte SS-Unterscharführer August Feld aus Lummerschied bei Saarbrücken. Er hat in den letzten Tagen des Lagers Buchenwald sein Leben für uns riskiert" (S. 130).

In welcher Weise, beschreibt Kogon dann im Einzelnen auf den Seiten 338 bis 343 seines 400 Seiten dicken Buches.

Als er am 5. April 1945, also wenige Tage vor der Befreiung des KZ Buchenwald, der „stinkenden Stätte elend- und leidenstarrender Baracken" (S. 342), erfährt, dass er auf einer Liste mit 46 Todeskandidaten steht, taucht er im Lager unter. Vorher aber hat er u. a. mit Hilfe von August Feld ein „waghalsiges Unternehmen" (S. 340) vereinbart. In einem Lastwagen der Polizei Weimar, der wertvolle Instrumente und Impfstoffe im Lager abholen soll, will er – in einer der Kisten versteckt – aus dem Lager fliehen und von Weimar aus versuchen, geplante Todestransporte zu verhindern. Nach bangem Warten kommt der Lastwagen aus Weimar mit vier SS-Leuten endlich am 8. April um 12.45 Uhr an und kann beladen werden. „Die Verladung der Kisten ging unter Leitung von Feld glatt vonstatten" (S. 341). Von Weimar aus kann Kogon dann tatsächlich mit Hilfe eines fingierten Briefes auf den Lagerkommandanten einwirken zuzuwarten, so dass bis zum Eintreffen der Amerikaner kaum noch Kolonnen zu den Todesmärschen zusammengestellt werden. Dank des Mutes von August Feld!

August Feld stirbt 57-jährig im August 1961 – wie auf dem damals üblichen Totenbildchen zu lesen – „nach einem längeren Leiden, jedoch plötzlich und unerwartet, gestärkt durch die Heilmittel der katholischen Kirche". Kein Hinweis auf Buchenwald, kein Wort von seinem selbstlosen Tun.

Erst 1994, nach über 30 Jahren, bringt die regionale „Saarbrücker Zeitung" einen kleinen Bericht über August Feld mit der Überschrift: „Vom unauffälligen Wirken eines tapferen Mannes im KZ Buchenwald" (26./27. März). Steven Spielbergs Holocaust-Film „Schindlers Liste" hat Realschullehrer H. M. in Illingen aufhorchen und sich an seinen früheren Nachbarn August Feld erinnern lassen. Von ihm informiert, begibt sich der SZ-Redakteur Gerd Meiser auf späte Spurensuche. Er findet Ehefrau Alwine Feld und erfährt von ihr: „Es war das Naturell meines Mannes, wo Not war zu helfen." Realschullehrer H. M. erinnert sich im gleichen Beitrag: „Der Feld August hat darüber nie gesprochen." Selbst in der vom Ehepaar Feld nach dem Krieg betriebenen Gaststätte waren die Taten des SS-Unterscharführers „nicht oder kaum bekannt".

*

Gott begegnet uns heute mehr denn je in Menschen, deren Frömmigkeit ein so ganz anderes Gesicht zeigt als das von der Kirche geforderte. In einer Zeit, in der Eitelkeit und Selbstdarstellung – auch in der Kirche – peinliche Triumphe feiern und das Ich zu einem Goldenen Kalb mutiert (G. Fuchs: „Der Tanz um dieses goldene Kalb findet gerade auch in frommen Kreisen statt ..."), in der kein Monat ohne ein Ranking im Gutestun vergeht und der Slogan „Tue Gutes und sprich darüber!" oft das Handeln bestimmt, wird August Feld, der so bescheidene, von sich selbst absehende Helfer zu einem inoffiziellen „Heiligen der grenzenlosen Selbstlosigkeit", der es verdient, als Beispiel Jungen wie Alten vorgestellt zu werden. Obwohl er – wie es scheint – kein Kirchgänger war, hat er doch das Evangelium in seinem zentralsten aller Gebote, dem der Nächstenliebe (vgl. Mk 12,28-31; Röm 13,10), in einer nicht mehr zu überbietenden Art und Weise in die Tat umgesetzt. Obwohl er die paulinischen Mahnungen „Lasst uns nicht nach eitler Ehre trachten ...!" (Gal 5,26) und „Mir sei es ferne, mich zu rühmen!" (Gal 6,14) mit großer Wahrscheinlichkeit nicht kannte, hat er doch ganz in ihrem Sinne gehandelt. Als Eugen Kogon ihn, den kleinen, ums Überleben kämpfenden Gastwirt und Kleinhändler, später im Saarland besucht, um ihm zu danken, fällt er „aus allen Wolken".

*

Auf dem Friedhof von Illingen/Saar, wo August Feld 1961 seine letzte Ruhe findet, sucht man sein Grab heute vergebens. Es wurde bereits eingeebnet. Und so erinnert bis heute nichts mehr an ihn, nur wenige Alte noch kennen seinen Namen. Als ich im Dorf nachfrage, heißt es: „August war ein Lebenskünstler!" – was immer das auch heißen mag. Lebenskünstler von seiner bescheidenen und selbstlosen Art, für die selbst todesgefährliche Aktionen nicht öffentlichkeitswert sind, wünscht man sich in unserer so extravertierten Welt mehr; von ihnen hat die Welt zu keiner Zeit genug. Ihnen allen aber ist eine Verheißung gewiss, die ein unbekannter Prophet im 6. Jahrhundert v. Chr. allen, die sich in dieser Welt selbstlos vergessen, zuruft: „Seht her, alles ist aufgeschrieben bei mir, (Deinem Gott)!" (Jes 65,6).

> „Wisst ihr, wo die Stellen sind,
> wo Gott erscheint? ...
> Das geschieht immer da,
> wo ein Mensch zurücktritt.
> Wo einer sich dünn macht.
> (Das Gegenteil von sich dünn machen
> ist sich breit machen.)
> Wo einer hauchdünn wird,
> durchsichtig wird,
> da ist die Stelle,
> wo Gott durchscheint ..."
> *Halbfas, S. 26*

E. Kogon, Der SS-Staat. Das System der deutschen Konzentrationslager, (1. Aufl. 1946), 1974. – H. Halbfas, Religionsbuch für das 3. Schuljahr, 1985.

„Habt ihr nie gelesen, was David tat, als er in Not war?"

Gott spricht zu uns in und durch Menschen mit jesuanischem Herzen

Obwohl nur achtzehn Kilometer von Betlehem entfernt, kennen nur wenige Israelreisende das griechisch-orthodoxe Kloster Mar Saba im unteren Kidrontal. Als ich es im November 2008 nach vielen Jahren wieder einmal besuche, werde ich von mehreren Kleinbussen am Klostertor überrascht; sie haben Touristen hierher gebracht, unter ihnen viele Griechen, die sich in den griechisch-orthodoxen Mönchen wie bei lieben Verwandten zu Hause fühlen. Männer dürfen das Innere des Klosters besuchen, Frauen dagegen ist der Zutritt verwehrt. Ihnen bleibt, wenn sie Glück haben, ein Blick auf die malerische Anlage vom abseits stehenden Turm des heiligen Simeon oder aber von der Gegenseite her, dem wohl besten Aussichtspunkt. Jahrhundertelange Verfolgungen und Plünderungen durch die dort ansässigen Beduinen hat Mar Saba genötigt, sich das Aussehen eines Boll-

Das Kloster Mar Saba von Norden her gesehen
(Foto: Hildegard Wirges)

werks zu geben, mit starken Befestigungen, hohen Türmen und starken Mauern. In dieser Klosterburg leben heute ein Dutzend Mönche das Leben, wie es ihnen der Hl. Sabas († 532) vor 1500 Jahren vorgelebt hat. Große weiße Kreuze markieren in dem tief eingeschnittenen, canyonartigen Tal die Höhlen seiner Gefährten, die sich nicht vor den Schrecken der Wüste, vor wilden Tieren und teuflischen Dämonen, fürchteten. Wochentags betete und arbeitete jeder für sich allein, nur an den Wochenenden, an Samstagen und Sonntagen, kam man in dem nahe gelegenen Kloster zusammen, um hier gemeinsam Gottesdienst zu feiern und Mahl zu halten. Heute haben die Asketen ihre Höhlen aus Sicherheitsgründen gegen kleine Behausungen, Hütten und Zellen innerhalb der Klostermauern eingetauscht. Mit der kuppelgekrönten Kirche als Mittelpunkt ist so eine kleine, von einer hohen Mauer umgebene „Stadt" entstanden, die von zahllosen verwinkelten, meist steilen Treppen durchzogen wird.

*

Als ich Anfang der Neunzigerjahre zum ersten Mal mit Theologiestudentinnen und -studenten nach Mar Saba kam, waren die heute immer noch gefährlichen Asphaltwege nur einfache Pisten aus Sand und Fels. An diesem Nachmittag waren wir die einzigen Besucher, niemand machte uns das Tal mit seinen steilen Hängen streitig; besonders die Fotografen freuten sich und machten sich sogleich auf den Weg zum Aussichtspunkt auf der Gegenseite. Die Zeit drängte nicht; jeder nutzte sie entweder für sich alleine oder zu zweit oder dritt als Wüstenerfahrung.

Gegen 16 Uhr fanden sich alle, wie abgesprochen, im Schatten der Klostermauer ein, um Eucharistie zu feiern. Pater Peter, ein begnadeter Künstler mit Blick für das Schöne in naturbelassenem Holz und Stein, hatte aus Kalksteinplatten einen einfachen Altar gebaut, der gerade einmal so hoch war, dass er davor knien konnte. Rechts davon hatte er Wein und zehn tellergroße Fladenbrote bereit gestellt; im Lande Jesu wollten wir uns nicht mit kleinen Hostien begnügen; nein, hier wollten wir essen und trinken, wie es die Apostel im Abendmahlsaal getan hatten. Bunt durcheinandergewürfelt, nah beisammen und doch genügend weit voneinander entfernt, saßen wir da auf dem felsigen Boden um den Steinaltar, die einen mit gesenktem Blick in sich hinein horchend, die anderen mit wachen Augen für die Wüste, die sich im warmen Licht der späten Nachmittagssonne langsam mit einem faszinierenden Goldglanz überzog. Um uns herum nichts als Stille. Nur ab und zu ein munteres Vögelchen, das schnell über uns hinweg flog. Immer wieder auch eine Eidechse, die zuerst neugierig schaute, um dann aber blitzschnell zu verschwinden. Eine einzigartige Stimmung, wie man sie nur in der Wüste findet.

Nach einem Wortgottesdienst der „leisen Töne" und der Opferung von zehn Fladenbroten und einem gefüllten Weinbecher hatte Pater Peter gerade den Kanon eingeleitet, als plötzlich (später wusste keiner zu sagen, woher er gekommen war und wie er es geschafft hatte, sich gerade diesen Platz auszusuchen) neben ihm ein Beduinenjunge in schmutzig-weißem Gewand saß, nein, eher sprungbereit hockte. Er mochte etwa vierzehn Jahre alt sein, dünn, von hagerer Gestalt, aber offenbar wendig wie eine Katze. Seine übergroßen, schwarzen Augen in dem schmalen mageren Gesicht hatten – wie wir, die ihm gegenübersaßen, beobachten konnten – nur eines im Blick – die für ihn so nahen Brote auf dem kleinen Altar. Der Junge war hungrig, ein Blinder konnte es sehen, der Hunger schaute ihm regelrecht aus den Augen. Zunächst unberührt von der Gegenwart seines jugendlichen Nachbarn, schickte Pater Peter sich an, die Abendmahlsworte zu sprechen: „Am Abend vor seinem Leiden ...!" Doch als ob er erst jetzt den Beduinenjungen bewusst registriert hätte, schaute er, ohne zu sehen, was wir sahen, instinktiv nach rechts, erfasste mit einem Blick die Situation, griff nach den Broten auf dem Altar, der Hälfte, und gab sie ihm. Dieser reißt das unerwartete Geschenk in einer hastigen Bewegung an sich, drückt es an seine Brust, als müsste er es verteidigen, und beißt – ohne die fünf Einzelfladen voneinander zu trennen – in sie hinein, nein, stopft sie in sich hinein, ohne zu kauen. Als er sieht, mit welch großen und entsetzten Augen wir ihn beim Essen verfolgen, gleitet er nach hinten den Felsen hinab, über den er offenbar unbemerkt zu uns aufgestiegen war, und verschwindet, so schnell wie er gekommen war ...

*

Was wäre gewesen, wenn der Beduinenjunge nur zwei, drei Minuten später aufgetaucht wäre? Hätte Pater Peter ihm auch noch nach der Konsekration die fünf Brote geben dürfen?

Die Frage beschäftigt uns den ganzen Abend. Bringt nicht Jesus einst die Pharisäer, als sie ihn wegen des Ährenrupfens seiner Jünger am Sabbat zur Rede stellen, mit der Frage in Verlegenheit: „Habt ihr nie gelesen, was David tat, als er in Not war und ihn hungerte ...? Wie er in das Haus Gottes ... ging und die Schaubrote aß, die niemand essen darf als die Priester, und sie auch denen gab, die bei ihm waren?" (Mk 2,25f). Doch fordert auf der anderen Seite nicht Paulus die Korinther auf, das eucharistische Mahl deutlich von einem Sättigungsmahl zu unterscheiden, wenn man nicht dem göttlichen Strafgericht verfallen will (1 Kor 11,29)? Am Ende der Diskussion schauen alle auf P. Peter. Der aber schweigt.

„HEIL NICHT NUR FÜR MICH ALLEIN!"

GOTT BEGEGNET UNS IN MÜNDIGEN MENSCHEN

Es ist eine recht sympathische Gruppe, mit der ich diesmal im Heiligen Land unterwegs bin. Obwohl sich die Teilnehmer, neunundzwanzig an der Zahl, nicht kennen und aus Österreich, Frankreich und Deutschland kommen, wachsen sie in den wenigen Tagen der Reise schnell zusammen. Bis auf einen Teilnehmer sind alle – selten genug! – katholisch.

Auf den von der Agentur verteilten Fragebögen haben einige, nach den Gottesdiensten gefragt, die Sonntagsmesse als für sie wichtig angegeben. Gerade diese Messe aber wird dann dadurch zum Problem, dass wir an jenem Samstag und Sonntag, den einzigen, die in unsere Reisezeit fallen, mitten in der Wüste des Negev stecken, weitab von jeder katholischen Kirche. Es bleibt uns also nichts anderes übrig, als bis zu unserer Ankunft in Jerusalem zu warten, wo sich sicher eine Möglichkeit zur Teilnahme an einer Messe auftun wird. Tatsächlich findet sie sich dann auch im Österreichischen Hospiz in der Altstadt mittwochs um 8.00 Uhr. Gegen den Widerstand des arabischen Guides lege ich in meiner Funktion als Reiseleiter den Termin fest. Zu einem letzten Eklat zwischen uns beiden kommt es an diesem Mittwoch auf dem Weg vom Hotel zum Damaskustor im

Norden der Stadt, von wo aus wir zu Fuß noch etwa 500 Meter bis zum Hospiz laufen müssen. Wahrlich keine gute Einstimmung für die einzige Eucharistiefeier während dieser Reise!
In der kleinen Kapelle des Hospizes haben sich an diesem Morgen nur wenige andere Gäste eingefunden, wir sind fast unter uns. Immer noch verärgert, suche ich einen Platz in einer der letzten Bänke. Zu mir gesellt sich Herr W., der einzige Protestant unserer Gruppe, ein pensionierter Dachdecker. „Ich möchte die Stätten der Evangelien und damit Jesus besser kennen lernen!", hatte er auf dem Fragebogen als Beweggrund für die Reise angegeben. Und wie er sich bemühte, das Land und die biblischen Orte kennen zu lernen! Bei den Führungen stand er meist neben mir, nein, nicht vor- oder wegdrängend, eher still und bescheiden, um jede Information und jede Erklärung durstig wie ein trockener Schwamm in sich aufzusaugen.
Nun sitzt Herr W. neben mir und orientiert sich – um den komplizierten Ritus der katholischen Messe nicht zu stören – an mir. Als die Kommunion naht, schaut er fragend zu mir hin. Ich winke ab, sage ihm mit wenigen Worten, dass ich nach dem Eklat vor einer halben Stunde die Eucharistie nicht empfangen dürfe und auch nicht wolle. Etwas ängstlich verlässt er daraufhin die Bank und reiht sich in die Reihe der Kommunizierenden ein.
Mit gesenktem Kopf, das Gesicht in beide Hände vergraben, habe ich mich hingesetzt. „Zu ärgerlich, dieser Disput! ‚Herr, ich bin nicht würdig …!' Doch heilst du den Knecht nicht auch, ohne im Haus des Hauptmanns eingekehrt zu sein? Habe dann nicht auch ich hier auf der letzten Bank noch eine Chance? …" Solchen Gedanken nachhängend, spüre ich einen leichten Stoß an der Schulter. Ach ja, Herr W. will sicherlich an mir vorbei, um seinen alten Platz einnehmen zu können. Doch ehe ich mich erheben kann, nimmt Herr W. meine Rechte, öffnet sie und legt mit dem Satz „Heil nicht nur für mich allein!" eine halbe Hostie hinein. Als Protestant kannte er nicht die liturgische Vorschrift, nach der die Hostie gleich nach dem Empfang zu verzehren ist.

*

Wie hatte der junge Priester bei der Elevation der Hostie vor der Kommunionausteilung gesagt? „Was Du empfängst, das ist der Leib des Herrn! Werde das, was Du empfangen hast!"
„Leib des Herrn" hat nichts, wie viele immer noch glauben, mit

„Fleisch" zu tun. „Fleisch" (griechisch „sarx") und „Leib" (griechisch „sôma") dürfen nicht miteinander verwechselt werden. Jesus ist kein Kannibale und will auch seine Jünger nicht zu Kannibalen machen. „Leib des Herrn" meint Jesus in seinem ganz persönlichen Wesen, in dem, was ihn ausmacht und unverwechselbar sein lässt. Doch was ist das? Mit welchem Wort lässt sich sein Kommen aus göttlicher Höhe, sein Reden und Tun während eines langen Lebens, sein Leiden und Sterben am Ende zusammenfassend umschreiben? Jesus ist – und hierin ist sich die Theologie über alle Grenzen hinweg einig – wesentlich ganz Pro-Existenz, ganz Dasein für andere, ganz Liebe, bis zum Tod bereite Liebe. Wer Jesu „Leib" empfängt, taucht demnach ein in einen göttlichen Liebesstrom, wird von innen her mit dieser Liebe erfüllt, von dieser Liebe durchglüht und – einem Magneten gleich – mit dieser Liebe „aufgeladen".

Nicht aber erfüllt und nicht durchglüht und nicht „aufgeladen", um dieses göttliche Geschenk eigensüchtig in sich wie in einem Tresor einzuschließen! Wahre Liebe will das Gegenteil! Wahre Liebe will sich mitteilen und sich verschenken. Eucharistie ist von ihrer Bestimmung her Gabe, zugleich aber und wesentlich Aufgabe. Wie hatte der Priester gesagt? „Werde das, was du empfangen hast!" Herr W., der evangelische (!) Christ, hatte es begriffen: Von niemandem dazu aufgefordert, allein von einem wachen Auge und mitfühlenden Herzen dazu angeregt, wollte er das geschenkte Heil nicht ängstlich allein für sich horten; er reichte es – wie von der Eucharistie gefordert – weiter. Denn mit dieser göttlichen Gabe ist es wie mit einer schönen Rose ...

... die der alte Mönch Makarios am Ende seines Lebens an seinen Schüler Theodoros mit den Worten weitergibt: „Nimm sie! Sie ist das einzig Kostbare, das ich besitze. Sie trägt ein Geheimnis in sich. Wenn du es lüftest, wird dein Leben selbst in der Wüste hell und schön!"

Theodoros pflegt die Rose mit der größten Sorgfalt, stellt sie in die Mitte seines Zimmers, gibt ihr jeden Tag genügend Wasser und schützt sie vor der heißen Sonne. Aber eine rechte Freude will nicht aufkommen. Das ändert sich etwas, als er sich die Zeit nimmt und die Rose betrachtet. Wenn er die Schönheit ihrer zarten Blätter, selbst ihre Dornen meditierend anschaut, fängt sein Herz an, höherzuschlagen.

Bis eines Tages ein Mitbruder aus der Wüste ihn besucht. Man sitzt zusammen, plaudert und betet. Als er aufbricht, um heimzukehren, sucht Theodoros nach einem Geschenk. Da er nichts findet, rupft er in seiner Not eines der Rosenblätter ab und gibt es dem Mitbruder. Doch kaum, dass er das Blättchen gerupft hat, durchzieht ein wunderbarer Duft die Höhle.

Theodoros atmet tief durch: Das war das Geheimnis, von dem Vater Makarios gesprochen hatte: Die eucharistische Rose will *gepflegt*, sie will *betrachtet*, sie will vor allem aber *verschenkt* werden. Ihre volle Kraft erfährt, wer andere an ihr teilhaben lässt.

„Auch wenn ich mein zweites Bein verliere!"

Gott begegnet uns in glaubensstarken Menschen

Als ich an diesem Mittwochmorgen im Hörsaal 16 die Stufen hinunter zum Vortragspult gehe, sehe ich bereits von oben, dass unten, vor der Tafel, jemand im Rollstuhl auf mich wartet. Dass im laufenden Semester ein neues Gesicht auftaucht, ist ungewöhnlich. Unten angekommen, sehe ich mich einer älteren, etwas fülligen Dame gegenüber, die mich mit einem schalkhaften Lächeln begrüßt: „Ich bin Ulla S.! Ich möchte Ihnen assistieren, wenn Sie erlauben!" Die Dame scheint Humor zu haben. Über Freunde habe sie von der Vorlesung gehört, das Thema interessiere sie. Überhaupt gehöre Theologie zu ihren Steckenpferden! „Ob ich wohl als Gasthörerin teilnehmen kann? Ich werde auch ganz brav sein!" Frau S. musste, wenn man ihr volles, blondes Haar und ihre edlen Gesichtszüge näher anschaute, in früheren Jahren eine schöne Frau gewesen sein. Erst jetzt bemerke ich, dass eines ihrer Beine fehlt.

Ab diesem Mittwoch ist Frau S. in ihrem AOK-Schopper, wie sie scherzhaft ihren Rollstuhl nennt, für ein halbes Dutzend Semester meine treue „Assistentin" gleich neben dem Vortragspult. Und das, obwohl jede Fahrt in die Universität für sie – wie ich später von ihr erfahre – mit einem hohen Aufwand und viel Stress verbunden ist. Als ich sie nach Monaten in ihrem Pflegeheim besuche, höre ich, dass sie von Beruf Musikerin und Sängerin war. Nein, keineswegs nur ein unbedeutendes Sternchen am bundesdeutschen Künstlerhimmel! Ihr Weg führte sie zu Konzerten hinaus in die weite Welt – nach Stockholm, London, Paris und Jerusalem. Ach ja, mit Israel verbindet sie eine besondere Liebe. „Zehn Jahre lang habe ich in allen Schulferien Konzertreisen dorthin unternommen. Viele Schüler halfen mit, ehrenamtlich, versteht sich! Ich nervte die Stadtväter, denn wir brauchten ja ein bisschen Geld für den Flug und die Unterkunft. Ich war beseelt von dem Gedanken, für die Menschen, denen wir so viel Böses angetan und aus Deutschland vertrieben haben, Musik zu machen! Eine schöne Zeit!" Menschen Freude zu machen und in ihnen in ihrem oft mühseligen Alltag zu helfen, das war ihr Lebensprinzip. Ihm blieb sie treu, schlug Karrieren aus und nahm geringere Gagen in Kauf. Mit der Konsequenz einer nur bescheidenen Rente im Ruhestand.

Als sie siebzig wird, ist die schöne Zeit vorbei; eine fortgeschrittene Zuckerkrankheit lässt den Ärzten keine andere Wahl, als ein Bein zu amputieren. Und auch ihre Augen verschont der Diabetes nicht; Lesen und Schreiben fallen immer schwerer, bis am Ende nichts mehr geht. Die doppelte Behinderung trifft die einst so von vielen bewunderte und begehrte Künstlerin mitten ins Herz, in das für sie wichtigste Organ, mit dem sie seit Kindertagen fühlt:

> „Als ich in diese Welt gekommen,
> hat meine Mutter wahrgenommen,
> sie sah, und das ist kein Scherz,
> auf meiner Stirn ein rotes Herz.
> Sie nahm die kleine Kinderhand:
> ‚Du armes Kind! Herz vor Verstand!'
> sagt sie. Mein Leben, es war so!
> Erst das Gefühl, dann Ratio."

Ab sofort braucht sie ständige Hilfe, am Tage und in der Nacht; es führt kein Weg an einem Umzug ins Pflegeheim vorbei. Das Leben hat nichts mehr an Reiz und Schönheit von früher! Allen, die es hören wollen oder auch nicht, sagt sie nach schweren Monaten: „Ohne meinen Glauben an Gott und an Jesus wäre ich heute nicht mehr am Leben und wollte ich auch nicht mehr weiterleben!"

Wer Frau S. zum erstenmal begegnet, ist von ihrem Humor angetan. Kann diese Frau auch traurig sein? O ja, sie kann es; sie kann sogar weinen, wenn auch nur im äußersten Notfall. Die von ihr geliebte Rolle, in die sie so gerne schlüpft, auch um sich zu verstecken, ist die des Clowns. In einem kleinen Gedicht charakterisiert sie ihn und damit auch sich selbst:

„Der Clown, der ist ein weiser Mann,
hat vieles schon entdeckt.
Und wenn er dann mal selber weint,
hat er das gut versteckt.
Der Mund ist rot, die Augen weiß,
so malt er sein Gesicht
und hinter all der Malerei
sieht man die Tränen nicht.

So mancher Mensch, der ist ein Clown,
macht viele Menschen froh,
und wenn man ihm ins Herz mal sieht,
dann ist er selbst nicht so.
Der heitre Mensch und auch der Clown,
die haben zwei Gesicht'.
Das eine, das ist lustig,
das andre ist es nicht."

*

Die Frage, warum sie vom Schicksal so geprügelt wurde, kommt verständlicherweise immer wieder in ihr hoch. „Warum gerade ich? Und warum gleich so heftig?" War sie nicht ein Leben lang nur für andere da? Und hatte sie nicht auf eine steile Karriere verzichtet, um den Menschen nahe zu bleiben?

Mit Frau S. fragen seit Urzeiten unzählige Menschen jeden Tag: Warum geht es den Übeltätern und Nichtsnutzen so gut – ganz im Gegensatz zu den Gerechten? In Psalm 73 klagt ein unbekannter Beter: „Für die Gottlosen gibt es keine Qualen, gesund und feist ihr Leib. Sie sind nicht in Mühsal wie sonst die Leute und werden nicht wie andere Menschen geplagt ... Sie brüsten sich wie ein fetter Wanst, sie tun, was ihnen einfällt ..." (Ps 73, 4-7). Ganze Bibliotheken beschäftigen sich mit dieser Frage des Wohlergehens der Gottlosen und des Leids der Gerechten, die als Theodizeefrage, als Frage nach Gottes Gerechtigkeit, Eingang in die Theologie gefunden hat. Um am Ende zu bekennen: „Das Theodizeeproblem lässt sich niemals endgültig lösen ... Es gehört zu jenen Fragen, die weder beantwortbar sind noch unbeantwortet bleiben dürfen. Man kann sie immer nur umkreisen wie einen sehr hohen Berg, den man von allen Seiten immer neu angehen muss, ohne je auf den Gipfel zu gelangen. So übt auch die Frage nach dem Sinn des Leids in der Welt die Funktion eines Stachels aus, der tiefer ins Nachdenken und ins Glauben treibt" (Zahrnt, S. 120).

Ins Glauben? Nicht oft, wie die Erfahrung zeigt, doch immer mal wieder. Stellvertretend für sie bekennt der Dulder Ijob, nachdem er die Größe und die Weisheit Gottes gnadenhaft erkannt hat (vgl. Ijob 38-41): „Im Unverstand habe über Dinge ich geredet, die zu wunderbar für mich und unbegreiflich sind ... Darum widerrufe ich ...!" (Ijob 42,3.6). Alles Unglück, der Tod seiner Kinder, der Verlust seines Vermögens, die Vorwürfe seiner Frau und seiner Freunde, vermochten keinen Keil zwischen ihn und Gott zu treiben. Wie zweitausend Jahre später im Ghetto von Warschau, wo ein unbekannter Jude betet, bevor er von SS-Soldaten erschossen wird: „Und das sind meine letzten Worte an Dich, mein zorniger Gott: ... Du hast alles getan, damit ich nicht an Dich glaube, damit ich an Dir verzweifle! Ich aber sterbe, genau wie ich gelebt habe, im felsenfesten Glauben an Dich!" (Zwi Kolitz).

*

Zehn Jahre nun schon dauert unsere Freundschaft. Wenn ich von einem Besuch bei ihr zurückkehre, fühle ich mich seltsam getröstet. Nein, nicht durch eine bigotte Frömmigkeit, vielmehr durch eine von Humor und Glauben erfüllte Lebensphilosophie, die sie in einer bewundernswerten Nüchternheit ja sagen lässt zu ihrem schweren Geschick:

„Das ist ja nun das Schicksal – mein,
ihr Freunde nah und ferne.
Ich blase nun nicht Trübsal, nein,

sitz still und reif' und lerne.
Das ist nun mein Geschicke – die Ungeschicklichkeit.
Ich hoff' demnächst auf Glücke
nach dieser dunklen Zeit."

Bei einem meiner Besuche drohte die Amputation des zweiten Beines. Verständlich, dass der Clown in ihr sich mit Tränen in den Augen, aber mit einer festen, fast trotzigen Stimme verabschiedete: „Diesem Gott halte ich die Treue, auch wenn er mir mein zweites Bein nimmt!"

Zwi Kolitz, in: J. Zink, Zwölf Nächte. Was Weihnachten bedeutet, 1996 (4. Aufl.), S. 146-159. – H. Zahrnt, Mutmaßungen über Gott, 1994.

In der Falle des Sabbats

Gott spricht durch blinde Eiferer zu uns

Der Sabbat ist längst vorüber, als ich gegen 20 Uhr von Tel Aviv her kommend in Jerusalem einfahre. Acht Tage lang habe ich Galiläa erkundet, mit dem Auto Dörfer besucht und zu Fuß Berge erwandert, die bei einer Gruppenreise aus Zeitgründen nicht bedacht werden können. Nun befinde ich mich auf der Rückreise zur „Dormitio", dem Kloster der deutschen Benediktiner auf dem Sion, wo ich nun noch einige Tage wohnen möchte, um die Heiligen Stätten in Jerusalem zu besuchen.

Da der Sabbat vorbei ist, kann ich den direkten Weg nach Süden nehmen, brauche also nicht jene Viertel zu umfahren, die am Freitagabend aus religiösen Gründen „ihre" Straßen mit Barrieren für den Autoverkehr sperren. Als dann dennoch vor mir eine halbseitige Sperre auftaucht, stutze ich zwar kurz, lasse mich durch sie aber nicht aufhalten, weil ich überzeugt bin, dass man sie vor zwei Stunden, als die Sirene von Jerusalem das Ende des Sabbats ankündigte, vergessen hat wegzuräumen. Die Straße ist seltsam leer, ich scheine mit dem Auto alleine unterwegs zu sein. Nur hier und da ein paar Frauen, zu zweit oder zu dritt, die entweder einen Kinderwagen vor sich herschieben oder drei, vier Kinder in Orgelpfeifengröße hinter sich herziehen. Sie schlendern so ungeniert dahin, als gehöre ihnen die Straße. Irgendwie kommt mir die Atmosphäre gespenstisch vor, zumal die Straßenlaternen auch noch ein seltsames, diffuses Gelblicht ausstrahlen. Mir ist nicht ganz geheuer. Dass mein Gefühl mich tatsächlich nicht betrügt, merke ich denn auch sogleich, als sich plötzlich auf der linken Straßenseite in einem größeren Haus mit erleuchteten Fenstern eine Tür öffnet und ein Dutzend jüngerer Männer, an der Kippa, den Schläfenlocken und den Schaufäden unschwer als Orthodoxe zu erkennen, laut schreiend und heftig gestikulierend heraus stürmt und – da gibt es keinen Zweifel – mir nachzulaufen versuchen. Im Rück- und Seitenspiegel kann ich deutlich sehen, dass man mit Steinen nach mir wirft. Spätestens jetzt wird mir angst und bange, auch wegen des Leihautos, das ich morgen so unversehrt, wie ich es in Empfang genommen habe, zurückbringen will. Dass fromme Juden für den Sabbat ihre Straßen absperren, um eine Zone völliger Ruhe zu schaffen, dass sie am Sabbat kein Telefon abheben, keinen Kühlschrank öffnen, keine Herdplatte anstellen, keinen Aufzug bedienen, kein Auto starten, weil sie das Verbot des Feuermachens nicht brechen wollen, das alles wusste ich – doch war der Sabbat nicht schon lange vorbei?! Auch wenn ich im Augenblick nicht verstehe, warum man sich so erregt zeigt, gebe ich Gas und fahre davon, so schnell wie das schwache Gelblicht der Straßenlaternen und die herumspielenden Kinder es erlauben.

Aber noch bin ich nicht in Sicherheit, denn nach hundert Meter verbietet mir ein Einbahnstraßenschild die Durchfahrt. Brav lenke ich – wie ich es in der Fahrschule gelernt habe – nach links und, einem zweiten Schild gehorchend, wiederum nach links und, die Verkehrsordnung gebietet es, noch ein drittes Mal nach links. Und finde mich, ich will es nicht wahrhaben, genau vor dem Haus, offenbar einer Synagoge, wieder, aus dem heraus vor zwei Minuten gar nicht freundliche Männer mich verfolgt haben. Als wenn sie es gewusst hätten, dass ich bald zurückkommen würde, erwarten sie mich bereits, diesmal noch wütender und noch lauter schreiend, mit Blumentöpfen, Apfelsinen und Äpfeln, mit abgerissenen Zweigen und Steinen. In Panik reiße ich reaktionsschnell das Steuer herum und fahre diesmal, ohne lange zu überlegen, gegen zwei, drei, vier Verkehrsschilder in der entgegengesetzten Fahrtrichtung davon. Mein Kopf ist leer, es bewegt mich nur der eine Gedanke: Weg, nur weg von hier!

*

Blinde Eiferer und zornige Fanatiker (vgl. lateinisch fanari = umherrasen) gibt es zu allen Zeiten und in allen Religionen. Über alle Grenzen hinweg eint sie „eine Fähigkeit, sich selbst, evtl. mit anderen zusammen, mit Idealismus für etwas Wertvolles einzusetzen" (Spijker) – und sei es mit Gewalt und ohne Rücksicht auf die eigene Person oder die Unversehrtheit eines anderen. In einem übertriebenen Eifer für Jahwe z. B. befiehlt selbst der hoch verehrte Prophet Elija im 9. Jahrhundert v. Chr. dem Volk, die vierhundert Propheten des Baal von der Höhe des Karmel zum Bach Kischon hinabzutreiben und dort zu töten (vgl. 1 Kön 18,40). Die „Donnersöhne" Johannes und Jakobus fragen Jesus in ihrem falschen Eifer, nachdem sie in einem Dorf der Samaritaner abgewiesen worden waren: „Herr, sollen wir befehlen, dass Feuer vom Himmel fällt und sie vernichtet?" (Lk 9,54). Nicht erst in den letzten Jahrzehnten haben überfromme jüdische „Eiferer" den Dekalog mit seinen zehn Geboten in tausend und mehr Einzelgebote zerlegt. Das Arbeitsverbot am Sabbat z. B. (vgl. Ex 20,10), das ursprünglich das beschwerliche Feuermachen mit Feuerstein vor 3000 Jahren im Blick hatte, zielt heute gar auf das Zünden eines elektrischen Funkens beim Einschalten einer Lampe, eines Ofens, eines Fernsehers, eines Motors usw. (Dass wir es hier nicht mit einem typisch jüdischen Phänomen zu tun haben, zeigt ein Blick auf die Kath. Kirche: Sie hat das Evangelium, die Frohbotschaft des Jesus von Nazaret, in zweitausend Jahren mit einem „Zaun" aus über 2000 juristischen Paragraphen umgeben und ihm so „die Freiheit" genommen, „zu der uns Christus befreit hat!" [Gal 5,1; vgl. Röm 8,21; 2 Kor 3,17 u. ö.].)

Was würde Jesus solchen Eiferern heute sagen? Nichts anderes als vor 2000 Jahren: Dass das „Gesetz" dem Menschen auf seinem Weg in die Ewigkeit nicht blockierende Hürde, sondern Geh- und Orientierungshilfe im Sinne eines Geländers, nicht ein automatisierter Befehlsgeber, sondern „Weisung" (M. Buber) im Sinne eines Wegweisers sein will. Auch heute würde er demonstrativ das Sabbatgebot brechen (vgl. Lk 13,10; Joh 9,1 u. ö.), nicht, um für seine oder des Gesetzes Abschaffung, son-

dern für eine adäquate, d. h. gott- und menschenfreundliche Auslegung, zu plädieren.
Der Protest gegen eine am Buchstaben, nicht an Gott und Mensch orientierte Gesetzesauslegung ist Jesus deshalb todernst, weil es dabei um nicht weniger als um sein Gottesverständnis geht. In tausend Geschichten des Alten Testamentes hat Gott sich dem Volk als Vater (Ex 4,22 u. ö.), Mutter (Jes 42,14; 49,15; 66,13), Arzt (Ex 15,26), Freund (Hos 1-3 u. ö.), Hirt und Gastgeber (Ps 23 u. ö.), Retter, Begleiter, Helfer und Führer (Ex 15-17) vorgestellt, um auch dem letzten deutlich zu machen: Dass er den Menschen liebt und nichts sehnlicher wünscht, als mit einem frohen, angstfreien Herzen geliebt zu werden. Durch ihre kleinliche Aufsplitterung des Gesetzes in ein Monstrum aus Paragraphen und Unterparagraphen machen engstirnige Eiferer Gott aber zu einem übereifrigen Bürokraten, der nicht müde wird, jeden Fehler, auch den kleinsten, in seinen Computer einzugeben, auf dass er früher oder später sanktioniert werde, und zu einem erbarmungslosen Juristen, der in aggressiven Kleingeistern dafür sorgt, dass seine Gesetze – selbst unter Anwendung von Gewalt – punktgenau befolgt werden.
Blindwütige Eiferer als „Ort" der Gotteserfahrung? Ja, auch durch sie spricht Gott uns an: Der Eifer dieser Menschen gefällt ihm, doch fehlt ihm ein Doppeltes. Zum einen muss Fundament und Antrieb jeden Eifers die *Liebe* sein. Einem Schriftgelehrten, der ihn nach dem wichtigsten aller Gebote fragt, antwortet Jesus mit den Geboten der Gottes- und der Nächstenliebe. „Kein anderes Gebot ist größer als diese beiden!" (Mk 12,30f.). Von dieser Szene offenbar inspiriert, wird Paulus dreißig Jahre später seiner Gemeinde in Rom schreiben: „Die Liebe ist die Erfüllung des Gesetzes!" (Röm 13,10). – Zum anderen empfiehlt es sich bei allem Eifer für eine Person oder eine Sache, nicht die *Geduld* und die *Gelassenheit* zu vergessen. Im Wissen um die Erfahrung, dass Zorn oft für Eifer gehalten wird, rät der Kirchenlehrer Franz von Sales († 1622) eindringlich: „Verrichte deine Arbeit ohne hitzigen Eifer ...; denn jede aufgeregte Hast trübt Vernunft und Urteil".

*

Ziemlich „geschafft" komme ich nach einer halben Stunde in der „Dormitio" an. Als ich dem Abt, Vater Nikolaus, von meinem

Abenteuer erzähle, meint er, und er meint es ganz ernst, dass ich Glück gehabt hätte. In einigen Vierteln Jerusalems endet der Sabbat nicht bereits am Samstagabend um 18 Uhr, sondern erst am Morgen des Sonntags, dem israelischen Montag. „Hätte man Sie bremsen und anhalten können, wäre an Ihrem Auto nichts heil geblieben! Diese Orthodoxen kennen in Fragen des Gesetzes keinen Pardon."

A. M. J. M. Herman van de Spijker, Fanatismus, in: LThK 3, 1995, Sp. 1178.

„DAS GLAUBEN SIE DOCH SELBER NICHT!"

GOTT BEGEGNET UNS IN KRITISCHEN MENSCHEN

Es war am Anfang meiner Tätigkeit als Hochschullehrer, als ich es übernommen hatte, zu Beginn der Großen Ferien sechzig Lehrerinnen und Lehrern Exerzitien zu halten. Eine ganze Woche lang, von montags bis samstags, wollte ich anhand von „Quellentexten in der Bibel" über Gott sprechen. Die Tage verliefen in einer guten Atmosphäre, vor mir saß ein dankbares Publikum. Bis zum Donnerstagabend! In einem Abendimpuls sprach ich von dem liebenden und menschenfreundlichen Gott der Bibel, dem nichts mehr als das Glück des Menschen am Herzen liegt. Ein großes Thema, dem ich mich stets mit Begeisterung hingab – aus mehreren Gründen. Waren es nicht die Griechen, die von ihren Göttern ausdrücklich sagten, „dass sie die Menschen nicht lieben, ... wohl unsere Liebe verlangen und unsere Opfer verbrauchen, uns dann aber auf den Müll fallen lassen"? (Gollwitzer). Haben 2000 Jahre später nicht die Nazis aus dem Gott der Bibel einen „Wüstendämon mit krummer Nase, hängender Lippe, stechenden schwarzen Augen und Wollhaaren (gemacht), der nach Hesekiel 9,4 befiehlt: ‚Erwürget Alte, Jünglinge, Jungfrauen, Kinder, Weiber, alles tot!'" (Hauck)? Und hat sich bis heute nicht in vielen frommen und unfrommen Köpfen die Vorstellung von „dem strengen Richtergott" (Alt, S. 49) so festgesetzt, dass die vom liebenden Vater keine Chance hat?
Auf diesem so düsteren Hintergrund war es mir eine Freude,

von dem alttestamentlichen Gott als dem fürsorglichen Hirten (Jer 31,10; Mi 4,6), dem liebenden Bräutigam (Hos 2,16; Jer 2,3; 31,3), der zärtlichen Mutter (Jes 49,15; 66,13; Hos 11,1-9), dem gütigen Vater (Ps 68,6; 89,27) zu sprechen, ja, ein wenig zu schwärmen. Als ich den Faden ins Neue Testament weiter ausziehen will, kann eine junge Frau um die vierzig, die unruhig auf ihrem Stuhl in der ersten Reihe hin und her rutscht, nicht mehr an sich halten. Mit einem spöttischen Unterton in der Stimme platzt sie herausfordernd in die Runde: „Das glauben Sie doch selber nicht!" Ich schwieg betroffen! Noch ehe ich etwas erwidern konnte, traf mich eine weitere trotzige Bemerkung: „Das ist doch alles frommes Gesäusel! Die Wirklichkeit sieht doch anders aus ...!" Was sie weiter sagte, hörte ich nicht mehr. Ich fühlte mich nicht nur persönlich angegriffen, ich empfand die Kritik auch als einen massiven Angriff auf Gott selber ... Meine spontane Reaktion: „Wenn das so ist, dann habe ich nichts mehr zu sagen!", packte meine Unterlagen, verließ den Saal und reiste noch in derselben Stunde ab.

Acht Jahre später will es der „Zufall", dass ich jener Lehrerin auf einer großen Geburtstagsparty in dem mit hundert Gästen gefüllten Saal schräg gegenübersitze. Nach dem Essen findet sich in einer stillen Ecke des Foyers die Gelegenheit zu einem Gespräch über jene überaus peinliche und – wie ich feststellen durfte – nicht nur mich belastende Situation. Hier nun erfahre ich, dass Frau W. wenige Wochen vor diesen Exerzitien eine jüngere Schwester begraben hatte. Monatelang hatte sie sie gepflegt, mit ihr gehofft und gebetet, am Ende aber den Kampf verloren. Zur Zeit der Exerzitien war der Schmerz in ihr noch so groß, dass sie die Rede vom liebenden Gott nicht ertragen konnte.

*

Gott ist die LIEBE! Wie ein roter Faden zieht sich diese Aussage als „die" Wesensaussage Gottes durch die beiden (!) Testamente. Mangelhafte Bibelkenntnisse verrät, wer (wie Franz Alt) behauptet, Jesus erst habe der Welt einen liebenden Vater mit mütterlichen Eigenschaften (vgl. S. 49) gebracht. In Wahrheit ist der Gott Jesu kein anderer als der Gott der Patriarchen und des Volkes Israel. Hinter den verschiedenen Gottesnamen wie El, Elohim, Adonai, Schaddai, Jahwe und Abba verbirgt sich ein und dieselbe göttliche Wirklichkeit – der mütterliche Vater Jesu.

Doch wie verträgt sich mit diesem von Liebe durchzogenen Gottesbild das übergroße Leid in der Welt, wie es sich beispielsweise in den Katastrophen eines Tsunami (2004 und 2011) und eines Erdbebens in Haiti (Januar 2010) darstellt, bei denen innerhalb weniger Minuten mehr als eine halbe Million Menschen ihr Leben verlieren und viele weitere Millionen ihre Existenz, ihre Gesundheit, ihr bisschen Wohlstand? Ganz zu schweigen von dem tausendgesichtigen Leid, das durch die Bosheit von Menschen jeden Tag aufs neue verursacht wird.
Die Frage nach Gott und dem Leid in der Welt gehört zu den schwierigsten der Theologie. Weil massiv wie ein Fels, ist es nicht erlaubt, sie totzuschweigen, so als gäbe es sie nicht. Weil scharf wie eine Klinge, darf sie nicht verniedlicht werden, so als sei sie ungefährlich. Weil so hoch wie der Himmel, reichen alle klugen, auch noch so begeistert vorgetragenen Argumente nicht aus, um aus ihnen eine Leiter zu zimmern, mit deren Hilfe man sie übersteigen könnte. In aller Demut bleibt der Theologie nichts anderes als zu bekennen, dass sie die Frage bis zum Weltende immer wieder neu umrunden wird, allerdings ohne Hoffnung auf eine zufriedenstellende Antwort. Auf ein Doppeltes aber wird sie immer wieder hinweisen müssen ...,
... dass erstens LIEBE ein weiter und missverständlicher Begriff ist, den vom Kleinkind bis zum Senior alle Welt im Munde führt, mit ihm aber recht Unterschiedliches verbindet. Speziell die göttliche Liebe enthält, weil sie unendlich weiter greift als die menschliche, viele für uns unbekannte Facetten. Von dem Plan, den Gott für uns in seiner Weisheit erstellt hat, überschauen wir nur eine winzig kleine Ecke (vgl. Jes 54,8f.). Und so geschieht es, dass wir uns wie Kinder benehmen. Wie sie ein mit Weitsicht gefälltes Nein der Eltern als Schikane oder als Strafe empfinden, so nehmen für uns aufgrund unserer beschränkten und verkürzten „Ein-Sicht" eine Krankheit, eine Enttäuschung, ein schmerzlicher Schicksalsschlag allzu schnell Züge des Grausamen, des Ungerechten und des Lieblosen an. Tatsächlich ist es nicht immer leicht, so ein Kartäuser, „die Pläne der Göttlichen Vorsehung zu verstehen und im Glauben zu akzeptieren, obwohl sie doch die Handschrift SEINER ungeheuren Liebe zu uns tragen".
... dass zweitens GOTT neben einer hellen auch eine dunkle, eine rätselvolle, geheimnisvolle, undurchschaubare Seite in sich trägt.

Wenn wir ihn zum besseren Verstehen unserer Frage symbolisch in einer Ellipse darzustellen versuchten, müssten wir diese Ellipse so anlegen, dass eine ihrer beiden Hälften licht und hell erscheint, die zweite sich aber grau bis tiefschwarz darstellt. Beide Hälften aber durchzieht von links nach rechts in großen Buchstaben das Wort LIEBE als „die" Wesenseigenschaft Gottes. So hell die ersten Buchstaben in der linken lichten Hälfte auch aufleuchten, so unsichtbar bleiben die letzten in der rechten dunklen. Doch wenn sie auch im Schwarz untergehen und nicht mehr zu erkennen sind, sind sie dort unauslöschlich eingraviert. Gott ist essentiell LIEBE – auch und gerade wenn wir ihn nicht mehr verstehen und die uns bedrängende Not unverständlich vorkommt.

*

Auch nach acht Jahren ist der so frühe Tod der Schwester immer noch eine Wunde, die Frage nach dem liebenden Gott immer noch eine wenn auch nicht mehr ganz, so aber doch halb offene Frage. In diesen acht Jahren ist sie u. a. aber auch Menschen begegnet, für die menschliches Leid und göttliche Liebe sich nicht gegenseitig ausschließen.

H. Zahrnt, der lebenserprobte Seelsorger, fasst seine Erfahrungen in dem Satz zusammen: „Dass es Erlösung im Leid schon hier auf dieser Erde ... gibt, dafür kann ich Zeugen benennen. Mir sind in meinem Leben erlöste Menschen begegnet" (S. 77). Und er zählt sie auf – Kranke, die er nicht zu trösten wusste, von denen er getröstet wegging; Strafgefangene, die ihre Untat als Schuld erkannten und zu dem über sie gefällten Urteil ja sagten; Sünderinnen, die das Milieu gegen einen geistlichen Konvent eingetauscht hatten; Eheleute, die gegen alle Prognosen wieder zueinander fanden; Einsame, die ihre Einsamkeit akzeptierten; Sterbende, die angesichts des nahen Todes getrost waren und manchmal sogar die Kraft hatten zu lächeln. „Gott kommt nicht mit einem goldenen Zauberschlüssel und schließt das Gefängnis unseres Leids auf ... Aber Gott kommt zu uns in unsere diversen Gefängnisse und bleibt bei uns und hält mit uns aus" (Zahrnt, S. 76).

E. Hauck, Welcher Rasse hat Jesus angehört? Ein Abriss strenger Sachlichkeit, 1935. – F. Alt, Jesus – der erste neue Mann, ²1989. – H. Zahrnt, Wie kann Gott das zulassen?, 1985.

„Wenn einer von euch hundert Schafe hat ..."

Gott begegnet uns in authentischen Menschen

Am Nachmittag eines kalten Februartages bin ich auf dem Gau bei S., einem hoch gelegenen und rauen Plateau, unterwegs. Angesichts der dunklen, schneeschweren Wolken habe ich mich zu der Wanderung regelrecht zwingen müssen. Ein nasskalter Wind fegt über die Hochfläche, die Sonne versteckt sich hinter einer Nebelwand, aus grauen Wolken schweben zart und leicht immer wieder ein paar Schneeflocken zur Erde. Der Frühling liegt in der Luft, doch so leicht will der Winter ihm nicht weichen.
Meine Stimmung hebt sich, als ich in der Ferne Schafe sehe. Schafe liebe ich, Schafe ziehen mich wie ein Magnet an, Schafen kann ich stundenlang zuschauen. Es muss eine große Herde mit mehreren hundert Schafen sein, die weidend langsam über die verharschten Wiesen dahinzieht. Ich beschleunige meinen Schritt und erreiche bald schon die letzten, die „Nachhut" der Herde. Hier zieht ein laut blökendes Schaf meine Aufmerksamkeit auf sich. Mit breit gespreizten Hinterbeinen steht es da, das Laufen macht ihm offensichtlich Probleme. Mit großen Augen schaut es zu mir herüber, als ob es mich bitten möchte, ihm doch zu helfen. Doch kaum, dass ich zu überlegen angefangen habe, sehe ich ein Etwas zu Boden gleiten, schnell und unauffällig. Das Schaf wendet sich ihm zu, leckt, frisst, hebt nervös den Kopf, senkt ihn wieder zu Boden ... Da sehe ich es deutlich: Dieses Etwas bewegt sich und lebt, erhebt ein kleines blutverschmiertes Köpfchen, lässt es wieder fallen. Ich will es nicht glauben, aber ich werde Zeuge der Geburt eines Lammes, nicht im Fernsehen, das zwanzig Jahre später Tiergeburten live übertragen wird, nein, in der Natur und in unmittelbarer Nähe. Noch habe ich mich nicht beruhigt, als sich das gleiche wiederholt. Wiederum fällt ein Etwas zu Boden, wiederum die gleichen Bewegungen des Schafes, diesmal nur einmal nach links, gleich anschließend nach rechts. Ein zweites Lämmchen versucht, sich mit Hilfe der Mutter aus der Gebärmutter zu befreien.
Ich halte Ausschau nach dem Hirten. Nur wenn ich die Augen

zusammenkneife, um sie zu schärfen, entdecke ich ihn als schwarzen Punkt weit in der Ferne. Er ist weitergewandert, ohne auf die Nachzügler der Herde zu achten. Aufgebracht über so wenig Tierliebe, will ich zu ihm hinlaufen, um ihn über die Geburt der beiden Lämmer zu informieren, als ich Zeuge einer dritten Geburt werde. Welch einmaliges Erlebnis innerhalb von nur zehn Minuten! In der Seele nur tut mir die Mutter leid, wie sie weitab von der Herde, allein mit drei Kleinen, unermüdlich damit beschäftigt ist, da zu lecken und hier von den Geburtsresten zu befreien. In dem kalten Wind zittern die Lämmchen. Und weit und breit keine Hilfe! Keine ihrer Artgenossinnen ist bei der gebärenden Mutter geblieben; alle waren sie so mit der Suche nach ein paar Grashalmen beschäftigt, dass sie ihre Not nicht wahrnahmen.

Nach einem schnellen Lauf quer über Wiesen und Felder finde ich den Hirten endlich in einer schützenden Mulde. Er hat mich nicht kommen sehen, da er an einen Baum gelehnt nach vorne starrt. Ja, das war kein Schauen mehr, das war ein Starren, mit dem er mich empfing. Ehe das erste Wort aus seinem Mund kam, wusste ich: Er war betrunken. Der Hals einer aus seinem Mantel herausragenden Flasche bestätigt meinen Verdacht. Mit kurzen Worten berichte ich ihm, was einen Kilometer und weiter hinter seinem Rücken vor einer halben Stunde passiert ist. Keine Spur von Freude, kein Hauch von Mitleid mit den drei Lämmern und ihrer Mutter, kein Wort des Dankes für die Benachrichtigung. „Ich werde ..." – die Zunge hat mit dem Sprechen Mühe – „am Abend mit dem Wagen ... vorbeifahren ... und sie abholen!" Ein Griff in die Tasche, ein Schluck aus der Flasche und müde torkelt er weiter ...

*

Das Bild des Hirten ist im vorderen Orient beheimatet und hat eine Jahrtausende alte Tradition. Der gute Hirt zieht seiner Herde voran und zeigt ihr den Weg zur saftigen Weide und zum frischen Wasser. Er kümmert sich um ihre Gesundheit und beschützt sie vor Dieben und wilden Tieren wie dem Wolf, dem typischen Feind. Er geht verirrten Schafen nach und trägt schwache und verletzte auf seiner Schulter nach Hause ... (vgl. Ez 34,11-22). Der gute Hirt ist Symbol für Fürsorge, Hingabe und Liebe ...

- Ein guter Hirt in diesem Sinne ist GOTT. „Wir, dein Volk, die Schafe deiner Weide, danken DIR ewiglich ...!" (Ps 79,13), betet die im Tempel versammelte Gemeinde, „Der HERR ist mein Hirt!" (Ps 23,1), bekennt ein dankbarer Beter in Psalm 23, von dem Immanuel Kant sagt, dass kein noch so gescheites Buch sein Herz so still und froh gemacht habe wie dieser Einleitungsvers. Die ins Babylonische Exil Deportierten (587-538 v. Chr.) tröstet der Zweite Jesaja mit den Worten: „Wie ein Hirt führt ER seine Herde zur Weide, ER sammelt sie mit starker Hand. Die Lämmer trägt ER auf dem Arm, die Mutterschafe führt ER behutsam!" (Jes 40,11; vgl. Jer 23,1-6).
- Wie vertraut JESUS mit dem Bild des guten Hirten ist, gibt er dadurch zu erkennen, dass er es im Gleichnis vom verlorenen Schaf aufgreift (vgl. Lk 15,4-7; Mt 18,12-14). Jeder seiner Zuhörer nickt bestätigend mit dem Kopf, als er fragt: „Wenn einer von euch hundert Schafe hat und eins davon verliert, lässt er dann nicht die neunundneunzig in der Steppe und geht dem verlorenen nach, bis er es findet?" (Lk 15,4). Genau das tut er selbst! Im Unterschied zum Täufer wartet er nicht darauf, dass die Menschen zu ihm nach Kafarnaum kommen. Er sucht sie vielmehr dort auf, wo sie leben. Mitleid packt ihn, wenn er sie erwartungsvoll, hohlwangig und mit weit aufgerissenen Augen vor sich stehen sieht – „wie Schafe, die keinen Hirten haben" (Mk 6,34; vgl. Mt 9,36). Der französische Schriftsteller Eric-Emmanuel Schmitt legt in seinem Roman „Das Evangelium nach Pilatus" seinem Jesus die Worte in den Mund: „Ich liebte nur jene, die bei diesem dummen Spiel (der Welt um Stärke, Macht, Geld) nicht mitmachen durften, die Unangepassten, die Ausgeschlossenen: die Armen, die Sanften, die Behinderten, die Frauen, die Verfolgten. Die Armen wurden meine Brüder, mein Ideal ..." (S. 43). Wundert es da noch, dass der charismatische vierte Evangelist seinem Jesus die Bildrede vom guten Hirten (Joh 10,11-18) in den Mund legt und ihn zweimal laut ausrufen lässt: „ICH bin der gute Hirt!" (V.11 und14)?
- Indem die beiden großen Kirchen das Bild des Hirten im Titel des „Pastors" für sich beanspruchen, legen sie die Messlatte für einen Teil ihrer Mitarbeiter hoch. Wer sich aber selber so positioniert, muss sich kritisch fragen lassen, ob und wieweit er angesichts der übergroßen „pastoralen" Verbünde und Verbän-

de mit gewichtigen personellen Veränderungen dem jesuanischen „Konzept" von Seelsorge auch nur im Ansatz genügt. Hier ist nicht der Ort, solche Verwaltungsmaßnahmen im einzelnen zu bewerten. Mit Blick aber auf die zu erwartenden seelsorgerlichen Engpässe bleibt zu fragen, ob es nicht ehrlicher wäre, den Titel des „Pastors" gegen den des Funktionärs oder Managers auszutauschen?

*

Hatte der Hirt sein Versprechen wahr gemacht und war tatsächlich am Abend zurückgekehrt? Die Antwort bekomme ich am anderen Morgen, als ich zur „Geburtswiese" zurückkehre. In einem von Blut rot gefärbten Schneefeld liegt das Schaf mit seinen drei Kleinen. Als es mich sieht, schaut es nur stumm zu mir hin, als wolle es mich anklagen. Welches von den drei Lämmern die kalte Nacht überlebt hat, habe ich nie erfahren. Statt dessen klingen mir die Wehrufe des Propheten Jeremia (6. Jahrhundert v. Chr.) in den Ohren, die allen gelten, die sich Hirten nennen, es in Wahrheit aber nicht sind: „Weh euch Hirten, die ihr die Herde meiner Weide umkommen lasst und zerstreut! ... Siehe, ich will euch heimsuchen um eures bösen Tuns willen ..!" (Jer 231f.; vgl. Ez 34,1-10).

E.-E. Schmitt, Das Evangelium nach Pilatus, 2005.

„ICH WERDE IHNEN DIESE TREUE VON JENSEITS DES GRABES HER ZU VERGELTEN SUCHEN ..." (P. WUST)

GOTT IST UNS AUCH IN DEN TOTEN NAH

Sein Name hat nicht den Klang eines Kant oder Nietzsche, eines Hegel oder Schleiermacher oder eines anderen großen deutschen Philosophen, und doch erinnern bis heute Schulen und (bis vor wenigen Jahren) Hochschulen an ihn. Die Rede ist von Peter Wust, dem saarländischen Philosophen (1884-1940), dem vor mehr als hundert Jahren als Bauernbub aus einfachsten und ärmsten Verhältnissen der Sprung auf das Katheder der renommierten Universität im westfälischen Münster gelingt, von dem er als Professor zehn Jahre lang Woche für Woche eine vielhundertköpfige Hörerschaft in seinen Bann zieht. Den Weg dorthin, einen „sehr dornenvollen" (S. 246), von Selbstzweifeln, Depressionen, Neid und Missgunst gepflasterten, zeichnet er in seinen Lebenserinnerungen mit dem Titel „Gestalten und Gedanken" nach. Es ist – wie er selber schreibt – der Weg des Vater und Mutter enttäuschenden verlorenen Sohnes (S. 238), der „die friedlich umhegte kleine Welt seiner Dorfheimat verlässt, um den Lockungen des Geistes da draußen in der Welt zu folgen, darüber jedoch allen festen Grund und Boden unter den Füßen verliert, bis er sich wieder auf Herkunft und Heimat besinnt ..." (Vorwort).

In einem frommen, „urkatholischen Elternhaus" (S. 237) groß geworden und vom Ortspfarrer in der Hoffnung, in ihm einen zukünftigen Priesterkandidaten gewonnen zu haben, fürs Gymnasium vorbereitet, verlässt Wust jedoch schon mit 20 Jahren den ihm zugedachten Weg eines Theologen. „Ich zerriss zwar nicht die Fäden, die mich äußerlich noch an die Kirche knüpften, aber ich hatte im Grunde den Glauben verloren" (S. 249).

Fünfzehn Jahre wird es dauern, bis er sich durch eine Begegnung mit dem protestantischen Theologen Ernst Troeltsch († 1922), vor allem aber durch seine Freundschaft mit dem Philosophen und Soziologen Max Scheler († 1928) langsam wieder der Kirche, der „Magna Mater" (S. 237), annähert. Neben seinem Dienst als Lehrer für Germanistik und Anglistik ab 1911 in Neuß, Trier und Köln verliebt er sich mit der denkbar größten Leidenschaft in die Philosophie. Frucht dieser in vielen Jahren gepflegten Liebe ist im Jahr 1920 „Die Auferstehung der Metaphysik", ein Aufsehen erregendes Buch, in dem Wust, anknüpfend an Augustinus, die zeitgenössische Relativierung des Seins- und Substanzbegriffes attackiert. Dieser durch eine ernste Aussprache mit Troeltsch 1918 versetzte „erste schwere Stoß der (S. 249: so dunkel über uns waltenden) Gnade ... hörte nicht mehr auf zu wirken, bis er mich in den Ostertagen von 1923 unversehens wieder ganz heimführte in die Arme der ,Una Sancta Ecclesia'" (S. 250f.).

Sein Konflikt zwischen „Brotwissenschaft und Lieblingswissenschaft" (S. 240), der ihm so manche Depression einbringt, löst sich 1930 mit der Berufung zum ordentlichen Professor für

Philosophie an die Universität in Münster. Sein Traum vom „Olymp" war endlich in Erfüllung gegangen, glücklich jedoch war er nie (Pieper, S. 153). Obwohl die Studenten und Hörer „in Scharen zu seinen Vorlesungen strömten, für die als Hörsaal nur das Auditorium Maximum groß genug war" (Pieper, S. 153), machten es ihm seine Kollegen nicht leicht. „Sie konnten es ihm nicht vergessen, dass der Minister den ‚Studienrat' gegen den Willen der Fakultät (weil nicht habilitiert) auf den Lehrstuhl berufen hatte ... Die Kluft ist nie völlig geschlossen worden" (S. 153).

Zehn Jahre wirkt Wust, ermutigt durch den „Renouveau catholique" in Frankreich und die Bekanntschaft mit G. Bernanos, L. Bloy, P. Claudel, J. Maritain, „als Pionier der zeitgenöss. kath. Erneuerungsbewegung" (Berning Sp. 1334), vertritt ein theozentrisch-christliches Denken und warnt, obwohl „von Natur aus hypochondrisch ängstlich" (Pieper, S. 152), furchtlos vor den Nazis. Ende 1937 befällt ihn ein seltener, äußerst schmerzhafter Oberkieferkrebs, Behandlungen lindern die Schmerzen nur zeitweise. Als er sich am 16. Februar 1939 von seinen Hörern verabschiedet, ahnt er bereits, dass es seine letzte Vorlesung war. „Die schweren Leiden und die tiefen Dunkelheiten der mir von Gott geschenkten Krankheit" (S. 257) erträgt er mit großer Würde und in tiefer Gläubigkeit. In einem Brief vom 18. Dezember 1939, der 1942 von den Nazis beschlagnahmt wird, verabschiedet er sich von seinen „lieben Schülern", die ihm bis zuletzt die Treue gehalten haben. Gleich auf der zweiten Seite verspricht er ihnen: „Ich werde Ihnen diese Treue von jenseits des Grabes her zu vergelten suchen, sobald ich einmal den Kampf überstanden habe" (S. 258).

*

Ein großes Versprechen, doch sind Hilfe und Vergeltung von jenseits des Grabes her überhaupt möglich? – Ahnenkult und Heiligenverehrung in vielen Religionen geben eine positive Antwort.

Die Toten sind uns nah. „Die Gemeinschaft der Heiligen", die wir im Credo bekennen, ist keine Gemeinschaft in himmlischer Ferne und weit weg von uns. Vielmehr sind wir, die Lebenden, über die Todesgrenze hinweg fest in sie eingebunden. „Ich bin davon überzeugt", so der Trappistenabt Wiro Fagel, „dass Bande, die jetzt bestehen, über den Tod hinausreichen ..." (S. 53) und „dass es einen intensiven Kontakt zu Verstorbenen gibt" (S. 54). Vor diesem Hintergrund lässt aufhorchen, was der Alttestamentler Friedolin Stier († 1981), der wie kein Zweiter seine Not mit Gott, aber auch seine Hoffnung auf ihn in Worte zu fassen vermag, am 25. Juli 1972 – durch den Unfalltod seiner Tochter Sybille am 7. Sept. 1971 auch nach elf Monaten noch traumatisiert -- in sein Tagebuch notiert: „Es jährt sich bald, dass sie von hier hat gehen müssen, und es ist seit dieser Trennung kein Tag vergangen, an dem ich wirklich von ihr getrennt gewesen wäre. Sie gewährt mir eine Gegenwart, die ganz anderer Art ist als die eines vergegenwärtigenden, ins Bewusstsein rufenden, vorstellenden Gedenkens. Ein ‚Ort' ist in mir, ein Ingrund tiefinnen, aber in großer Nähe der Bewusstseinsschwelle, wo ich ihrer Anwesenheit innewerde und wo eine Sprache gesprochen wird, die keiner Wörter bedarf, mag sie auch solche suchen und stammeln …" (S. 201).

Wenn es nun aber stimmt, dass unsere Verstorbenen uns nah sind und „mit ihren Augen voller Licht in unsere Augen voller Trauer" (Augustinus) schauen, dann ist es bis zu jenem Satz, den ich in der Hofkirche zu Dresden plakatiert fand, nicht mehr weit: „Der Tod bedeutet das Ende des Lebens, nicht aber des Wirkens." Davon überzeugt, ruft der bekannte amerikanische Prediger Billy Graham (* 1918) in einer seiner letzten großen Auftritte einer vieltausendköpfigen Menge zu: „Wenn sie eines Tages hören oder lesen, Billy Graham sei tot, so glauben Sie es nicht! Ich werde lebendiger sein als je zuvor. Nur meine Adresse wird sich geändert haben!" Und hat nicht die kleine Theresia von Lisieux versprochen, vom Himmel aus Rosen auf die Erde regnen zu lassen? (vgl. Leist). Von dorther versteht es sich, dass der Freiburger Dogmatiker G. Greshake dazu rät, „statt FÜR die Verstorbenen, … besser ZU den Verstorbenen zu beten". In unseren Toten haben wir starke Fürsprecher. Wer diesen Kreis auf die von der Kirche ernannten und kanonisch, d. h. kirchenrechtlich „geprüften" Heiligen einschränken möchte, muss sich von F. Stier fragen lassen: „Was ist mit den Heroen des Denkens, der Wahrheitssuche, mit den ruhlosen Wanderern nach Gott, den Kämpfern um Gott, den nächtlichen Ringern am Jabbok? …" (S. 88). Man darf sicher sein, dass die Schar der verborgenen Heiligen um vieles größer und vor allem um vieles bunter ist als die in den offiziellen Heiligenlisten registrierten. In unseren Toten haben wir starke Fürsprecher, die uns von der „anderen Seite" ermutigend zurufen:

> „Ich bin in das Zimmer nebenan gegangen.
> Das, was ich für euch war, bin ich immer noch ...
> Sprecht mit mir, wie ihr es immer getan habt ...
> Warum soll ich nicht mehr in euren Gedanken sein?
> Nur weil ich nicht mehr in eurem Blickfeld bin?
> Ich bin nicht weit weg.
> Ich bin nur auf der anderen Seite des Weges."
> *Charles Péguy*

*

Peter Wust stirbt am 3. April 1940. Seine letzte Ruhe findet er auf dem Friedhof des Dörfchens Mecklenbeck vor den Toren Münsters, neben seinem Freund Pfarrer Dr. Vorholt († 1954). Auf seinen Wunsch hin enthält die Grabinschrift drei lateinische Verse aus der Sequenz „Dies irae, dies illa": „Qui Mariam absolvisti – Et latronam exaudisti – Mihi quoque spem dedisti" (= „Der du Maria vergeben und den Schächer erhört hast, hast auch mir Hoffnung gegeben"). Unter seinem Namen und seinen persönlichen Daten lässt Dr. Vorholt die Zeilen hinzufügen: „Aus dem Wirklichkeitstraum durch Ungewissheit und Wagnis in den Wirklichkeitsraum der Geborgenheit Gottes."
(Zur aktuellen Bedeutung von Peter Wust vgl. www.peter-wust-gesellschaft.de!)

P. Wust begegnet 1932 in Münster der heiligen Edith Stein, die zwei Semester am Katholischen Institut für wissenschaftliche Pädagogik lehrt. 1934 fährt er zu ihrer Einkleidung als Karmelitin nach Köln. Auch später besucht er sie dort und führt mit ihr intensive Gespräche.

P. Wust, Gestalten und Gedanken. Rückblick auf mein Leben, 1961. – J. Pieper, Noch wusste es niemand. Autobiograph. Aufsätze 1904-1945, ^{2}1976. – V. Berning, Wust, in: LTHK 10, 2001. – K. Leist (Hg.), Theresia von Lisieux. Meine Berufung ist die Liebe, 2004. – F. Stier, Vielleicht ist irgendwo Tag, 1982. – W. Fagel, Wer mit sich selbst Frieden schließt..., in: L. Fijen (Hrsg.), Wie werde ich glücklich?, 2003, S. 44-55.

GOTT IST UNS NAH AUCH IN DEN „WÜSTEN" DES LEBENS

„Gott ist nicht gekommen, das Leid zu beseitigen;
er ist nicht gekommen, es zu erklären,
sondern er ist gekommen,
es mit seiner Gegenwart zu erfüllen."
Paul Claudel

„Der Herr ist (k)ein Kriegsheld …!"
(vgl. Ex 15,3.6)

Mit uns und bei uns in der „Wüste" des Krieges

Viereinhalb Jahre waren sie verheiratet, als der Vater 29-jährig im Juli 1941 in den Krieg ziehen muss. Einundzwanzig vergilbte Briefe, geschrieben in der Kaserne, in einem übervollen Abteil auf der Fahrt an die russische Front, nach kalten Nächten vor dem Zelt, sind Dokumente einer zarten, von tiefem Glauben getragenen Liebe, die sich in einer rührenden Sorge um die Frau und den dreijährigen Sohn und das Ungeborene zeigt, das wenige Monate später zur Welt kommen soll.

Montag, den 6. 8. 41: „Meine liebe Maria, … zeige dich tapfer im Leid, denn du trägst ein Kind unterm Herzen … Du bist nicht die einzige Frau, die Sorgen um ihren Mann hat, wenn auch einige leichter darüber hinweggehen … Dein Franz"

Mittwoch, den 8. 8. 41: „… Wir sind in einer schicksalsschweren Zeit geboren worden und müssen uns damit abfinden … Wir werden hier verladen, wissen aber nicht, wohin es geht. Wenn wir ausgeladen werden, werden wir jeden Tag 30 km mit vollem Gepäck marschieren müssen. Der Tornister mit Gewehr und allem dran wiegt bestimmt 60 bis 70 Pfund …"

Dienstag, den 12. 8. 41: „… Ich sitze hier im wackligen Zug und will dir ein paar Zeilen schreiben … Wir sind mit 18 Mann in einem Abteil und haben nur 17 Sitzplätze und all das Gepäck. In der Nacht hat einer auf dem anderen gelegen … Wie lange wir noch fahren, weiß ich nicht; es wird noch einige Tage dauern …"

Donnerstag, den 14. 8. 41: „Wir befinden uns immer noch auf Fahrt … Heute mittag hatten wir 5 Stunden Aufenthalt in einem Städtchen. Die Leute brachten Eier, Butter, Speck, Kirschen, Johannisbeeren, Heidelbeeren zum Zug, um es uns zu verkaufen. Die Sachen sind alle billig. Hier herrschen ganz arme Verhältnisse. Die ganze Gegend, die wir durchfahren, ist flach. Überall stehen vereinzelt kleine Holzhäuser mit Strohdächern. Die Frauen und die Kinder laufen meistens barfuß … Mir geht es gut ... Gedenke meiner im Gebet, und es wird alles gutgehen ...!"

Freitag, den 22. 8. 41: „... Ich sitze hier vor unserem Zelt. Einige Kameraden spielen Karten, andere haben sich ein Feuer gemacht und braten Kartoffeln ... Hab immer guten Mut! ... Wollen uns im Vertrauen an den lieben Gott halten und unser Schicksal in seine Hände legen ..."

Sonntag, den 24. 8. 41: „... Wir sind gestern von der Sammelstelle fort ... Sind bis zur Dunkelheit mit vollem Gepäck marschiert. In einem Schuppen haben wir dann geschlafen und haben schwer gefroren. Die Nächte sind sehr kalt ... Haltet euch gesund und gedenkt meiner im Gebet! Es wird nicht allzu lange mehr dauern, dann geht's wieder nach Deutschland ... Heute habt ihr Sonntag ... Bei uns gibt es keinen Sonntag, der Krieg macht alle Tage gleich. Ich wollte, die kalte Nacht wäre schon vorbei ..."

Dienstag, den 26. 8. 41: „... Ich habe jetzt gerade Gelegenheit, dir zu schreiben. Wir sind seit Sonntagabend nur marschiert ... Mit der Verpflegung und dem Schlafen ist es schlecht. Die Nächte sind zu kalt, um im Freien zu übernachten. Hoffentlich geht das schnell vorbei mit diesem Krieg. Es geht jetzt auf Petersburg zu. Dann wird für uns Schluss sein. Nach Russland will keiner mehr zurück ..."

Es sollte der letzte Brief sein, den der Vater schreiben konnte; wenige Stunden später war er tot. Ein kurzer, handgeschriebener Brief des Kompaniechefs, dem der Vater offenbar erst wenige Stunden vorher unterstellt worden war, überbrachte die Todesnachricht – in leeren, trostlosen Phrasen.

29. 8. 41

„Sehr geehrte Frau B.

Ich habe die traurige Pflicht, Ihnen mitzuteilen, dass Ihr Gatte am 27. August 1941 im Kampf um die Luga bei Tolmacovo gefallen ist, er ist sofort an einer Schussverletzung schmerzlos verstorben.

Ich spreche Ihnen zu diesem Verlust zugleich im Namen der Kompanie meine wärmste Anteilnahme aus. Die Kompanie wird ihm immer ein ehrendes Andenken bewahren, sie verliert in

ihm einen guten und treuen Soldaten ... Die Beerdigung fand gestern unter militärischen Ehren im Beisein seiner Kameraden in Tolmacovo (12 km nordnordöstlich Luga/Stadt, Russland) statt. Ein Lichtbild vom Grabe sowie seine Nachlasssachen werden Ihnen, sobald sich Gelegenheit dazu bietet, übersandt. Ich grüße Sie mit aufrichtigem Mitgefühl.
 S., Oberleutnant und Kp. Chef"

Die Post dauerte lange, wie der Vater in seinem letzten Brief angezeigt hatte, auch die Post mit der Nachricht von seinem Tod. Nichtsahnend, welcher Schmerz in den nächsten Tagen auf sie wartete, schreibt die Mutter ihren letzten Brief, der den Vater nicht mehr erreichen sollte:

Dienstag, den 9. 9. 41: „Mein lieber Franz! Endlich kann ich mich wieder hinsetzen und dir schreiben, was ich schon so lange getan haben wollte. Sechs Wochen sind schon beinahe vergangen, seit ich dir zum letzen Mal mein Herz ausschütten konnte. In dieser Zeit – glaube ich – hast du und habe auch ich schon manches überstanden, wir wollen alles aufopfern – Gott zu lieb ... Gleich, als du schriebst, ihr kämt nach dem Osten, tat es mir bitter weh, denn von dort wird nicht viel Schönes erzählt ... Ich habe immer guten Mut, dass du gesund zurückkommst. Im Gebet werde ich dich nicht vergessen. Der Muttergottes habe ich versprochen, mein Leben lang zu danken, wenn sie dich beschützt. Der Mann von D. ist in Russland gefallen, K. H., J. A. und D. P. sollen auch gefallen sein. (*Am Ende des Krieges 1945 werden in dem kleinen Dorf mit gerade einmal 500 Einwohnern 56 junge Männer und Familienväter gefallen sein.*) Du kannst dir denken, was hier im Dorf los war. Man sah nur verweinte Augen. Du schreibst, dass es auf Petersburg zugeht. Das wird noch einen schweren Kampf geben. Vergiss das Beten nicht, ich weiß, du bist müde von den vielen Strapazen. Es braucht nur ein kleines Gebet zu sein, das andere tu ich für dich ... Gebe Gott, dass du diese Zeilen gesund erhältst ... Für heute grüßt dich herzlich deine dich nie vergessende Maria."

Was in den Morgenstunden des 27. August 1941, einem Mittwoch, tatsächlich geschieht und wie der Vater gleich am ersten Tag seines Einsatzes zu Tode kommt, erzählt ein Kamerad vier

Wochen später in einem Brief, den er in einem Deckungsgraben 12 km vor St. Petersburg schreibt:

Russland, den 24. 9. 41
„Verehrte Frau B. ... Ich habe Franz gut gekannt ... Bevor wir am 27. 8. 41 in den Kampf gingen, gaben wir beide uns noch einen Händedruck und sagten einer zum anderen: Na, wenn wir dies gut überstehen! Denn es war eine sehr schwere Aufgabe für uns. Der Befehl kam: Antreten! Zwei Züge gingen vor, wo Franz und ich dabei waren. Wir zogen uns an einem Bahndamm vorbei.
Dann gingen wir in die Schlauchboote und mussten über einen Fluss gesetzt werden. Indem wir das Ufer erreichten, ging schon das feindliche MG-Feuer los. Wir arbeiteten uns Meter um Meter auf die andere Seite des Bahndammes, um in Deckung zu kommen. Glücklich kamen wir auch dahin. Aber unterwegs mussten wir schon viele Kameraden da lassen, die die Kugel getroffen hatte. Aber Franz und ich waren glücklich über und sagten: Das war doch zu viel, der Übergang dauerte 4 Stunden lang. Jetzt hieß es, unsere Aufgabe sei, das auf der Höhe liegende Dorf einzunehmen und die Russen herauszujagen... Es war ein Dorf, das die Russen gut befestigt hatten, eine Stellung an der anderen. Wir schlugen die Russen heraus. Es kam zu Nahkämpfen in dem Dorf. Und dort erhielt der gute Franz eine feindliche Kugel. Von hinten schossen die Russen aus den Erdlöchern und aus den Häusern.
Franz erhielt einen Herzschuss und verschied mit ein paar Atemzügen. Ich denke in dieser Stunde an Sie, liebe Frau B. Ich kann Ihnen nur eins sagen, mir ist es auch oftmals schwer, aber hier heißt es leben oder sterben. Die Befehle müssen ausgeführt werden. Ihren guten Franz habe ich zur letzten Ruhe tragen helfen in dem Dorf, an der Kirche liegen die Kameraden gebettet, 11 Mann. Franz ist in der Mitte. Der Kompaniechef hielt eine schöne Ansprache für die gefallenen Kameraden. Sie sollen ewig weiterleben in der Kompanie. Das Dorf heißt Tolmacovo an der Luga. Auf der Landkarte ist die Luga eingezeichnet. Es ist ein Fluss, an dem die Eisenbahnlinie nach Petersburg verläuft, zwischen der Stadt Luga und dem Dorf Tolmacovo ... Wir liegen kurz vor Petersburg, es sind noch 12 km, und müssen den Feind

Elf Soldatengräber im Schatten der kleinen russisch-orthodoxen Kirche von Tolmacowo 1941

hier beobachten, dass er nicht durchbricht. Er lässt jetzt Frauen und Kinder überlaufen ... Wir haben die Aufgabe, alles zurückzutreiben und – wenn nötig – sogar zu erschießen ...
Grüße Gefreiter J. H."

*

Fünf Jahrzehnte lang mussten der Brief eines Kameraden und zwei Fotos vom Grab des Vaters im Schatten einer Holzkirche genügen, um des Toten zu gedenken, mehr war nicht möglich. Der „Eiserne Vorhang" war zu hoch, als dass man daran denken konnte, ihn zu überwinden. So war es müßig, das Dorf Tolmacovo auch nur auf einer Landkarte zu suchen. Wo in diesem weiten Land ein kleines Dorf finden? Bis Katrin, eine Studentin, bei der Themensuche für ihre Examensarbeit über russische Klöster von einer Fahrt nach Nowgorod erzählt. Als sie wenige Tage später eine riesige Karte im Maßstab 1 : 250.000 mitbringt, ist es, als wenn der Zeigefinger fünf Jahrzehnte auf diesen Augenblick gewartet hätte: Ohne langes Suchen findet er das Dorf Tolmacovo, 200 km im Südwesten von Sankt Petersburg und nur 120 km westlich von Nowgorod. Tolmacovo gab es also tatsächlich noch. Doch hatte die kleine Holzkirche und mit ihr das Gräberfeld von elf deutschen Soldaten den Krieg und fünfzig Jahre kommunistische, d. h. kirchenfeindliche Herrschaft überlebt?
Gelegenheit, diesen für mich so wichtigen Ort aufzusuchen, ergibt sich wenige Monate später. Mit einer Gruppe von 25 Schülern eines Gymnasiums aus B. reise ich in weniger als acht Stunden über Hamburg und Sankt Petersburg nach Nowgorod. Dort empfängt man die deutschen Gäste in übergroßer Herzlichkeit mit roten Nelken. Blumen statt Kugeln – die Geste treibt vielen der Reiseteilnehmer Tränen in die Augen. Doch sollte dies nicht die einzige Freundlichkeit sein, mit der die russischen Gastgeber uns immer wieder überraschen. Auch die nicht einfache Frage nach einem Auto, das mich von Nowgorod in das 120 km entfernte Tolmacovo bringen soll, bringt sie nicht in Verlegenheit.
Die Fahrt geht durch ein horizontloses Land, in unübersehbar weiten Birken- und Fichtenwäldern links und rechts der Straße verbergen sich Sümpfe und Moore. Nach eineinhalbstündiger Fahrt ist das Ziel erreicht. Tolmacovo erweist sich als ein weit zerstreutes Dorf, die tausend Meter lange Dorfstraße flankieren

auf beiden Seiten bunt bemalte, von kleinen Gärten umgebene Holzhäuser, von denen man nicht weiß, ob sie malerisch oder arm zu nennen sind. Wären da nicht zwei, drei mehrstöckige Sozialbauten und ein moderner Bahnhof, fühlte man sich um 50 Jahre zurückversetzt. Mit Hilfe des Briefes kann ich die Ereignisse vom 27. August 1941 genau rekonstruieren: Da ist die nicht sehr breite Luga, die man mit Schlauchbooten überqueren mußte! Und hier der Bahndamm, in dessen Schutz man sich dem auf der Höhe liegenden Dorf näherte! Die feindliche Kugel, abgefeuert aus einem Erdloch, traf den Vater vermutlich auf dieser Straße. Mit ihm fielen bei diesem Sturmangriff noch zehn weitere Kameraden. Sie alle trug man nach der Eroberung des Dorfes zur 500 Meter entfernten Kirche und begrub sie in einem ihrer Winkel.

Mehr als fünf Jahrzehnte haben das Kirchlein nicht verändert, im Gegenteil, es ist schöner geworden. Man hat es angestrichen und mit einem Lattenzaun umgeben, um es von der Straße abzugrenzen. Wo auf den Fotos das Gräberfeld zu erkennen ist, breitet sich heute Rasen aus. Die Anlage macht einen gepflegten Eindruck. Eine alte Frau aus der Nachbarschaft weiß noch von den Gräbern deutscher Soldaten: „Nein, sie wurden nie ausgegraben und umgebettet!" Russland ist den Toten, selbst denen des Feindes, eine gütige Mutter. Eine zweite Alte verspricht, den Popen um eine Messe für den Toten zu bitten und jeweils am Todestag eine Kerze anzuzünden. Als Gruß aus der Heimat habe ich Erde und einen Stein mitgebracht. Da in Russland Kirchen heilige Orte sind, wird der Vater bis zum Jüngsten Tag in heiliger Erde ruhen.

*

Wo, mein Gott, warst Du in diesem schrecklichen Krieg, in dem Millionen von Menschen elendig gestorben sind? Aus dem „Himmel" kommt mir klar und deutlich die Antwort zu:

„ICH war in keiner deutschen und in keiner russischen Gewehrkugel und in keiner deutschen und keiner russischen Bombe oder Rakete. Menschen, kurzsichtige und machtbesessene Menschen haben MICH immer wieder für sich zu verbuchen gesucht – im 2. Jahrtausend v. Chr. wie im 20. Jahrhundert n. Chr. ICH habe nicht, wie von den biblischen Erzählern in Ex 14 und 15 dargestellt, das Volk Israel trockenen Fußes durch das Rote

Meer geleitet und die Wagen der Ägypter ertränkt; ICH habe auch nicht die deutschen Truppen siegreich von Schlachtfeld zu Schlachtfeld geführt, über die gegnerischen Soldaten hingegen den Tod gebracht. Menschen, einäugige, naiv fromme, fanatische Menschen, haben die Ereignisse durch ihre Brille gesehen und in ihrem Sinn gedeutet.

Doch wenn ich auch nie und niemals bei denen war und bin, die Kriege angezettelt und geführt haben und führen werden, bei den machthungrigen und menschenverachtenden Führern und Generalen, so war ich aber doch bei jedem einzelnen Soldaten und Zivilisten, die in diesem Krieg gelitten haben. ICH bin mit jedem einzelnen Soldaten geschunden, verwundet und getötet worden. ICH bin millionenfach gestorben, nicht nur den physischen, sondern auch den moralischen Tod. Menschen haben MICH für ihre eigennützigen und eitlen Projekte missbraucht und meinen heiligen Namen in gemeinster Weise beschmutzt. ‚Das bin nicht ICH!' rufe ICH allen zu, die ihr unmoralisches Tun mit MIR rechtfertigen wollen. Auf eine ‚Ehrung' als gewaltiger Kriegsherr, wie sie in den heiligen Schriften zu lesen ist (vgl. Ex 15,1-21; Ps 3,8; 59,11; 68,22; 89,11 u. ö.), kann ich gerne verzichten."

Vergeblich gelaufen bzw. umsonst abgemüht?

Bei uns und mit uns in der „Wüste" des Misserfolgs

„Was bleibt von meinem Leben übrig, wenn ich tot bin?" Die Frage bedrängt Millionen von Menschen vor allem am Ende eines langen, mühevollen Lebens. Nicht jedoch einen französischen Eremiten, der nach sechsundsiebzig Jahren eines Lebens in der „Wüste des Misserfolgs" stirbt.

*

Ich hatte nur in einem Nebensatz von ihm gehört und war gleich hellwach: Dass er nach dreiundvierzig Jahren als Kartäusermönch, zuletzt in seiner Funktion als Prior, mit drei ehemaligen Novizen sein Kloster verlassen habe, um zu viert an die Quelle des Ordens zurückzukehren. Seiner Meinung nach war die Kartause (vgl. Bösen), obwohl sie doch 900 Jahre nicht reformiert worden war, nicht das, was der heilige Bruno, der Ordensgründer, gewollt hatte. Die weiten Klosteranlagen mit ihren vielen verschiedenen Gebäuden verursachten hohe Kosten und einen großen Verwaltungsaufwand. – Mochte es auch richtig sein, in einer Welt, die das Beten verlernt hatte und immer wieder vernachlässigt, das Gebet zur Lebensaufgabe zu machen und als Hauptbeschäftigung auf den Tagesplan zu setzen, durfte das aber nicht auf Kosten einer den Lebensunterhalt sichernden Arbeit geschehen. Hat nicht der heilige Benedikt, der Mönchsvater des Abendlandes, in seiner hochgeschätzten Regel geschrieben, dass die Brüder nur dann „in Wahrheit Mönche sind, wenn sie gleich unseren Vätern und den Aposteln von der Arbeit ihrer Hände leben" (vgl. Benediktregel Kap. 48)? Für eine solche Erwerbsarbeit aber blieb in der Kartause keine Zeit. – Und war es schließlich nicht auch gottgefälliger, anstelle des langen, achtstündigen Offiziums in der Kartause mehr Zeit für das stille, persönliche Gebet einzuplanen? Stimmte nicht das, was ein Zisterzienserabt einmal geschrieben hatte: „Besser ein Seufzer der Liebe als hundert Psalmen aus Routine – auch wenn es Worte Gottes sind"? Dass Gott weniger auf die Quantität als auf die Qualität schaut, ist kein Geheimnis ...

Solche und weitere Überlegungen, die in den Augen vieler Mitbrüder in der Kartause einen Angriff auf die 900 Jahre alte Tradition darstellten, bewegten P. Ange und drei weitere Kartäuser dazu, 1975 die Kartause zu verlassen und ein neues Kloster zu gründen, in dem man das leben konnte, was man als näher zu dem Ordensvater Bruno hin erkannt hatte.

*

Es reizt mich vom ersten Augenblick an, die Spur der „Reformer" aufzunehmen. Und so dauert es denn auch nicht lange, bis ich mich auf den Weg nach Südfrankreich mache. Obwohl ich die Adresse der vier kenne, dauert es dann doch einen ganzen Tag, bis ich endlich in einem endlos weiten Wald im Norden von Toulouse das neue Kloster, die „Ermitage St. Bruno", finde. Statt einer Klostermauer markieren kleine, an Bäumen befestigte Schilder das Gelände, auf dem man zehn einfache Hütten und ein Gemeinschaftshaus erbaut hat. Die Tatsache, dass man für die Errichtung der gesamten Anlage weniger als ein halbes Jahr brauchte, zeigt bereits an, dass man mit der Kritik an der Kartause radikal ernst gemacht hatte. Wie bescheiden man tatsächlich lebt, zeigen nicht nur die elf Quadratmeter großen, mit Wellblech bedeckten Hütten, sondern auch das Gemeinschaftshaus, in dem auf engem Raum neben der Kapelle das Refektorium (für die gemeinsame Mahlzeit am Sonntag), die Bibliothek und der Kapitelsaal untergebracht sind.

Das Leben in diesem „Waldkloster" ist hart, eine Woche lang darf ich es mit den vier Eremiten in der Klause „Midi" teilen. Es gibt keinen Strom und kein fließendes Wasser; allein am Gemeinschaftshaus wurde eine Wasserleitung installiert, an der man sich mit Wasser versorgen kann. Die Einrichtung der kleinen Hütten ist spartanisch: ein Bett, ein schmaler Tisch mit Stuhl, ein Holzöfchen und ein paar Kisten, mehr nicht. Um ihrer Solidarität mit den Armen der Welt sichtbaren Ausdruck zu verleihen, hat man auf ein eigenes Ordensgewand verzichtet und begnügt sich mit einem gewöhnlichen Parka als Ersatz. Man isst alleine, nur an Sonn- und Feiertagen trifft man sich zum Mittagessen im Gemeinschaftshaus. Mit dem Frühstück und der Stärkung am Abend kann jeder es halten, wie die Gesundheit es erfordert.

In der Frage des Gebetes orientiert man sich an den Wüstenvätern. Im offiziellen Stundengebet der Kirche gliedert man sich ein in die Gemeinschaft des Volkes Gottes und schafft so für den privaten Austausch mit Gott einen großen Raum. In der Kapelle trifft man sich – außer am Freitag, dem Todestag des Herrn, den man in völliger Einsamkeit verbringt – nur zur Messe am Morgen und zur Vesper am Abend. Einmal in der Woche auch hält man eine stille Nachtwache vor dem Allerheiligsten.

Ernst gemacht hat man auch mit der Arbeit. Jeder Mönch muss sechs Stunden am Tag arbeiten und so zu seinem Lebensunterhalt beitragen. Ein Versuch, ein Stück Wald zu roden und zu einem Acker bzw. Garten zu kultivieren, ist gescheitert. Erfolgreicher war man mit der Zucht der in Frankreich so beliebten Weinbergschnecken. Einen gewissen Namen gemacht hat man sich inzwischen auch mit dem Flechten von Sitzflächen für Stühle.

*

Die Biographie von P. Ange, dem Gründer dieser Eremitage, ist wenig aufregend. Im Jahr 1914 geboren, tritt er bereits mit achtzehn Jahren in die Kartause von Selignac ein, wo er zwanzig Jahre später das Amt des Novizenmeisters übernimmt. Seine Berufung zum Prior führt ihn in die Kartause von Montrieux in der Nähe von Toulon. Von dort bricht er sechzigjährig nach dreiundvierzig Jahren als Kartäuser zu seinem „Reformversuch" auf.

Als ich P. Ange zum erstenmal begegne, bin ich tief beeindruckt von seiner Frömmigkeit und Freundlichkeit. Für die Übersetzung zweier seiner Bücher ins Deutsche zeigt er sich mir dankbar bis zum Lebensende. Seit unserer ersten Begegnung im Jahr 1990 darf ich mich jedes Jahr wenigstens einmal auf Post von ihm freuen. An Informationen enthalten die in Schönschrift geschriebenen Briefe wenig, kostbar sind sie vor allem aufgrund ihrer spirituellen Tipps und Bemerkungen wie zum Beispiel ...

... „Einzig im Schweigen vermag ER sich uns hinzugeben. In solchen Augenblicken ahnt man, dass Gott da ist, doch müht man sich vergebens, sich selbst und anderen klar machen zu wollen, was das ist."

... „Wie schön ist doch die Wüste! Und wie grausam zugleich! ... Nicht selten dreht man sich um und sieht, wie sich alte Freunde und gute Bekannte aufrichtig an den Gütern dieser Erde erfreuen, von Freunden umgeben, voller Leidenschaft mit ihren Studien beschäftigt – und von Gott getröstet. Und selbst bleibt man in seiner Einsamkeit, deren Last an manchen Tagen überaus schwer drückt ..."

... in einem Brief von 2007, mit dem er mir auf meine Frage nach seiner Gotteserfahrung antwortet: „Ihr Brief stellt in der Tat eine delikate und schwierige Frage dar. Ich bemühe mich, sie angesichts meines Alters so gut ich kann zu beantworten ... Was mich betrifft, habe ich von meiner Kindheit an begriffen, dass Gott wie auch Jesus Liebe ist. Ich habe das tiefe Bedürfnis verspürt, seiner Liebe mit einer vergleichbaren Liebe zu antworten. Der Vater erwartet mich, um mich in seine Arme zu nehmen. Der Tag meines Todes wird also ein Freudentag sein ..."

Im April 2000 zieht P. Ange, im Alter von 86 Jahren, in ein Altersheim um. Der Abschied von „seiner" geliebten Eremitage fällt ihm schwer, aber Diabetes und Herzprobleme lassen keine andere Wahl. Das Leben ohne Elektrizität und ohne fließendes Wasser ist nicht nur zu mühsam für ihn und zu belastend für die

Kommunität, aufgrund der Entfernung zur nächsten Hütte auch zu gefährlich. Einmal musste er drei Stunden auf dem Boden liegend ausharren, bis P. Bernard, der Koch, ihn fand.

Erstmals 2007 erhalte ich zu Weihnachten keinen Brief von P. Ange, dafür einen von P. Patrice, dem Prior der Eremitage: „P. Ange lässt Sie grüßen, er ist zu schwach, um Ihnen zu schreiben. In großer Treue verbringt er seine Zeit im Gebet und mit geistlicher Lesung. Nach Meinung des Arztes ist er an Alzheimer erkrankt, wenn auch nur leicht. Wenn wir ihn besuchen, weiß er nichts anderes zu erzählen als von seiner Jugend, und immer dasselbe ..." Am 11. September 2008 erreicht mich aus der „Ermitage St. Bruno" ein halbseitiger „Rundbrief": „Im Alter von 94 Jahren hat unser Bruder Ange Helly seine irdische Pilgerschaft am 8. September 2008 beendet ..." In einem Krankenhaus, wie mir wenig später der Prior schreibt, wohin man ihn notfallmäßig gebracht hat, als er eines Nachts bewusstlos aufgefunden wurde. „Wir haben ihn dort besucht, er hat uns auch wiedererkannt und einige Worte zu uns gesagt ... Wenig später ist er in ein Halb-Koma gefallen, aus dem er nicht mehr aufwachte. Nach Auskunft der Ärzte ist er wie ein Licht verlöscht, aus Altersschwäche ..." Unter großer Anteilnahme der Bevölkerung wird P. Ange am 11. September 2008 auf dem Friedhof von Parisot, dem Pfarrort, dem die Eremitage zugehört, beigesetzt. Der Trauerfeier stand der Ortsbischof vor.

*

P. Ange kann auf sechsundsiebzig Klosterjahre zurückschauen. Sechsundsiebzig Jahre – das sind rund 27 700 Tage eines Lebens in Einsamkeit, Fasten und Gebet. An nur wenigen Tagen dieses rekordverdächtigen Einsiedlerlebens gab es hier und da eine ermutigende Begegnung oder auch einen dankbaren Brief von Menschen, die sich sicher waren, dass sie dem Gebet des Eremiten göttliche Hilfe zu verdanken hatten. Die meiste Zeit aber hieß es für P. Ange, am Abend mit dem Gefühl leerer Hände zu Bett zu gehen, die nichts anderes vorzuweisen haben als ein paar Psalmen, einen kleinen Verzicht und das Bemühen, der Regel gemäß den Tag verbracht zu haben.

Erschwert wurde die Last dieses Opferlebens dadurch, dass die Berufungen ausblieben. Die wenigen, die sich für ein Leben in der Eremitage interessierten, reisten bald wieder ab; was hier gefordert wurde, empfanden sie als zu hart. Wie diese Erfahrungen P. Ange drücken und bedrücken, wird darin erkennbar, dass fast jeder seiner Briefe mit dem Seufzer endet: „Ach, es mangelt der Eremitage an Berufungen." Und um sich selbst zu trösten, fügt er hinzu: „Überall das gleiche, auch in der Kartause." Dreiunddreißig Jahre lang darf er in dem Gefühl leben, mit seinem Entwurf dem Ordensvater Bruno näher zu sein als die Kartause; dreiunddreißig Jahre aber auch muss er mit wachsendem Schmerz zur Kenntnis nehmen, dass sich zu wenige finden, die diesem Neuentwurf folgen wollen. Bei seinem Tod leben in der „Ermitage St. Bruno" nur noch drei Mönche, zwei weitere hat eine schwere Krankheit in ein Pflegeheim verbannt. Bis auf einen Mönch sind alle über siebzig Jahre alt. Wird die Eremitage überleben? Es sieht schlecht aus um sie! Prior Patrice will die Hoffnung dennoch nicht aufgeben, gerade jetzt nicht: „Nun zählen wir auf Pater Anges Beistand und sein Gebet bei Gott, dem er sein ganzes Leben hingegeben hat und mit dem er jetzt – wir vertrauen darauf – in einer völligen Einheit lebt ..."

Am Ende eines langen, nur um Gott kreisenden und dennoch äußerlich so erfolglosen Lebens darf man P. Ange mit einer Formulierung des heiligen Paulus provozierend fragen: „Umsonst gelaufen und vergeblich abgemüht?" (vgl. Phil 2,16). Als wenn er diese Frage gefürchtet hätte (vielleicht aber auch wurde sie ihm immer wieder gestellt), beantwortet er sie mir (unaufgefordert) in zwei seiner letzten Briefe: „Ich darf Gott nicht zum Zugpferd meiner Projekte machen wollen. Wenn ich etwas Neues versuche, muss ich ihm die Möglichkeit einräumen, auch nein zu sagen." Und in einem Brief von 2005, drei Jahre vor seinem Tod: „Es scheint, dass der Herr uns bittet zu akzeptieren, dass die Gemeinschaft aus Mangel an Berufungen stirbt. Doch welch eine große Gnade war es, dieses eremitische Leben so lange leben zu dürfen. Was die Zukunft betrifft, überlassen wir uns ganz der Güte Gottes ..."

W. Bösen, Auf einsamer Straße zu Gott. Das Geheimnis der Kartäuser, [4]2003. – A. Helly, Bruno von Köln. Der Vater der Kartäuser. Mit einem Bericht über die Eremiten von „St. Bruno" und ihr Leben von W. Bösen, 1992. – Ders., Auf dem Weg des Schweigens, 1997.

Vier Tage in „Getsemani"

Mit uns und bei uns in unseren Ängsten

Donnerstag: Die Diagnose von Dr. W. trifft mich nach einer zweistündigen Untersuchung wie ein Keulenschlag: „Sie müssen heute noch in die Herzklinik nach Bad O. An der ..." – ich höre nur mit halbem Ohr zu – „... gibt es zwei Engstellen, die nur durch eine Bypass-OP zu beheben sind!"
Um 14 Uhr bin ich in die Klinik aufgenommen und habe ein Bett, um 16 Uhr sucht mich ein junger Arzt auf, ein Syrer, der gerade mal dreißig Jahre alt ist. Viele Fragen, viele Papiere und einige für mich wichtige Informationen: Man operiert jeden Tag in zwei Schichten parallel an sieben OP-Tischen; der achte Tisch muss stets für eventuelle Notfälle frei bleiben. Wer mich operieren wird, bleibt offen. Auch wann es sein wird, weiß mein Gegenüber nicht zu sagen, weil er den OP-Plan nicht kennt. Eine kleine Chance besteht, dass es vielleicht schon morgen sein wird. Ehe er das Zimmer nach rund zwanzig Minuten wieder verlässt, noch schnell eine Bitte: „Bleiben Sie innerhalb der Klinik, damit Sie sich nicht erkälten! Und wegen der hohen Infektionsgefahr wäre es gut, möglichst wenig Besuch zu empfangen."
Um mich mit der Klinik etwas vertraut zu machen, aber auch um den Kreislauf zu festigen, spaziere ich durch die Gänge, steige Treppen empor und andere wieder hinab. Die ersten Stunden in einem Krankenhaus sind für jeden Patienten ein Graus. Um 17 Uhr bin ich in meinem Zimmer zurück und warte auf die Chefarztvisite. In mir fragt es unaufhörlich: „Werde ich bei denen sein, die morgen schon operiert werden?" Um 19.30 Uhr stehe ich Professor K. gegenüber: „Nein, morgen noch nicht! Der OP-Plan wurde vor zwei Tagen schon festgelegt!"

Freitag: Ein langer Tag liegt vor mir. Wenn ich doch nur mit jemandem über meine Angst sprechen könnte! Die Angst vor dem Tod, die Angst vor Schmerzen ist in diesen Tagen ständig gegenwärtig. Am frühen Vormittag umspielt sie die Seele wie ein langsam dahin schleichender Bodennebel, nach einer einstündigen Einführung in die postoperative Atemtechnik um 11 Uhr aber

umhüllt sie mich wie ein herbstlicher Nebelschwaden. Ich fühle mich dem Unbekannten nahe, der in Psalm 88 betet: „Ich bin elend ...; ich erleide deine Schrecken, dass ich fast verzage ... Sie umgeben mich täglich wie Fluten und dringen auf mich ein von allen Seiten!" (Ps 88,16-18). Auf einem Rundgang durch das weitläufige Krankenhaus am Nachmittag höre ich von einer Krankenschwester im Vorbeigehen, dass auch samstags operiert wird. Ein Funken Hoffnung keimt auf: Vielleicht bin ich ja dabei, und dieses nervenaufreibende Warten hat ein Ende. Was mich einen langen Tag lang getragen hat, macht dann die Visite um 17 Uhr kaputt: Nun ist es endgültig sicher, dass ich bis Montag, wenn nicht sogar bis Dienstag oder Mittwoch, warten muss.
Es ist zwei Uhr in der Nacht. Ich kann nicht schlafen. Mein Bettnachbar schnarcht leise vor sich hin. Vorsichtig schleiche ich mich aus dem Zimmer und mache mich auf den Weg in den Andachtsraum. Die Angst droht mich zu ersticken. Ich fühle mich wie Jesus in Getsemani ...

Samstag: Heute wird der Tag noch länger dauern als gestern. Um jedes Risiko einer Infektion von außen auszuschließen, wird heute kein Besuch vorbeikommen und das Warten verkürzen. Wie gut doch, dass es einen seelsorgerlichen Dienst in der Klink gibt! Und so freue ich mich auf die samstägliche Messe um 17 Uhr. Doch als ich eine halbe Stunde vor Beginn am Andachtsraum ankomme, ist bereits von weitem zu lesen: „Die Messe fällt heute leider aus!" Der Schreiber hatte es offenbar eilig, die sechs Worte jedenfalls wurden im Vorbeigehen nur so hingekritzelt.
Beim nächtlichen Spaziergang gestern habe ich die Nacht und ihre von vielen gepriesene Kraft entdeckt. (Tatsächlich schlendere ich schon wenige Tage nach der OP mit Erlaubnis des Arztes nachts durch die hell erleuchteten, so stillen Gänge der Klinik, schaue mir die Gemälde an, die an den Wänden zum Kauf angeboten werden, raste für fünf Minuten in dieser, für weitere fünf Minuten in jener Besucherecke, ehe ich nach einer Stunde oder auch länger in mein Zimmer zurückkehre.) Mein Ziel in dieser zweiten Nacht ist wiederum der Andachtsraum. Ehe ich eintrete, hebe ich einen Zettel vom Boden auf, den jemand verloren oder achtlos hingeworfen hat, und lese: „In diesem

Zustand äußerster Erschöpfung und völliger Mutlosigkeit legte ich Gott meine Not hin. Den Kopf in Händen, betete ich laut: ‚Herr, ich habe einen Punkt erreicht, wo ich es alleine nicht mehr schaffe.' In diesem Augenblick erlebte ich die Stimme Gottes wie nie zuvor. Mir war, als hörte ich eine innere Stimme, die mir Mut zusprach!" (M. L. King).

Sonntag: Zum evangelischen Gottesdienst um 10 Uhr heute morgen sind nur wenige gekommen, sicherlich aber werden einige noch ans Bett Gebundene über den Krankenhausrundfunk mit dabei sein. Wie und wie weit wird die Pfarrerin, eine noch junge Frau, unsere Nöte als Patienten in den Gebeten und in ihrer Ansprache mit bedenken? Als sie den biblischen Text von der Opferung Isaaks (Gen 22,1-19) vorliest und zur Grundlage ihrer Predigt macht, bin ich zunächst skeptisch, gehe am Ende aber gestärkt zurück auf mein Zimmer. Ja, es ist so, wie sie gesagt hat: Wie Abraham in seinem bedingungslosen Gottvertrauen mit zum Boden gesenktem Blick drei Tage dahin schreitet, ohne „aufzublicken" (vgl. V. 4), so gibt es in jedem Leben Wege, die einfach nur gegangen sein wollen, ohne viel zu fragen und lange zu überlegen. „Wir dürfen aber gewiss sein, dass Gott alle unsere Wege mitgeht, auch wenn wir zuweilen das Gefühl haben, alleine zu sein!" Um 16 Uhr bringt ein Pfleger die gute Nachricht, dass ich morgen operiert werde.

Montag: Pünktlich um sieben Uhr stehen zwei Pfleger an meinem Bett. Unter meinem Kopfkissen habe ich meinen Rosenkranz versteckt. Mein Rosenkranz – ein Talisman? Mehr als das! Vielmehr ein Seil, an dem ich mich festhalte, das mich immer wieder daran erinnert, dass ER bei mir ist und meinen Weg (unsichtbar wie einst mit den Emmausjüngern) mit mir geht. Seit Jahren trage ich ihn in der Hosentasche bei mir, in der Nacht hat er seinen Platz unter dem Kopfkissen. Ob er sich in vierundzwanzig Stunden, in denen man mich vermutlich mehrmals umbetten wird, wieder findet? Gegen eine Beruhigungsspritze habe ich trotz heftiger „Gegenwehr" keine Chance; nach wenigen Minuten bereits nehme ich nicht mehr wahr, was mit mir geschieht ....
Als ich aufwache, liege ich auf der Intensivstation, vor mir an

der Wand eine große Uhr, ihr Zeiger steht auf ein Uhr. Eine Schwester hat mich offenbar fest im Blick; denn als ich die Augen öffne und fragend die Uhr anschaue, erfahre ich von ihr, dass draußen Nacht ist. Später werde ich für mich errechnen, dass mir achtzehn Stunden in meinem Leben fehlen. Was in diesen Stunden mit mir geschah, wissen andere und der Himmel. Mühsam nestle ich an meinem Kopfkissen. Ist er noch da? Die Schwester ahnt offenbar, was ich suche. Sie greift gezielt unter mein Kopfkissen und drückt mir den Rosenkranz in die Hand.

*

In den nachfolgenden Wochen wurde ich oft gefragt, ob ich Gott in dieser Zeit erfahren habe. Ja, ich bin ihm begegnet, allerdings nicht in einer Vision oder außergewöhnlichen Erlebnissen, vielmehr in vielen kleinen, unscheinbaren „Engeln".

Ein „Engel" war für mich mein Bettnachbar. Obwohl er doch erst vor drei Tagen eine schwere Herzklappen-OP überstanden hatte, machte er mir immer wieder Mut, durch kurze Bemerkungen und kleine Gesten. Am Nachmittag schon saß er auf der Bettkante und scherzte, ohne darauf zu achten, dass seine große Wunde in der Brust jedes Lachen sofort bestrafte.

Einem tröstenden „Engel" bin ich bei meinem Rundgang in der Nacht in der Gestalt eines Textes von Martin Luther King begegnet. Wer hatte ihn (für mich) fallen lassen? Wer war zu müde, ihn aufzuheben, so dass er sich mir als kleiner vergilbter Papierfetzen, den der Reinigungsdienst beim Entleeren eines Mülleimers verloren zu haben schien, ganz unauffällig „in den Weg" legte?

Einen stärkenden „Engel" hatte mir der Himmel in der evangelischen Pfarrerin geschickt. Mit ihrem fraulichen Einfühlungsvermögen traf sie mich in ihrer Predigt exakt in meiner fast panischen Angst. Ihr Hinweis auf Abraham und sein Vertrauen auf Gott als „Mit-geh-Gott" verhalf mir zu einer bis dahin unbekannten inneren Ruhe.

Durfte ich nicht auch in den Schwestern und Pflegern, die mich an diesem Morgen betteten und umbetteten (ich weiß nicht, wie oft und in wie viele Betten), „Engel" sehen, die darauf achteten, dass mein mir teurer Rosenkranz in der Hektik von rund zwanzig OPs nicht verlorenging? ...

Wie unterschiedlich doch alle diese (und weitere, hier nicht aufgelistete) „Engel" in diesen Tagen aussahen! Keiner von ihnen hatte die erwarteten Flügel, keiner zeigte sich als Lichtgestalt mit Heiligenschein, keiner sprach zu mir mit einer unüberhörbaren Donnerstimme. Alle waren sie mir leise und diskret begegnet – in der Gestalt von Ärztinnen und Ärzten, von Schwestern und Pflegern, von Mitpatienten und Besuchern, ja, selbst in der „Gestalt" eines vergilbten Papierfetzens.
Wer hat sie mir als Gottes helfende Boten „enttarnt"? Mir allein war es aufgetragen, an mir allein lag es, sie als solche zu erkennen und ihre ausgestreckte „Hand" zu ergreifen. Im Unterschied zur Welt vergisst Gott niemanden – am Tag nicht und nicht in der Nacht, in der Freude nicht und nicht in der Trauer, in der „Ebene" nicht und nicht im „Gebirge", Gott hat jedem einen ganz persönlichen Engel (die Kirche spricht von „Schutzengel") zur Seite gegeben, um so bildhaft anzuzeigen, dass ER selber jedem Einzelnen der inzwischen sechs Milliarden Menschen helfend zugewandt ist, ihn trägt und umsorgt. Wer seinem tröstenden und stärkenden (Schutz-)Engel begegnen will, muss nach ihm ausschauen – mit hellwachen Sinnen und einem liebenden Herzen.

„Ein Engel ist jemand, den Gott dir ins Leben schickt,
unerwartet und unverdient,
damit er dir, wenn es ganz dunkel ist, ein paar Sterne
anzündet."
Phil Bosmanns

„WENN ICH DOCH AUCH NUR EINMAL SO SCHÖN WÄRE!"

MIT UNS IN DER „WÜSTE" EINES HANDICAPS ODER MINDERWERTIGKEITSKOMPLEXES

Der „Zufall" wollte es, dass ich vor mehr als 50 Jahren im österreichischen J. am Telefon des Studentenbüros saß, als sich am anderen Ende der Leitung eine Frauenstimme meldete. Sie suche für ihren leicht behinderten Sohn eine Hausaufgabenbetreuung an Schultagen. Als Gegenleistung könne sie ein Einzimmerappartement anbieten. „Ich wäre Ihnen dankbar, wenn Sie an der Hochschule einen entsprechenden Aushang machen könnten."

Da ich aus finanziellen Gründen eh einen Umzug ins Auge gefasst hatte, kam mir das Angebot wie gerufen. Ein Aushang war nicht mehr nötig, ich machte mich umgehend auf den Weg, um mich selber als eventuelle Nachhilfe vorzustellen. Als ich klingelte, war Thomas, um den es ging, gerade aus der Schule nach Hause gekommen. So freundlich die Mutter, eine vornehme Dame, mir begegnete, so störrisch zeigte sich Thomas. Er war dreizehn. Eine Rückgratverkrümmung hatte sein Wachstum stark beeinträchtigt. So war er nicht nur zu klein für sein Alter, sondern auch krumm gewachsen. Auf seiner rechten Rückenhälfte erhob sich deutlich sichtbar ein Buckel. In seinem schmalen Gesicht, das von Sommersprossen übersät war, saß eine schiefe Nase. Feurig rotes Haar hatte ihm den Spottnamen „Rotfuchs" eingebracht. Ich zögerte lange, bevor ich halbherzig stammelte: „Gut, ich will es versuchen!" Zum Monatsersten zog ich als „Hauslehrer" ein.

Thomas war kein fleißiger und schon gar kein williger Schüler. Aus der für zwei Stunden pro Tag angesetzten Aufgabenhilfe wurden am Ende vier. Vier Stunden ständigen Motivierens, Bittens, Wiederholens, Korrigierens, Neuanfertigens! Wenn er mich am Abend verließ, war ich für den Rest des Tages geschafft.

In der Schule wurde Thomas gemobbt. Als seine Kameraden mit Mädchen anbandelten, verlegte er sich auf den Verkauf von Autoteilen. Was er bei irgendwelchen dubiosen Händlern einkaufte, vertrieb er in Hinterhofgaragen. Wahrscheinlich waren es diese Erfahrungen, die Thomas nach der Schulentlassung eine kaufmännische Lehre beginnen ließen.

In vier Jahren war zwischen uns so etwas wie eine Freundschaft entstanden; sie erklärt denn auch, dass mich in den nachfolgenden Jahren zu allen großen Festtagen lange, mehrseitige Briefe erreichten. So sehr ich mich auch jedesmal darüber freute, von Thomas zu hören, so traurig machte mich auf der anderen Seite das, was er mir schrieb. Da war von Einsamkeit, Mobbing, Berufsangst, Enttäuschungen in der Liebe die Rede; keine „Spielart" der vielseitigen Notpalette fehlte. Immer wieder und immer öfter war von Selbstmord die Rede: „Dann hat endlich alle Not ein Ende!"

*

In mehr als drei Jahrzehnten bin ich vielen Menschen begegnet, verständlicherweise vielen jungen, aber auch älteren, die mit sich und ihrem Aussehen ernste, teilweise existenzielle Probleme hatten. Der eine fand sich zu klein, der andere zu groß; eine dritte litt unter ihrer zu molligen Figur, eine vierte fand ihren Busen zu klein und ihren Po zu rund; ein fünfter schämte sich seiner krummen Nase, ein sechster seiner krummen Beine ... Die Liste der so ganz persönlichen Nöte war lang und hatte bei den Betroffenen teilweise das Selbstwertgefühl auf ein Minimum absinken lassen. Was noch an Vertrauen geblieben war, behauptete sich nur mit Mühe gegen den Wahn einer schönheitsbesessenen Zeit.

Die Frage, wie Betroffenen bei diesem Problem geholfen werden kann, ist nicht nur eine Frage für den Psychologen; nein, auch der Theologe ist hier gefragt. Wenn nicht er selber sich die Frage stellt, warum Gott bei seiner Schöpfung, von der der Schreiber in Gen 1,31 als einer „sehr guten" schwärmt, solch gravierende Unterschiede gemacht hat, werden andere ihn mit ihr provozierend konfrontieren: „Warum gewinnen die einen Schönheitswettbewerbe, während andere jede Nacht bittere Tränen weinen?"

Die Theologie ist hier, um es deutlich zu sagen, in Erklärungsnot. Wie bei der Frage nach dem Leid in seinen verschiedenen Erscheinungsformen müssen wir auch hier bekennen: Wir wissen es nicht und werden es auch in der Jetztzeit nicht ergründen. Und doch ist der Theologe gefordert, biblische, d. h. durch die Erfahrung vieler Menschen abgesicherte Fakten ins Bewusstsein zu heben, die es in diesem Zusammenhang zu benennen gilt, auch wenn sie die Betroffenen, die Zu-Großen und die Zu-Kleinen, die Zu-Dicken und die Zu-Dünnen und alle anderen Leidensgenossen, nur selten trösten, wenigstens auf den ersten Blick:

• ... dass jeder Mensch eine einzigartige Idee Gottes, ein Unikat, ein Wunderwerk ist, dessen Daumenprofil es kein zweites Mal auf der Welt mit ihren sechs Milliarden Menschen gibt. „Gott" – so der holländische Abt Ad Lenglet – „liefert keine Fließbandprodukte. Jeder Mensch ist eine einzigartige Offenbarung der göttlichen Weisheit" (S. 126).

• ... dass Gott – im Unterschied zum Menschen – nicht auf das Äußere schaut, sondern auf das Herz (1 Sam 16,7) als Umschreibung für das Wertvollste im Menschen. Diesen „goldenen" Kern und nicht den Titel oder das tolle Aussehen hat Jesus im Blick, als er den kleinen und unscheinbaren Oberzöllner Zachäus in Jericho aus seinem Versteck im Baum herunterholt, um bei ihm zum Festmahl einzukehren (Lk 19,1-10).

• ... dass Gott von seinem Wesen her ein Gott aller Zu-kurz-Gekommenen ist. Jesus, das Ebenbild Gottes, bestätigt dieses göttliche „Programm" mit seiner Geburt in einer Krippe und seinem Tod an einem Kreuz.

• ... dass man mit Gott als „Bündnispartner" Mauern überspringen kann (vgl. Ps 18,30). Mögen sich dieser oder jenem Schönen auch Türen leichter und schneller und häufiger öffnen, viele von ihnen mussten aber genau so häufig mit Verbitterung und Enttäuschung feststellen, dass hinter vielen Türen Menschen wohnten, denen zu begegnen, es sich nicht gelohnt hatte.

*

All das wird der Theologe jungen und alten Unglücklichen sagen, vorsichtig und behutsam, als Erfahrung vieler Menschen aus zweitausend Jahren. Doch wird er es nicht allein bei diesen Fakten belassen, sondern auch die Psychologie zur Hilfe heranziehen, die tausendfach bestätigt gefunden hat, dass Menschen wie mein Nachhilfeschüler Thomas mehr oder weniger einem „Fluchttrieb" nachgeben und sich in ein „Schneckenhaus" zurückziehen, ohne zu wissen, dass sie sich damit in eine tödliche Gefahr begeben. Ja, in eine tödliche Gefahr wie jener Hund im indischen Märchen, der in ein Zimmer geriet, in dem alle Wände Spiegel waren: „Er sah also plötzlich viele Hunde. Da wurde er wütend, fletschte die Zähne und knurrte böse. Alle Hunde im Spiegel wurden natürlich ebenso wütend, fletschten die Zähne und knurrten böse. Unser Hund erschrak und fing an, im Kreis herum zu laufen, so lange, bis er schließlich tot zusammenbrach. Hätte er doch nur ein einziges Mal mit seinem Schwanz gewedelt: Alle seine Spiegelbilder hätten ihm dann ein freundliches Bild zurückgeworfen!" (Klemm). Wie dieser Hund im Märchen stehen viele Mit-sich-selbst-Unzufriedene in der Gefahr, sich in einem solchen „Spiegelzimmer" einzuschließen und in ihrem Defizit so lange anzustarren, bis sie erschöpft und demoralisiert zusammenbrechen.

Wie ist diesem teuflischen und höchst gefährlichen Teufelskreis zu entkommen? Aus einer meiner ersten Vorlesungen in Philosophie ist mir der Satz meines damaligen Lehrers, eines Benediktinerabtes, in Erinnerung geblieben, der uns jungen Stundenten damals zurief: „Mein Herren, ‚ad rem!' und noch einmal ‚ad rem!', was so viel bedeutet wie: ‚Nehmt die Sache und einen Menschen selber in den Blick und lasst euch nicht blenden! Gebt euch nicht mit ihren Vorderseiten zufrieden!'" Dieselbe Erfahrung packt die Ärztin und Nonne Sr. Kyrilla Spiecker OSB († 2008) in den Ausruf: „Wie oft ist das Schöne nur Verpackung!"

*

Vor drei Jahren riss der Kontakt mit Thomas ab. Nachforschungen scheiterten am Datenschutz ...

A. Lenglet, Wenn ich nicht mehr beten kann, ist gerade das mein Gebet, in: L. Fijen (Hrsg.), Wie werde ich glücklich?, 2003. – S. Klemm, Spiegelbilder, in: Innehalten SR 3 vom 18. 2. 2009.

„Wo warst Du, Gott ...?"

Bei uns und mit uns in der „Wüste" eines todbringenden Unfalls

Am 15. Dezember, zehn Tage vor Weihnachten, packt Entsetzen unser kleines Dorf. Auf einer Kreuzung am Ortseingang war Nicole, eine 18-jährige Schülerin, die in drei Monaten ihr Abitur ablegen wollte, von einem Laster in ihrem kleinen Wagen zu Tode gedrückt worden. Seit acht Tagen erst war sie stolze Besitzerin des Führerscheins, seit drei Tagen genoss sie mit dem Auto der Eltern die Freiheit vom Schulbus. Während ihre Freundin den Unfall schwer verletzt überlebt, kommt für Nicole jede Hilfe

zu spät. Wie nur konnte dieser Unfall an der übersichtlichen, weit einsehbaren Kreuzung geschehen?
Aus Zeugenaussagen ergibt sich, dass Nicole vorschriftsgemäß an der Kreuzung angehalten hat, um den Verkehr einzusehen. Die drei Straßen vor ihr waren frei, einzig auf der Vorfahrtsstraße zu ihrer Linken kam in zweihundert Meter Entfernung ein schwerer Laster mit Anhänger. Für sie eine ausreichende Distanz, um auf die Kreuzung loszufahren. Doch dann geschieht das Unvorstellbare, der Albtraum eines jeden Fahranfängers, dass das Auto im Anfahren stottert ... und nach wenigen Metern, mitten auf der Kreuzung, stehen bleibt. Um neu zu starten, fehlen zehn, vielleicht nur fünf Sekunden ... Dem Fahrer des schweren Lasters, der die Gefahr sieht, gelingt es nicht mehr, seinen Wagen trotz Vollbremsung so zu verlangsamen, dass er vor dem PKW zu stehen kommt bzw. ihm ausweichen kann. Hilflos muss er miterleben, wie ein Kleinwagen aus dünnem Blech und Kunststoff vor seinen Augen zertrümmert wird. In dem kleinen PKW sitzen Nicole und ihre Freundin ...

*

„Wo warst Du, Gott, in diesen schicksalsschweren Sekunden?" fragen die verzweifelten Eltern. Der Theologe, seiner Berufsbezeichnung nach ein „Gottesgelehrter", senkt angesichts dieser und ähnlicher Fragen, mit denen er sich immer wieder konfrontiert sieht, verlegen den Kopf und schweigt. Aus Erfahrung weiß er, dass in einer solchen Situation kein noch so gut gemeintes Wort die Seele der Trauernden erreicht, auch nicht der diskrete Hinweis, dass sie nicht die ersten sind, die in solcher Not nach dem „Wo" Gottes fragen. Die Schriften des Alten Testamentes sind tatsächlich übervoll von Menschen, die in existentiellen Nöten, in Krankheit, Verfolgung, Verleumdung, Armut, Unglück, die Ferne Gottes beklagen. „Wo bist du, mein Gott? Warum schweigst du? Was habe ich dir getan, dass du dich vor mir verbirgst?", so klingt es immer wieder in den sogenannten Klagepsalmen (z. B. Ps 6; 7; 13; 22; 31), die im Psalter einen breiten Raum einnehmen.
Seit diesen dreitausend Jahren alten Zeugnissen sind die Klagen nicht verstummt. Ganz im Gegenteil! Nach den Massenmorden in den Konzentrationslagern der Nazis werden bis zum Weltenende Millionen von Menschen Tag für Tag dieselbe Frage wie-

derholen: „Wo warst du, Gott, in Auschwitz, Bergen-Belsen, Dachau und den anderen Schreckensorten der Welt?"

Im Unterschied zum modernen Menschen stellt der alttestamentliche Fromme Gott nicht in Frage. „Allein die Toren sprechen in ihrem Herzen: ‚Es gibt keinen Gott!'" (Ps 14,1). Nein, Gott existiert und ist eine lebendige Wirklichkeit. Im weiten, unendlichen Kosmos gibt es keinen gottfreien Ort: „Steige ich hinauf in den Himmel, so bist du dort; bette ich mich in der Unterwelt, bist du zugegen ..." (Ps 139,8). Dass er ihn auch in der Not nicht verlässt, versichert Gott selber dem Beter in Ps 91,15, wo er ihm die Worte in den Mund legt: „Ich bin bei ihm in der Not ...!"

Wo aber war Gott an jenem Tag, als Nicole stirbt? Der Schweizer Theologe Hans Urs von Balthasar († 1988), der zu den bedeutenden katholisch-theologischen Autoren des 20. Jahrhunderts zählt, schreibt in einer kleinen Betrachtung über „Gott und das Leid": „Es ist eine optische Täuschung des ‚philosophierenden' Menschen zu meinen, das Leid geschehe ‚hier unten', und ‚dort droben' schaue ein selig-unbeteiligter Gott ihm zu. Alle gen Himmel geballten Fäuste des revoltierenden Menschen zielen in falsche Richtung. Der Leidende, der in der Agonie schreit, ist in Gott ..." (S. 15). Gott geht dem Leid des Menschen nicht aus dem Weg, Gott ist vielmehr mittendrin in den tausendgesichtigen „Notlöchern" dieser Welt: Mit der Krebskranken teilt er das Bett und stirbt mit ihr die tausend kleinen Tode, die dem letzten Tod vorausgehen. Dem Depressiven ist er ein stummer Gefährt, dem Schuldiggewordenen ein „Lastesel", der Witwe ein tröstender Gesprächspartner ... In Auschwitz und in den vielen anderen Konzentrationslagern starb er in und mit jedem Einzelnen den einsamen Tod von Millionen. An jenem Vormittag, als Nicole stirbt, war Gott vor Ort, doch nicht, wie man vermuten möchte, als Zuschauer von außen, aus sicherer Distanz, bedauernd zwar, aber doch nur nüchtern registrierend. Nein, Gott saß vielmehr mit Nicole am Steuer und wurde zusammen mit ihr zerquetscht.

Doch auch diese Frage sei erlaubt: „Warum, Gott, hast du die Uhr nicht fünf Sekunden angehalten, um Nicole die Möglichkeit eines Neustarts zu geben?" Ein Zyniker ist, wer im Hintergrund die Hand eines strafenden Gottes zu erkennen glaubt. Einen

„lästerlichen Anthropomorphismus" nennt der ehemalige UN-Generalsekretär Dag Hammarskjöld († 1961) die Vorstellung, Gott wolle uns durch Leid vielleicht erziehen. Warum Gott tatenlos zuzuschauen scheint, gehört zu jenen Fragen, die wir nur rastlos umkreisen können, um am Ende festzustellen, dass es keine uns befriedigende Antwort gibt. Gott hat eine dunkle Seite in sich, die sich allem Suchen und Nachforschen entzieht. Er ist und bleibt wesentlich Geheimnis.

In seinem Roman „Das Evangelium nach Pilatus" (2005) lässt der französische Romancier Eric-Emmanuelle Schmitt (* 1960) Jesus einen verzweifelten Vater, der angesichts des Todes seines siebenjährigen Sohnes fragt, ob es einen Gott geben kann, der kleine Kinder sterben lässt, mit den Worten trösten: „Versuch nicht, das Unbegreifliche zu begreifen ... Rühre nicht an das, was deinen Verstand übersteigt, wenn du diese Welt ertragen willst. Der Tod ist keine Strafe, weil du nicht weißt, was er ist. Du weißt nur, dass er dir deinen Sohn raubt. Aber wo ist dein Sohn? Was fühlt er? Trotze nicht, schweige. Hadere nicht, hoffe. Du weißt nicht, wie Gott denkt, und du wirst es nie wissen. Aber du kannst sicher sein, dass Gott uns liebt" (S. 25)

*

Im Sommer will ich das Grab Nicoles aufsuchen, um ihr zu sagen, wie tief mich immer noch ihr so tragischer Tod berührt. Auf dem kleinen Friedhof aber suche ich vergebens, auch Dorfbewohner können mir nicht weiterhelfen. Als ich wenige Wochen später an der Unfallstelle vorbeikomme, ist eine junge Frau dabei, das kleine Holzkreuz und ein Klassenfoto, die beide an Nicole erinnern, mit Blumen zu schmücken. Von ihr, einer Freundin der Familie, erfahre ich, dass es kein Grab gibt. Aus Gründen, die sie mir nicht nennen konnte (oder auch wollte), haben die Eltern die Asche ihrer Tochter irgendwo verstreuen lassen.

H. U. von Balthasar, Gott und das Leid. Antwort des Glaubens Nr. 34, 1984, S. 15. – E.-E. Schmitt, Das Evangelium nach Pilatus, 2005.

„ES BRAUCHTE LANGE ZEIT ..."

UNS NAH, AUCH WENN WIR IHN AUS UNSEREM GEDÄCHTNIS GETILGT HABEN

Als ich ihm zum ersten Mal begegne, sitzt er im Rollstuhl. Ein böses Virus hat den durch zwei Krebsoperationen geschwächten Körper angegriffen und das Rückenmark vernichtet. Die Folge: Lähmung vom Hals bis zu den Fußsohlen. Von sieben Tagen verbringt Herr W. vier im Bett, an den restlichen drei schafft er es in den Rollstuhl, aber auch nur für jeweils drei bis vier Stunden. Und das auch nur mit Hilfe von dreißig Tabletten am Tag!
Als ich ihn nach einem langen Gespräch zaghaft nach Gott frage, bricht es spontan und unerwartet aggressiv aus ihm heraus: „Gott? Gibt es ihn überhaupt? Wo sollte er sich hier verstecken? In meinem Bett, in meinem Rollstuhl, in dieser oder jener Ecke ...?" Und nach einer Pause, die mir wie eine Ewigkeit vorkommt: „Ich glaube, ich bin Gott egal. Ich glaube nicht mehr daran, dass Gott jeden einzelnen Menschen kennt! Und schon gar nicht, dass er ein ‚menschenfreundlicher' Gott ist, der seine Geschöpfe liebt – wie es die Bibel sagt!"

*

Fünf Jahre nach dieser Begegnung bringt die Post mir einen Brief im DIN A5-Format, den ich – da ohne Absender – erst nach längerem Überlegen zuordnen kann. Sein Inhalt: Ein in kunstvoller Schrift niedergeschriebenes Gebet, das in eine Tiefe hinabführt, in die nur wenige Menschen den Mut und vor allem die Kraft haben hinabzusteigen:

> „GOTT!
> Lange habe ich DICH gefragt,
> wie ich DICH hören soll, wenn DU schweigst,
> wie ich mit DIR sprechen soll,
> wenn DU nicht antwortest.
> Schließlich habe ich es aufgegeben zu fragen.
> Dort, wo ich DICH wähnte,
> war eine Leere, die mir wie ein tiefes,
> dunkles Loch erschien.

Auf den Gedanken, DICH dort zu suchen,
kam ich nicht.
Es brauchte lange Zeit, bis ich Mut
gesammelt hatte,
in eben diese Dunkelheit meiner Angst,
meines Zweifels, meines Unglaubens hinabzusteigen.
Und da begann ich allmählich zu verstehen,
weshalb DU auf meine Fragen
so nicht geantwortet hast,
weil DU wissen wolltest,
wie tief sie eigentlich gehen,
wie tief ich eigentlich gehe,
um DIR zu begegnen – auch wenn DU schweigst.
‚Herr, auch die Finsternis wäre für DICH
nicht finster, sie wäre Licht (Ps 139,10-12)'"
W.

Ein einsames W. am Ende des Gebetes ruft die Erinnerung an jenes Gespräch vor fünf Jahren wach, das mich in der Folgezeit immer wieder einholte, wenn ich Menschen gegenüber stand oder saß, die angesichts ihrer Not und Verzweiflung Gott aus ihrem Vokabular verbannt hatten und nicht auch nur erwähnt hören wollten. Gerne hätte ich gewusst, was in den zurückliegenden fünf Jahren im Leben von Herrn W. geschehen war und den Sinneswandel bewirkt hatte. Doch das Fehlen eines Anschreibens und die magere Kennzeichnung des Gebetes am Ende waren deutliche Hinweise, dass er nicht darüber sprechen wollte. Die Tatsache der inneren Umkehr als solche sollte mir genügen. Und sie genügte! Bestätigte sie doch – und das war mir allein wichtig! – die alte biblische Erfahrung, dass Gott auch bei uns ist und in uns wirkt, wenn wir im Meer der Sorgen zu ertrinken glauben.

„Auch wenn ich gehn muss durch Todschattenschlucht,
fürchte ich nichts Böses, denn du bist bei mir ...!"
Ps 23,4 in der Übersetzung von M. Buber

„Auf den Tabor könnten wir doch eigentlich verzichten!"

Uns auf unserem Lebensweg stärkend nah in „Taborstunden"

In aller Frühe waren wir angereist, um nur pünktlich auf den Tabor hinauffahren zu können. Doch welch eine Überraschung, als wir uns dem Busparkplatz nähern! Viele andere hatten die gleiche Idee wie wir und waren noch früher aufgestanden, um nun hier in einer langen Schlange auf die Auffahrt mit den Taxen zu warten. Der Transfer auf den 588 Meter hohen Berg und wieder zurück ist in der Hand eines mächtigen Familienclans, der sich seit dreißig Jahren schon das Monopol sichert. Sicher, er hat in den zurückliegenden Jahren immer mal wieder ein neues und größeres Taxi angeschafft, aber ihre Zahl – angeblich aus Sicherheitsgründen – nicht erhöht. Ein nicht ganz sauberes Geschäft, das die Pilger mit teurem Geld und viel Zeit bezahlen.
Eine erste Stunde des Wartens ist vorbei, und noch immer bewegt sich die Schlange der Wartenden nur langsam nach vorne. Herr K. nähert sich mir von der Seite und bemerkt sichtlich genervt: „Auf den Tabor könnte man doch eigentlich verzichten!" Ehe ich nachfragen kann, warum er den so ansehnlichen Berg vom Programm streichen möchte, beginnt er auch schon mit dem Vortrag seiner Argumente: Er habe erstens gelesen, der Berg sei erst spät mit der Verklärung Jesu in Verbindung gebracht worden. Zweitens gäbe es dort oben auf dem Gipfel außer ein paar Ruinen eh nur eine moderne Kirche zu sehen. Und drittens schließlich sei das mit der Verklärung Jesu so eine Sache. Er habe noch nie daran glauben können. Wenn die drei Jünger Jesus wirklich in seiner göttlichen Herrlichkeit gesehen hätten, hätten sie nicht gleich nach der Verhaftung die Flucht ergriffen …
Auch wenn es noch einmal eine Stunde dauert, fahren wir endlich in einer halsbrecherischen Fahrt hinauf. Die arabischen Fahrer nutzen die mehr als zwanzig Kurven, um den Pilgern und Touristen ihre Fahrkünste zu zeigen, überholen an unmöglichen Stellen, gehen ungebremst in die Kurven, lenken demonstrativ

mit nur einer Hand, lässig, als läge vor ihnen eine zweispurige verkehrsfreie Autobahn.

Ich liebe den Tabor, nicht nur wegen seiner bereits vom Psalmisten gerühmten Schönheit (vgl. Ps 89,13: „Tabor und Hermon jauchzen bei deinem Namen.") und seiner einzigartigen Aussicht. Es fasziniert mich auch seine Geschichte. Hier hatten bereits im 2. Jahrtausend v. Chr. die Kanaanäer ein Heiligtum des Baal, einen sogenannten Hohen Platz, errichtet. – Im 12./11. Jahrhundert v. Chr. war vom Tabor aus die Richterin Debora, eine überaus starke Frau, mit dem ängstlichen Feldherrn Barak gegen Sisera, den Feldherrn des Königs von Hazor, ausgezogen und als Siegerin heimgekehrt (vgl. Ri 4 und 5). – Seit dem 4. Jahrhundert lokalisiert eine frühchristliche Tradition auf dem Tabor die Verklärung Jesu (Mk 9,2-13). Nach einer wechselvollen Geschichte erheben sich heute auf seinem 1 200 Meter langen und 400 Meter breiten Gipfelplateau über den Ruinen mehrerer Kirchen und Klöster aus vergangenen Zeiten ein Kirchlein der Griechisch-Orthodoxen (1911) und die große Tabor-Basilika der Franziskaner (1921-24).

*

Auf dem Berg angekommen, versammelt sich die Gruppe in den Ruinen des mittelalterlichen Klosters und wartet gespannt auf die Deutung der Verklärungsperikope. Ja, gespannt! Denn viele haben Schwierigkeiten mit dem Text. Wie ist er heute zu verstehen, ohne dass der Verstand vergewaltigt wird? Vielleicht als Gebetserlebnis dreier Jünger auf einem Berg oder als Vision? Vielleicht als Halluzination in einer von Wetterleuchten erhellten Nacht oder nur als ein Gewittererlebnis, in dem übersensible, phantasiebegabte Männer ein Wunschbild von ihrem hoch verehrten Meister realisiert sehen? Vielleicht! Viele evangelische und katholische Bibelwissenschaftler mahnen, die Frage nach der Historizität mit Zurückhaltung anzugehen, sosehr sie sich auch aufdrängt und die Gemüter erhitzt. Lohnender ist es, zu fragen, welche Bedeutung die Geschichte für uns heute hat. Und die könnte tatsächlich hier, in dieser hintergründigen Symbolik, zu sehen sein: Wie die drei Jünger Petrus, Jakobus und Johannes auf ihrem Weg mit Jesus aus dem lieblichen Galiläa hinauf nach Jerusalem, der Stadt des Leidens und Sterbens, durch ein „Taborerlebnis" für den Anstieg in die Heilige Stadt gestärkt werden, so dürfen auch wir darauf hoffen, auf unserem Lebensweg immer wieder mit ermutigenden „Taborerlebnissen" beschenkt zu werden.

Doch ist das nicht nur eine schöne, aber leere Hoffnung? Altbischof Reinhold Stecher spricht aus einer langen seelsorgerlichen Erfahrung, wenn er schreibt: „Die große Auferstehung am Ende der Tage hat viele Präludien. Zugegeben, es sind nur vorbeihuschende Lichtpunkte in der Dunkelheit; aber wir sollten diese Lichtpunkte zu einer Reflektorenreihe ordnen, die am Straßenrand aufblitzt und hinführt zur großen Verheißung" (S. 20). – In einem Lied des evangelischen Lieddichters Jochen Klepper, der selbst in seinem Freitod am 11. Dezember 1942 noch fest in Gott verwurzelt bleibt, findet sich der Vers: „In jeder Nacht, die mich bedroht, ist immer noch dein Stern erschienen." – Dass wir es bei der Erfahrung von „Tabor- oder Sternstunden" tatsächlich nicht nur mit einem christlichen Phänomen zu tun haben, bestätigt der große indische Dichterphilosoph Tagore († 1941), ein Hindu mit dem Satz: „Auf dem Spielfeld dieser vergänglichen Welt, in Glück und Unglück, habe ich oft und oft Ewigkeit gekostet, habe wieder und wieder das Unendliche hinter dem Horizont des Unendlichen gesehen."

*

Als ich wieder einmal aus dem Heiligen Land heimkehre, wartet zu meiner Überraschung ein Brief von Herrn K. auf mich:

„Ich hatte Sie vor vier Jahren davon zu überzeugen gesucht, dass man auf den Besuch des Tabor eigentlich verzichten könnte. Heute möchte ich Ihnen ausdrücklich dafür danken, dass Sie nicht auf mich gehört haben! Danken möchte ich Ihnen auch für das, was Sie damals auf dem Tabor gesagt haben. Damals konnte ich mit dem Begriff der ‚Taborstunde' nichts anfangen. Heute weiß ich, was Sie damals damit meinten ... Schwere Monate liegen hinter mir, der Krebs ist wiedergekommen. In dieser Zeit gab es Stunden, in denen ich total verzweifelt war. Es fehlten aber auch jene ‚Taborerlebnisse' nicht, leise und stille, aber auch überwältigende, von denen Sie damals als einer Wirklichkeit in jedem Menschenleben sprachen. Dazu passt, was ich bei Astrid Lindgren dieser Tage las: ‚Manchmal ist es so, als ob das Leben einige Tage herausgriffe und zu ihnen sagte: Euch will ich alles schenken! Ihr sollt rosenrote Tage werden, die im Gedächtnis leuchten, wenn alle anderen vergessen sind.' ... Ihr dankbarer S. K."

R. Stecher, Ein Singen geht über die Erde, ²1994.

Liebe wird das letzte Wort sein!

Uns nah in der „Wüste" einer langen, schweren Krankheit

„Das ist keine große Geschichte! In wenigen Tagen haben Sie das Problem vergessen!" sagte der Arzt, als er bei einer Routineuntersuchung des Darms am 14. Juli 2003 eine entzündete Aussackung entdeckt. Wie anders wird die Wirklichkeit aussehen! Am Ende werden in sechseinhalb Jahren neun schwierige Operationen und mehrere Chemotherapien notwendig sein, um dem in der ersten OP zufällig festgestellten Bauchfellkrebs ein bisschen Leben abzuringen.
Wie diesen mit Hoffnungen und Enttäuschungen, mit Schmerzen und körperlichen „Entstellungen" gepflasterten Leidensweg meistern? Mit Wut und Ärger über Ärzte? Mit geballten Fäusten gegen den Himmel? Mit stummer Resignation und tiefer Depression? Oder aber mutig und furchtlos wie ein Märtyrer angesichts der auf ihn wartenden Bestien? Einem unbekannten Wüstenvater wird das Logion zugeschrieben, nach dem es „leichter ist, durch das schnelle Henkerbeil ein Heiliger zu werden als in einem langen Krankenleiden".
Ruth Backes wird auf den Weg eines langen Leidens gezwungen, auf eine Achterbahn, bei der die Stürze von OP zu OP in immer tiefere Abgründe hinunterführen und das den Tod bringende Tempo sich von Mal zu Mal spürbar steigert. In einem Telefonat gesteht sie: „Es gibt Augenblicke der Verzweiflung und der Wut, aber auch des inneren Friedens!"
Bei der Beerdigung wird der alte leiderfahrene Pfarrer T. in seiner Predigt sagen: „Leiden wird nicht selbstverständlich angenommen, sondern muss errungen und erkämpft werden. Wenn der Mensch Leiden einfach nur hinnimmt, dann ist das so ähnlich, wie wenn jemand sein Kreuz nicht auf die Schulter nimmt,

sondern es hinter sich herzieht – und es wird noch schwerer."
Ruth Backes hat ihr Leiden angenommen, mit eisernem Willen und erhobenem Kopf: „Hier wird nicht gejammert!", so lautet ein Standardsatz, den sie ihrem Mann und allen Verwandten entgegenhält, wenn man sie zu bedauern ansetzt. Um die Familie zu schonen, „füttert" sie sie – so ihr Mann – mit „Halbwahrheiten", „entdramatisiert" die jeweiligen Befunde mit der Bemerkung: „Nach Studien in Amerika müsste ich längst schon tot sein!" Wer sie besucht oder mit ihr telefoniert, um sie zu trösten, darf bis zuletzt erfahren, dass er als Getrösteter davon geht. „Man muss selbst alles daran setzen, für alle erträglich zu sein und aus jeder kostbaren Minute etwas zu machen ..." (Brief v. 6. 5. 2009).
Und auch den Satz des französischen Nobelpreisträger André Gide († 1951) würde Frau B. unterschreiben: „Ich glaube, dass Krankheiten Schlüssel sind, die uns gewisse Tore öffnen, die nur sie öffnen können." So paradox es auch klingen mag, aber mit Augen, die geweint haben, sieht man klarer. Ruth Backes hat in der Schule des Leids die Welt mit anderen Augen anzuschauen gelernt. Zu drei für sie wichtigen Texten, die sie auf einem Papier handschriftlich niederschreibt, zählt auch ein Satz von H. Hesse (1877-1962): „Erst im Altwerden sieht man die Seltenheit des Schönen und welches Wunder es eigentlich ist, wenn zwischen den Fabriken und Kanonen auch Blumen blühen und zwischen den Zeitungen und Börsenzetteln auch noch Gedichte leben." Von Tränen gereinigte Augen schauen tiefer, wissen deutlicher zwischen Wesentlichem und Unwesentlichem zu unterscheiden und erkennen plötzlich den selbst in einem „Mauerblümchen" verborgenen Goldglanz. Durchlittenes Leiden kann dem Leben eine andere Sicht geben.
Vieles hat Ruth Backes in diesen Jahren gelernt, doch als der Arzt sie nach der letzten OP mit der Diagnose konfrontiert, dass er nichts mehr für sie tun kann, außer ihre Schmerzen zu lindern, ist sie – wie sie ehrlich bekennt – „geschockt und fällt für zwei Tage in ein tiefes Loch". Die Zeit ist gekommen, sich in einem Brief von der Familie zu verabschieden:
„An meine über alles geliebte Familie! Seid nicht traurig, ich bin immer bei euch und ihr bei mir. Bitte haltet fest zusammen und seid stark, wir durften eine schöne, mit so vielen guten Gedan-

ken gefüllte Zeit haben. Ohne Eure Liebe und Fürsorge hätte ich das alles gar nicht geschafft. Es war nicht einfach für euch, zuzuschauen und mitzuleiden. Dafür danke ich euch aus tiefstem Herzen ... Liebe wird das letzte Wort sein ...!"
Diesem Brief, den sie in einer später zu öffnenden Mappe hinterlegt, fügt sie eine Liste mit ihren letzten Wünschen bei:
„Meine letzten Wünsche: Einen ganz schlichten, hellen Sarg. Keine Gestecke. Auf dem Sargdeckel ein schlichtes, flaches Kreuz. Vielleicht einfach nur ein kleiner Strauß oder eine Rose mit Efeuranken ...
Das rosa lange Kleid von Melanis Hochzeit möchte ich tragen und das Holzkreuz von Martin ... In die gefalteten Hände möchte ich ein Spielzeug von den Kindern ...
Die Anzeige macht nach euren Wünschen. Mir würde gefallen – oben rechts ein Kreuz, darunter ‚Die Liebe hört nimmer auf. – Liebe wird das letzte Wort sein ...'
Wichtig ist mir, dass auch in der Anzeige die AUFERSTEHUNGS-Messe steht mit Uhrzeit und natürlich die Zeit der Beerdigung ... Es soll eine schöne AUFERSTEHUNGSMesse werden mit den Liedern ‚Großer Gott, wir loben dich ...' (Str. 1 und 11), ‚Nun danket alle Gott ...' (Str. 1-3), ‚Erfreue Dich, Himmel ...' (Str. 1) oder was Ihr sonst noch meint ...
Statt Blumen darf gern zugunsten von ... gespendet werden. Zum Kaffeetrinken bietet sich das Gasthaus S. an. Trinkt auf mein Wohl und lasst es euch bei Brühe, Schnittchen und Kuchen gut gehen."

*

Aus welcher Quelle schöpft Ruth Backes die Kraft, dem Tod relativ ruhig und gelassen entgegenzugehen? – Diese Quelle hat einen Namen und heißt „Glaube" – Glaube an einen liebenden und helfenden Gott, Glaube auch an den auferstandenen Christus, „der uns alle an den Fingerspitzen zu seinem Vater ziehen wird" (Karte vom 23. 4. 2009). Ein halbes Jahr vor ihrem Tod tauscht sie, die elegante Juweliersfrau mit viel Sinn für ein schönes Design, ihr mit Brillanten geschmücktes Kreuzchen gegen ein einfaches franziskanisches Holzkreuz ein. Als sie es nach einer OP vermisst, fordert sie es mit vorwurfsvollen Augen ein, so als habe man ihr den Schlüssel zum Himmel weggenommen.
In einem Brief fünf Monate vor ihrem Tod schreibt sie: „Ich liege

tagsüber hier in meiner Klause, dem Wohnzimmer, friedlich mit Vogelgezwitscher, kleinen Gebetbüchern, lieben Briefen und Fotoalben. Viel Zeit zum Beten." Im Gebet tut sich ihr schon früh eine Kraftquelle auf; in den sechseinhalb Jahren gibt es nur wenige Tage, an denen nicht eine Kerze ihre Gebete und die der Familie und Freunde zum Himmel empor trägt. Dass sie am Ende nicht mehr beten kann, wird ihr zur inneren Not. „Beten Sie für mich, damit ich genügend Kraft für das Ende habe!", bittet sie in den letzten Wochen die Familie und die Freunde.

Ein Schlüsseltext in diesen sechseinhalb Jahren wird ihr ein Text von Theresa von Avila, den sie links in Spanisch und rechts in deutscher Übersetzung nebeneinander notiert und mit „Auch von Theresa von Avila, eine großartige Frau, ungewöhnliche Reformerin und sehr viel krank" unterschreibt:

„Nichts soll dich stören,
nichts dich erschrecken,
wer sich an Gott hält,
dem wird nichts fehlen.
Nichts soll dich stören,
nichts dich erschrecken,
Gott allein genügt!"

Den letzten Satz muss man im spanischen Original lesen, um seine ganze Kraft zu erahnen: „Solo Dios basta!"

*

Nach der neunten Operation ist das Immunsystem von Frau Backes so geschwächt, dass am 30. November 2009 eine Verlegung in ein Hospiz notwendig wird. Spätestens jetzt weiß sie, dass sie keine Chance mehr hat. Als sie ihren Mann weinen sieht, tröstet sie ihn mit dem Satz: „Wenn du weinst, fällt mir das Gehen schwer!" Bis zum endgültigen Abschied bleiben ihr noch 27 Tage.

Wenige Tage vor ihrem Tod fragt sie an einem Morgen, an dem sie überraschend wach wirkt, ihren Mann wie früher so oft: „Weißt du schon das Neueste?" Als dieser verneint: „Es dauert nicht mehr lange!" Mit wachen, leuchtenden Augen schaut sie gen Himmel, um wortlos die Richtung ihrer letzten Reise anzuzeigen. Am Sonntag, dem 27. Dezember, schläft Frau Backes abends um 19.45 Uhr in den Armen ihres Mannes friedlich ein. Am letzten Tag des Jahres 2009 wird Ruth Backes zu Grabe getragen. Viele Freunde und Bekannte sind gekommen, um ihr die letzte Ehre zu erweisen. Als der Sarg in die Erde gesenkt wird, schneit es. „Ein überaus trauriger, aber auch ein schöner Tag!" werden viele hinterher sagen. Wie hatte sie ihrem Mann und der Familie in ihrem Abschiedsbrief geschrieben? „Seid nicht traurig, ich bin immer bei euch und ihr bei mir ... Liebe wird das letzte Wort sein!"

Was muss ich tun, um Gott zu „erfahren"?

„Mit meinem Schreiben
will ich den Menschen sagen,
dass es möglich ist, plötzlich durchzubrechen
zum Geheimnis der persönlichen Gotteserfahrung ...
Ich bohre. Frage nach. Im Gebet, in der Meditation.
Ich komme mir manchmal wie eine Arbeiterin
in einem Bergwerk vor. Ich suche in der Tiefe."
Silja Walter OSB

DIE HAGELPREDIGT

WER DIE HAND GOTTES IN DER GESCHICHTE DER WELT ODER SEINES LEBENS „ERKENNEN" WILL, MUSS SICH FREI MACHEN VON JEDEM „SCHABLONENDENKEN"

„War ein gar strenger Herr (unser Herr Pfarrer), immer hinter uns Buben her ... Nein, böse war er nicht, konnte sogar freundlich, gottväterlich sein, wenn man brav war, sich an die Hausregeln hielt und die täglichen Gebetlein nicht vergaß ... Wenn er nicht so reizbar gewesen wäre, so leicht ... beleidigt. In Sachen ‚Sünde' verstand er keinen Spaß. Da blieb nichts ungestraft. Pech bei einem Bubenstreich, ein Unglück im Dorf – nichts, das nicht als Strafgericht Gottes empfunden worden wäre. Diesen Gott verdankte man dem Herrn Pfarrer ... Es muss im August 1909, spätestens im Jahr darauf geschehen sein. Ein schweres Hagelwetter hatte die gilbenden Kornfelder fast plattgewalzt, die grünen Äpfel und Zwetschgen von den Bäumen gerissen, Gräben zu Bächen, Bäche zu Flüssen anschwellen lassen ... Die Ernte war zum großen Teil vernichtet ... Am folgenden Sonntag hagelte es von der Kanzel herunter. Etwas sehr Böses war geschehen: Burschen und Mädchen hatten in einer Dorfwirtschaft bis tief in die Nacht hinein getanzt. Getanzt! Gelacht, getrunken, gesungen, Händchen gehalten, sich in die Arme genommen, geküsst! Und dann der nächtliche Heimweg der Pärchen! ‚Was habt ihr da getrieben? Gott hat's gesehen und den Hagel zur Strafe geschickt'" (Stier, S. 16f.).

*

Das Erlebnis, das Fridolin Stier uns hier überliefert, spielt am Anfang des 20. Jahrhunderts, im Jahr 1909 oder 1910, ist also schon hundert Jahre alt. Herr Pfarrer, der Gottesmann, ist sich sicher: Im erntevernichtenden Hagelgewitter hat Gott gesprochen: Mit Donner und Blitz und Hagelkörnern bestraft er das Dorf für ein unmoralisches Tanzvergnügen der Jugend! Ja, Gott belohnt mit Gesundheit und Wohlstand den, der sich wohl verhält; den Sünder jedoch, der die göttlichen Gesetze missachtet, bestraft er früher oder später mit Krankheit und Unglück. Gottes Hand ist demnach leicht zu erkennen. In dem unschwer zu durchschauenden Zusammenhang von „Tun" und „Ergehen" gewinnt der Mensch eine Art „Schablone", mit deren Hilfe er den Spuren Gottes ohne große Mühe nachgehen kann.

Was vor hundert Jahren im Kopf des Herrn Pfarrers fest verankert war und von ihm als biblische Botschaft in die Herzen der Menschen eingepflanzt wurde, lebt bis heute im Glauben „des einfachen Volkes und vieler frommer Menschen" (Blank, S. 194) unverändert weiter. Noch immer und häufig ist in Notsituationen spontan die anklagende Frage zu hören: „Warum trifft die Krankheit gerade Frau S., die doch keine Messe versäumt hat?" Oder: „Wie ist es möglich, dass der so fromme Herr A. von einem solchen Unglück heimgesucht wird?" Die Vorstellung, „dass Unglück und Krankheiten Folgen besonderer ‚Sünden' sind" (Blank, S. 194), hat sich bis in die Gegenwart hinein hartnäckig erhalten.

Woher dieser Gedanke kommt? Er ist nachweislich alt, sehr alt; theoretisch reflektiert findet er sich aber erst in den ersten vorchristlichen Jahrhunderten (vgl. Weish, Sir, Spr, Koh). „Als Regel wurde dort angesehen: Keine Züchtigung ohne Schuld; wo Leiden, da Sünde zuvor" (Billerbeck, S. 193).

Dass das nicht die Wahrheit ist, dass Gott hier Unrecht geschieht, ist das große Thema des Buches „Ijob". Einem der drei Freunde, der ihn mit dem Satz „Sieh, Gott verachtet niemand ohne Grund ..." (Ijob 36,5) zum Bekenntnis einer vielleicht verborgenen Schuld zu drängen sucht, entgegnet „der untadelige, rechtschaffene und gottesfürchtige" (Ijob 1,1) Ijob erregt: „ER kennt alle meine Wege. Wenn er mich prüft, geh' ich wie Gold hervor. Mein Fuß ... bewahrte seinen Weg und wich nicht ab" (Ijob 23,10,f.; vgl. Ijob 3-37). Wenn ein solcher Zusammenhang zwischen menschlicher Schuld und göttlicher Strafe tatsächlich gegeben wäre, dann müssten alle Gottlosen dieser Welt in der Grube des Elends dahinsiechen. Doch das Gegenteil ist der Fall, wie der Psalmist mit Bitterkeit im Herzen feststellt: „Sie leiden keine Qual, ihr Leib ist gesund und wohl genährt. Sie kennen nicht die Mühsal der Sterblichen, sind nicht geplagt wie andere Menschen ... Immer im Glück, häufen sie Reichtum auf Reichtum!" (Ps 73,4f.12). – Einen Zusammenhang von „Tun" und „Ergehen" weist schließlich auch Jesus entschieden zurück. Auf die Frage seiner Jünger, wer im Fall des Blindgeborenen in Joh 9

gesündigt habe, er selbst oder die Eltern, antwortet er kurz und knapp: „Weder er noch seine Eltern haben gesündigt ..." (Joh 9,3).
Ganz sicher war Gott in dem oben erwähnten Hagelgewitter präsent, doch keinesfalls als rächender und strafender Gott, wie es naive Theologen vermutlich seit Menschengedenken immer wieder propagieren. „Wir sollen" – so der Neutestamentler K. Haacker – „versuchen, die Wege Gottes zu verstehen, und dürfen durchaus nach einer Logik seines Handelns fragen. Aber eine allzu zwingende Theorie macht Gott von Prinzipien abhängig, die uns einleuchten" (S. 48), Gott aber unterschätzen. In Wirklichkeit lässt Gott sich nicht in die Karten seines Handelns schauen. Ganz abgesehen davon, dass er sie vor jedem „Spiel" neu mischt.

*

Dass Gott sich solchem Schablonendenken entzieht, darf F. Stier noch als Kind erfahren. „Einige Tage (nach dieser Hagelpredigt) in der Schule. Religionsunterricht. Der Pfarrer, immer noch schlecht gelaunt, den Katechismus abfragend, die auswendig gelernten Antworten heischend. Auf einmal vom Nachbarhaus her großes Jammergeschrei, Klopfen an der Tür, der Pfarrer wird hinausgerufen ... Was ist los? Eine Unglücksbotschaft läuft durchs Dorf: Die einzige Schwester des Pfarrers war in die Transmission der Ölmühle geraten und getötet worden. ‚Also muss der Pfarrer ein großer Sünder sein', sagte sich der Bub; die Hagelpredigt ‚saß'" (S. 17).

F. Stier, Vielleicht ist irgendwo Tag, ³1982. – J. Blank, Das Evangelium nach Johannes 4/1b, 1981. – Strack-Billerbeck, Kommentar zum NT, II, S. 193. – K. Haacker, Gekreuzigt unter Pontius Pilatus – wozu?, in: V. Hampel / R. Weth (Hg.), Für uns gestorben, 2010, S. 43-54.

„DENN EINMAL REDET GOTT UND ZWEIMAL ..."
(IJOB 33,14)

WER GOTT „ERFAHREN" WILL, MUSS NACH IHM AUSSCHAUEN

Am letzten Tag unserer Israelreise führt uns der Weg in die Judäische Wüste mit dem berühmtesten ihrer Wadis, dem wildromantischen Wadi Qelt, in dem sich auf halbem Weg zwischen Jerusalem und Jericho das griechisch-orthodoxe St.-Georgs-Kloster versteckt. Seitdem es von Touristen besucht werden darf, fehlt eine Wanderung zu ihm in keinem Heilig-Land-Programm. Das Kloster datiert aus dem 5. Jahrhundert, als die Judäische Wüste von Tausenden von Einsiedlern bewohnt war. Heute leben hier noch etwa ein Dutzend griechischer Mönche. Sie sind gastfreundlich, zugleich aber auch nicht sehr erfreut über die zahlreichen Besucher, die sehr viel Lärm und Unruhe in das ansonsten totenstille Tal bringen.
Nach der Besichtigung will die Gruppe zusammen mit dem israelischen Guide auf einem alten Pfad hinunter nach Jericho wandern. Auch wenn der Pfad schmal und steinig ist und am Hang einer canyonartigen Schlucht verläuft, ist er nicht gefährlich. Alle dreißig Teilnehmer wollen sich das Abenteuer der Wüstenwanderung nicht entgehen lassen; nur eine Teilnehmerin, eine ältere Dame mit Knieproblemen, will zum Bus zurückkehren, mit ihm auf der antiken Straße in Richtung Jericho fahren und am Ausgang des Wadis die Gruppe erwarten. Damit sie die beiden nächsten Stunden nicht alleine verbringen muss, begleite ich sie.
Langsam steigen wir den überaus steilen „Klosterweg", auf dem wir vor einer Stunde in das enge Tal hinabgestiegen sind, wieder hinan, verfolgen dabei mit unseren Augen auf der Gegenseite die Wanderer, die mit jedem Höhenmeter kleiner werden.
Als wir oben ankommen und einen letzten Blick ins Tal werfen, stockt uns der Atem. In der Nacht ist an einem vom Kloster weiter entfernten Berghang, den wir von der Höhe aus überschauen können, eine Geröllawine heruntergegangen und hat den Pfad auf einer Länge von achtzig bis hundert Meter verschüttet. Große Felsblöcke und lockeres Gestein türmen sich

Wanderer im Wadi Qelt auf dem Weg nach Jericho
(Foto: Elmar Clermont)

meterhoch über dem schmalen Steig und versperren den Durchgang. Wie sollen die Wanderer hier weiterkommen? Es gibt nur die eine, selbst nicht ganz ungefährliche Möglichkeit, links den Berghang hinaufzusteigen und die Lawine in einem großen Bogen zu umgehen; denn nach rechts hin tut sich ein tiefer Abgrund auf. Wird man die Gefahr erkennen? Wird man nicht arglos in das Gestein hineinsteigen und in die Tiefe abrutschen? Da nähern sich auch schon die ersten der Gefahrenstelle. Bange Augenblicke, in denen mir das Herz bis zum Halse schlägt! Wir, meine Begleiterin und ich, können sehen, wie man sich berät und überlegt, was zu tun ist. Ehe zwei von fünf zaghaft in das Steingeröll hineinsteigen, nehme ich alle Stimmkraft zusammen und schreie, was die Lungen hergeben, und winke mit beiden Armen. Zwei, drei, fünf Minuten lang! Doch niemand schaut empor, keiner reagiert, keiner hört mich, obwohl uns doch nur wenige hundert Meter Luftlinie trennen ...

*

Präsentiert sich dort unten auf dem schmalen Pfad nach Jericho nicht der moderne Mensch, wie er – zielstrebig und mit festem Blick auf den Weg vor ihm – den Tag, die Woche, den Monat, das Jahr durcheilt? Blind für den Himmel über ihm und taub für das Rufen aus der Höhe, hat er nur Augen und Ohren für die

Horizontale. Sei es, dass ihm die Sorgen um das Heute alle Kraft abverlangen; sei es, dass ihm das Hier und Jetzt genügen; sei es, dass er gedankenlos dahinlebt. Was immer auch der Grund für eine solch einseitig horizontale Denk- und Blickrichtung ist, sie dürfte einer der Hauptgründe für das Fehlen von Gotteserfahrung heute sein. Wie heißt es im Buch Ijob: „Denn einmal redet Gott und zweimal, doch man achtet nicht darauf ..." (Ijob 33,14).

Wer Gottes Stimme „hören", seine Hand „spüren" will, muss – was die Jerichowanderer versäumen – nach „oben" schauen, nach „oben hin" lauschen. „Oben" will hier nicht, wie der Erlebnisbericht nahelegen könnte, räumlich verstanden sein; „oben" steht hier für Gott. Wer seine Augen und Ohren nach „oben" lenkt, richtet sie auf die Transzendenz hin aus. Wer seine Augen und Ohren nach „oben" lenkt, erweitert seinen „Blick- und Hörradius" um die Vertikale und nimmt Gott in seinen Denkhorizont mit hinein. Wer seine Augen und Ohren nach „oben" lenkt, rechnet mit Gott als Helfer, entwickelt ein Gespür für ihn und hat ihn in seinem „Lösungsrepertoire" gespeichert.

Ein solches „Aufschauen" und „Aufhorchen" nach „oben" will, wenn es nicht im Trott des Alltags untergehen oder vergessen werden soll, eingeübt sein. Das hört sich einfach an, beinhaltet aber einen langen Prozess. Unsere Vorfahren wussten, wie das „funktioniert". Indem sie vor und nach dem Essen beteten, auf dem Feld die Arbeit unterbrachen, wenn die Angelusglocke zu hören war, am Abend in der Bibel lasen, am Sonntag den Gottesdienst in der Kirche besuchten, schufen sie sich Phasen der inneren Einkehr, um Gott in „das Boot des Alltags" mit hineinzunehmen. Wie ein Bergbach ab und zu aus dem Dunkel der Erde ans Licht des Tages drängt, um wenig später wieder ins Erdinnere einzutauchen, und wie ein jung Verliebter nicht müde wird, in seinen Gedanken immer wieder zu der Geliebten zu entschwinden, so haben sie sich mit ihren inneren Augen und ihren inneren Ohren in großer Regelmäßigkeit Gott zugewandt. Hellwach für das zarte Wehen des göttlichen Geistes, sahen sie seine Wunder, für die wir heute blind sind, und vernahmen seine „Signale", die wir heute im allgegenwärtigen Lärm der Welt überhören.

Wenn ich doch nur ein Taumelkäfer wäre! Er ist nur sieben Millimeter lang und von schwarzbrauner Farbe. Im Zickzack flitzt er durch Teiche und Seen, meist an der Oberfläche des Wassers entlang, weil er dort die meisten Insekten fangen kann. „Das Besondere an ihm ist: Er hat vier Augen. Zwei über und zwei unter seinem Kopf. Lägen seine Augen nur über dem Wasser, würde er manches Tierchen auf dem Grund des Tümpels übersehen. Wären seine Augen aber nur unter dem Wasser, so könnte er den Himmel nicht beobachten, wo so mancher Vogel auf ihn als Beute lauert. Er hat also Luftaugen und Wasseraugen. Und weil in seinem winzigen Gehirn alles gleichzeitig abläuft, ist sein Sehen immer ein Ineinander und ein Beieinander von Oben und Unten, von Himmel und Erde" (Klemm). Wenn ich doch nur ein Taumelkäfer wäre und Himmel und Erde gleichzeitig im Blick haben könnte – dann würde ich selbst als „Weltbesessener" sehen, wie Gott nach mir ausschaut!

*

Wie das „Drama" endet? Gottlob zeigt sich die Geschichte nur in ihrem ersten Teil dramatisch. Nach einem anfänglich chaotischen Herumirren vieler in dem Gewirr von Felsblöcken hat einer der zuerst Angekommenen schon bald weiter oben einen passablen und ungefährlichen Durchstieg gefunden. Von seinem Rufen angezogen, orientieren sich nun alle auf ihn zu und erreichen nach wenigen Minuten wieder den alten Pfad.

S. Klemm, „Unten und Oben" – der Taumelkäfer, in: SR 3 Innehalten vom 18. 1. 2010.

Drei Rehe nur ...

Wer Gott „erfahren" will, muss Gottes Stimme auf dem Grund seiner Seele wahrzunehmen versuchen

Sie schrieb mir nach einem Vortrag, in dem ich der Frage nachgegangen war, ob Gott sich auch heute noch „erfahren" lässt. Meine Erlebnisschilderungen an jenem Abend hatten sie ermutigt, sich mir anzuvertrauen, ängstlich und zaghaft, weil ihr Erlebnis ihr „zu unbedeutend" erschien:

„Ich möchte Ihnen von einem Erlebnis berichten, das ich vor vielen Jahren in Ottobeuren hatte. Ich fuhr Anfang der 90er Jahre einige Male dorthin zur Kur. Da das Haus direkt neben einem hügeligen Waldgebiet liegt, nutzte ich die Möglichkeit jeden Morgen vor dem Anwendungsbetrieb zu einem Waldspaziergang und erfreute mich jedesmal an der Natur und – wenn ich viel Glück hatte – an den scheuen Rehen. Im dritten Jahr war ich um die Osterzeit dort, so dass ich einige Male auch den Sonnenaufgang erleben konnte. So auch am Ostersonntag.
Die Vorfreude lockte mich schon sehr früh nach draußen, so dass ich schon auf einer kleinen Anhöhe stand, von der aus ich einen wunderschönen Blick auf die Basilika hatte und darüber hinaus auf die gegenüberliegende Bergkette. Ich rief mir die erste Strophe des Gedichtes ‚Sonnenaufgang' von Elsa Carell in Erinnerung, die da lautet:

‚Wieder gebiert die Dämmerung
Einen neuen Tag
und legt ihn behutsam
an den Rand des Horizonts.
Und Gott, den ich
mehr als dreimal verleugnete,
steht plötzlich neben mir
und hält meine Hand.
Er gibt mir Augen zu sehen,
und Ohren zu hören
und weitet meine Seele
für die Schönheit seiner Schöpfung ...'

In diesen Minuten begann das 6.00-Uhr-Läuten der Basilika-Glocken; es erfüllte mich derart, dass ich Gott bat: ‚Wenn das alles mehr ist als *nur Natur*, dann gib mir bitte ein Zeichen, das ich verstehe!' Und in meinem Inneren formte sich meine Sehnsucht zum Bild der Rehe. Obwohl ich ja mit dem Rücken zum Wald stand, weil ich den gegenüberliegenden Sonnenaufgang verfolgen wollte, ließ irgendetwas mich umdrehen – und vor mir, in geringer Entfernung, standen drei Rehe. Dieses Erlebnis hat mich tief bewegt und nie mehr losgelassen ..."

*

„Ein mehr als dürftiges Zeichen für eine Gotteserfahrung!", wenden Kritiker ein. Naturfreunde weisen darauf hin, dass Rehe in der Umgebung von Ottobeuren zur Landschaft gehören und dort fast zu jeder Tageszeit anzutreffen sind. Psychologen machen auf die Frühe des Ostermorgens, das stimmungsvolle Glockengeläut, das „provozierende" Gedicht aufmerksam, die alle zusammen die Seele von Frau Regina W. so sensibel und so aufnahmebereit gemacht hätten, dass für sie ein alltägliches Zeichen zum Wunder wurde. Überhaupt: Sind Frauen nicht von Natur aus „wie Wahrsager, die dazu neigen, in alles und jedes etwas hineinzugeheimnissen, das Universum zu lesen wie ein Pergament"? (Schmitt, S. 97). Sie alle haben recht – und sehen dennoch zu kurz.

Weiter reicht hier die Perspektive des Theologen, für den Gott, „die" Wirklichkeit hinter aller Wirklichkeit, wesentlich ein leiser Gott ist. Am Berg Horeb präsentiert ER sich dem Propheten Elija (vgl. 1 Kön 19) nicht – wie einst dem Mose am Sinai (vgl. Ex 19) – in Donner und Blitz, nicht in Erdbeben und Sturm, sondern in einem „sanften, leisen Säuseln" (EÜ), im „Flüstern eines leisen Wehens" (Botterweck), im „verschwebenden Schweigen" (Buber). Exegeten ringen um jene Formulierung, in der zum Ausdruck kommt, dass Gott, „der Leiseste von allen!" (Rilke), sich ganz diskret dem Menschen zu Gehör bringt. An die biblische Tradition, aber auch an eigene Erfahrungen anknüpfend, klagt denn auch der lateinamerikanische Dichter Ernesto Cardenal: „Wir wollen Gottes Stimme klar; und das ist sie nicht. Es ist eine tiefe, feine und unhörbare Stimme, ... eine tiefe Beklemmung auf dem Grund unseres Seins, dort, wo die Seele ihre Wurzel hat" (S. 22).

Was ist zu tun, um diese „tiefe, feine und unhörbare Stimme" zu vernehmen? – Die christliche Tradition antwortet hier mit einer klaren Forderung: Wer Gott „erfahren", wer ihn „hören", wer ihn „spüren" will, braucht eine stille und sensible Seele! Eine Seele, die einem See gleicht, den auch nicht der leiseste Windhauch aufwühlt! Eine Seele, die wie die Flamme einer Kerze nach oben brennt, ohne auch nur einmal zu flackern.

Doch welch eine Katastrophe! Die Seele, dieses für das „Hören" der zarten Stimme Gottes so wichtige Organ, wird heute mehr denn je in Unruhe versetzt durch einen allgegenwärtigen und

pausenlosen Lärm in der Gestalt einer überlauten Umwelt. Verstärkt zu schaffen macht uns nach Helder Camara aber auch „der innere Aufruhr gekränkter Eigenliebe, erwachenden Argwohns, unermüdlichen Ehrgeizes" (S. 22).
Um diese Unruhe in uns zu besänftigen, empfiehlt der Liederdichter und Heilpraktiker Gerhard Tersteegen († 1769) – und hier greift er auf ein jahrhundertealtes Rezept zurück –, Zeiten der Besinnung, der Stille und der inneren Einkehr im Alltag einzuplanen: „Siehe, wenn man das kothige Wasser einer Pfütze immer bewegt, so kann sich's nicht scheiden oder klar werden. Wenn wir aufhören, darin herumzurühren und den Schmutz sich setzen lassen, wird die Pfütze zum Spiegel, so dass der Himmel darin aufleuchtet. Man kann das Wasser nicht mit Gewalt klar machen; man würde es dadurch noch mehr trüben; man muss es lassen ruhn, stille werden und sich setzen."
Die Wirkung der Stille ist nicht umstritten; die Erfahrung vieler in vielen Jahrhunderten fasst ein Unbekannter in den Satz: „Es brauchte nur ein paar Stunden Stille, bis ich anfing, meine Seele reden zu hören."

*

Die Seele von Frau W. gleicht an diesem Ostermorgen einem spiegelglatten See, der sich wie ein großes „Auge" dem Himmel entgegenstreckt, ganz offen für den kleinsten „Lichtstrahl" von oben, begierig, ja voller Sehnsucht nach einem „Impuls" aus der Höhe. Drei Rehe, ja, drei Rehe nur, werden ihr, der Aufmerkenden, zum Zeichen göttlicher Gegenwart; „denn mehr als der Fähigkeit des Aufmerkens bedarf es nicht, um mit dem Lesen der einem gegebenen (göttlichen) Zeichen anzuheben" (Buber). Ähnlich ergeht es Silja Walter (1919-2011), jener bekannten Nonne aus dem Benediktinerinnenkloster Fahr am Stadtrand von Zürich. Für sie wird ein unspektakuläres Naturerlebnis zu einem lebenswendenden Berufungserlebnis, wie sie selbst erzählt: „Gott hat mich seine Gegenwart erfahren lassen. Am 6. August 1947. Morgens um 5 Uhr. Kurz vor Sonnenaufgang am Schwarzsee. Wenn die Sonne oben steht, rund und strahlend, muss Jesus mir sagen, wohin ich gehen soll. Weg von meiner Laienspiel-Arbeit, irgendwohin, wo es kein Theater gibt. Auf einmal überkam mich eine große Ruhe. Ich blieb einfach stehen. Die Sonne kam. Die Frage blieb unbeantwortet. Die Antwort auf mein ‚Wohin jetzt?' kam kurz darauf in der Messe ... Ich weiß, es gibt ein Innerstes im Menschen, wo Gott ist und wirkt. Das ist kein Geheimnis. Das sagt das Evangelium" (S. 9).

E. Cardenal, Ufer zum Frieden, 1981. – E.-E. Schmitt, Das Evangelium nach Pilatus, 2005. – S. Walter, zit. in S. Bosshard-Kälin, Tiefe Sehnsucht nach der persönlichen Gotteserfahrung, in: Kloster Einsiedeln 2 (2004) S. 8-11.

„Der Himmel hat Sie willkommen geheissen!"

Wer Gott „erfahren" will, muss mit den „Augen des Herzens" zu schauen versuchen

Nach vierzig Jahren war R. erstmals wieder an den Ort zurückgekehrt, den er als junger Mann aufgesucht hatte, um ganz für Gott da zu sein, durch widrige Umstände es dann aber nicht schaffte zu bleiben. Vor zwei Monaten hatte er in einem Brief den Prior gebeten, noch einmal seine Klause, „Zelle N", sehen zu dürfen und natürlich die Kirche, wo er sich fast ein Jahr lang mit den übrigen Mönchen zweimal am Tag und einmal in der Nacht zum gemeinsamen Gottesdienst versammelt hatte. Die Antwort, die nicht lange auf sich warten ließ, war herzlich: Ja, man erwarte ihn zur gewünschten Zeit!
Fast zwei Stunden nahm sich der achtzigjährige Prior Zeit, um mit ihm im Gästezimmer zu plaudern. Es war Ende Februar, ein trüber und kalter Tag. Dichter Nebel hüllte die „Klosterstadt" mit ihren um die Kirche liegenden Gebäuden ein; nur ein Kundiger wusste, wo was in diesem Grau zu suchen war. In dem dicken Gemäuer des Gästehauses war es kalt, das kleine Öfchen, das Bruder Pförtner zu spät angeheizt hatte, erwärmte den kargen Raum nur kläglich. Die Kartause hatte große Sorgen. Durch einen zu nassen Winter war der Hang, auf dem das Kloster erbaut war, in seinem Untergrund aufgeweicht; vierzehn der sechsunddreißig Mönchszellen drohten einzustürzen und mussten abgerissen werden. Schwerer wog, dass der Nachwuchs ausblieb. Nur ein Postulant in einem Jahr – das war zu

wenig, um einem kleinen Konvent aus alten Männern neues Leben einzuhauchen. Der Gedanke, dass auch andere Klöster in fast allen westlichen Ländern unter der gleichen Not litten, vermochte nicht zu trösten. Rasch, zu rasch vergingen die beiden Stunden, die sich der Prior Zeit genommen hatte. Würde er ihm nun noch erlauben, die Kirche zu besuchen und seine „Zelle" zu sehen? Ja, er durfte! Der Gastbruder, Bruder M., sollte ihn begleiten, nicht, weil man ihm nicht vertraute, vielmehr als Zeichen der Höflichkeit und der Gastfreundschaft.

Wie vor vierzig Jahren folgte R. schweigend dem Gastbruder durch den eiskalten Kreuzgang, einmal links, dann wieder rechts, über zwei Treppen nach unten, bis man endlich im hundert Meter langen Großen Kreuzgang ankam, an dem zwei der vierzehn einsturzgefährdeten „Zellen" lagen. Schon von weitem erkannte er, dass auch „Zelle N", sein ehemaliges Zuhause, dazu gehörte. Um das Schlimmste zu verhindern, hatte man die Decke wie die Seiten des Kreuzganges auf einer Länge von zwanzig Metern abgestützt; der einst so helle Gang glich an dieser Stelle einem Wald aus querstehenden Hölzern, Brettern und Balken. Der Eingang zur „Zelle N" war verbarrikadiert; ihn zu öffnen, war zu gefährlich. Für R. mehr als ein trauriger Anblick: Ein Stück seiner Biographie würde bald von einem Bagger für immer vernichtet werden.

Wortlos drehte R. sich um und gab Bruder M. mit gesenktem Kopf das Zeichen zur Umkehr. Fünfzig Meter gerade aus, dann links zwei Treppen hinauf – er kannte den Weg, den er vor vierzig Jahren jeden Tag zur Kirche dreimal hin und dreimal zurück gegangen war, wie im Schlaf. Würde er das Gotteshaus wiedererkennen? Es hatte ihn ehemals nicht angesprochen. Nicht nur zu viel Barock auf dem Hauptaltar und den beiden Nebenaltären, auch zu viel Gips in kunstlosen Heiligenfiguren an den Wänden und auf Postamenten. Pater Prior hatte davon gesprochen, dass man es in den letzten Jahren umgebaut und erneuert hätte, recht gründlich, ja geradezu radikal.

Als R. an diesem nebeligen Nachmittag die Kirche vom Haupteingang her betritt, muss er seine Augen erst langsam an die neue Umgebung gewöhnen. Im ersten Augenblick hat er tatsächlich Mühe, sich zurechtzufinden. Vor ihm tut sich ein großer, heller, von einem gotischen Gewölbe überspannter Raum

auf; kein Lettner mehr teilt ihn in zwei Hälften. Die Wände, befreit von den übergroßen Gemälden und auch frei von jedem Figurenschmuck, sind in einem leichten Gelbton gestrichen. Die Augen gehen wie von selbst zum Chorraum hin. Wo sich einst der hohe, kitschige Barockaltar erhob, steht jetzt ein einfacher Steinaltar, flankiert auf der rechten Seite von einem einfachen Kreuz, auf der linken von einem Ambo und einer Stele mit einer wunderschönen gotischen Madonna. Ja, das ist ein Raum, in dem die Seele sich wohlfühlen kann!
Langsam geht R. nach vorne und kniet auf der ersten Stufe, die zum Chorraum emporführt, nieder. Kaum, dass er den Boden berührt hat, sieht er, dass plötzlich und unerwartet durch das rechte Seitenfenster eine helle, warme Sonne einbricht und den ganzen Chorraum in strahlendes, goldenes Licht taucht. Und er mittendrin! Wie ist das möglich? Hat nicht vor einer Viertelstunde noch dichter Nebel die Sonne so verdeckt, als gäbe es sie nicht? Ein umwerfendes Erlebnis an heiliger Stätte in einem unerwarteten Augenblick! Nur völlig Unsensible hätte es nicht angerührt ...
Fünf Minuten mögen es gewesen sein, dass R. so da kniete und seine Seele im warmen Licht regelrecht „badete". So plötzlich wie sie gekommen war, zog sich die Sonne zurück. In Sekundenschnelle wich der warme, anheimelnde Gelbton einem fahlen, kalten Weiß, das ihn beim Eintritt in die Kirche vor wenigen Minuten empfing.

*

Was muss man mitbringen, um in einem solchen Erlebnis wie dem geschilderten der Gegenwart Gottes inne zu werden? Nein, nicht einen pfiffigen Verstand, wie man zunächst vermuten möchte, der sich auf das exakte Beobachten, das scharfsinnige Analysieren und das geschickte Kombinieren versteht. Im Epheserbrief finden wir die Antwort: Wer Gott erfahren, erspüren, wahrnehmen will, muss „Augen des Herzens" (Eph 1,18) haben. Der Satz aus dem „Kleinen Prinz" von Antoine de Saint-Exupéry († 1944) ist inzwischen völlig abgegriffen, in seiner Ausdrucksstärke aber immer noch unübertroffen: „Man sieht nur mit dem Herzen gut!"
Tatsächlich schaut das Herz tiefer, als es die leiblichen Augen vermögen. Peter Wust, einer der existenziellen Denker des 20.

Die Klosterkirche in der Kartause La Valsainte nach ihrer Renovierung (Foto: R.)

Jahrhunderts, der nach Jahren der Gottferne zum Glauben seiner Kindheit zurückfindet, schreibt: „Der lebendige Gott der Liebe und der Gnade wendet sich mit seinem ewigen Anruf gar nicht in erster Linie an den Intellekt, sondern vor allem an das Herz als die Wesensmitte der menschlichen Person." Mit dem Herzen „erkennen" wir hinter der „weltlichen" die überweltliche, transzendente Wirklichkeit, die dem Verstand unzugänglich ist. „Das Finden Gottes in allen Dingen ist nicht eine Sache der ratio, sondern des Herzens" (Sr. Pia Luislampe OSB). Daher auch darf in der Ausbildung der Theologen die Herzensbildung nicht fehlen.

*

Dass R. das Erlebte im Überschwang der Gefühle nicht überinterpretierte, wurde ihm von Bruder M. († 2008) vor Ort noch bestätigt. Er war diskret im Hintergrund zurückgeblieben, hatte das „Sonnenwunder" aber von der Mitte der Kirche aus mit beobachtet. Als R. sich von der Stufe am Altar erhob, kam er zögernd nach vorne und bemerkte – sichtlich ergriffen – mit zum Boden gesenkten Augen und leiser Stimme: „Der Himmel hat Sie in der Kartause willkommen geheißen!"

> „ICH HABE MEINE AUGEN INS HERZ FALLEN LASSEN:
> Dieser neue Seh-Winkel eröffnet mir neue Sicht-Weisen: Herzlichere."
> *Hedwig Beckmann*

„SIE SIND DOCH THEOLOGE!"

WER GOTT „ERFAHREN" WILL, MUSS SICH GLAUBEND IN IHM FESTMACHEN

Zwei Jahre lang kannte ich sie nur aus der Ferne. Von meinem Arbeitszimmer aus im zweiter Stock unserer Wohnung konnte ich sehen, wie sie manchmal an Nachmittagen im Garten arbeitete, selten auch einmal im Sessel saß und las. Ein Nachbar wollte gehört haben, sie sei Ärztin. Wahrscheinlich wäre es bei dieser „Fernbekanntschaft" geblieben, wenn ich nicht an jenem Ostersonntagabend plötzlich überaus heftige Herzschmerzen in der Brust verspürt hätte, die das Schlimmste befürchten ließen. Der Notarzt war informiert, vor einer Viertelstunde schon, doch nichts war zu hören, schon gar nicht zu sehen. Wer auch schon wird am Ende eines sonnigen Ostertages so krank, dass er den Notarzt rufen muss!? In meiner Not lasse ich bei jener Unbekannten, deren Name ich nicht einmal weiß, anklopfen und fragen, ob sie – wie ich in der Nachbarschaft gehört hätte – Ärztin sei und – wenn ja – nicht einmal vorbeischauen könnte; es sei dringend. Zwei Minuten später steht sie an meinem Bett, mit Blutdruckgerät, Stethoskop und Nitrospray. Nach fünf Minuten ist die Diagnose eindeutig: „Das sieht nach einem Herzinfarkt aus!" Dem später eingetroffenen Notarzt bleibt nichts mehr zu tun übrig.

Nach einem achttägigen Krankenhausaufenthalt und einer dreiwöchigen REHA versuche ich mich zu Hause mühsam mit der neuen Situation vertraut zu machen. Noch hat sich die Seele wie bei vielen Herzinfarktpatienten in einem tiefen Loch vergraben und will sich einfach nicht mehr zum Flug erheben. Tägliche Spaziergänge in der frischen Frühlingsluft tun ihr und dem Herzen zwar gut, geblieben aber ist eine Grundangst, die sich wie ein dunkler Schatten aufs Gemüt legt.

Als ich eines Tages vom Spaziergang in unsere Straße einbiege, will es der „Zufall", dass ich mich plötzlich Frau Dr. G. gegenübersehe, die mich am Ostersonntagabend notversorgt hat. Für ein langes Gespräch ist der Bürgersteig nicht geeignet, doch die wenigen Sätze, die ich von mir gebe, genügen ihr bereits, um meine depressive Grundstimmung zu erkennen. Anders als erwartet, reagiert sie nicht mit ein paar allgemeinen tröstenden Worten wie „Ach, das wird schon wieder werden! Das geht vorüber! Haben Sie Geduld!", sondern mit der forsch dahin geworfenen Bemerkung: „Sie sind doch Theologe! Machen Sie mit Ihrem Glauben doch mal ernst!" Der Satz trifft mich wie eine Keule; kleinlaut „Ja! Ja!" stammelnd, verabschiede ich mich wie jemand, der an einem ihn beschämenden Schwachpunkt durchschaut wurde.

*

„Machen Sie mit Ihrem Glauben doch mal ernst!" – wie oft habe ich in den zwanzig nachfolgenden Jahren über diesen Satz nachgedacht! Was ist damit gemeint? Warum trifft er genau den Nerv nicht nur des Theologen, sondern eines jeden an Gott Glaubenden?

Ernstmachen mit dem Glauben – das heißt, den aus drei Worten bestehenden Satz „Ähjä aschér ähjä" (Ex 3,14), mit dem Gott dem Mose in der Wüste seinen Namen verrät, ernst zu nehmen.

Wenn auch bis heute in der Wendung „In der Kürze liegt die Würze!" viel Wahres steckt, so wünscht man sich aber gerade hier, an diesem so wichtigen Punkt für unser Gottesverständnis, schon einen etwas längeren Satz. Und so sind denn über diese drei Worte, die vielen aus der Einheitsübersetzung in der Formel „Ich bin der ‚Ich-bin-da'!" bekannt sind, viele dicke Bücher geschrieben worden, von Philosophen wie von Theologen, doch alle verstehen ihr Bemühen – wenn sie ehrlich sind – als ein nur unsicheres, zaghaftes, tastendes Anrühren an ein Geheimnis, bei dem am Ende mehr Fragen als Antworten übrig bleiben.

Entschieden zu kurz sieht in jedem Fall die mittelalterliche Philosophie, die in Anlehnung an die Septuaginta (griechische Übersetzung des Alten Testaments im 3. Jahrhundert v. Chr.) die drei hebräischen Worte mit „Ich bin der Seiende!" übersetzt und – daran anknüpfend – Gott als „das Sein an sich" bzw. „das absolute Sein" definiert. Ganz nah an die von Gott intendierte Sehweise dürfte dagegen M. Buber herankommen, wenn er das göttliche Kurzsätzlein mit „Ich werde da sein, als der ich da sein werde!" wiedergibt.

Deutlich sind in dieser Wiedergabe zwei Satzhälften zu unterscheiden. In der ersten sagt Gott seine stetige helfende Gegenwart zu: „Ich werde (für euch) da sein" – und zwar überall und nicht nur an bestimmten Orten, jederzeit und nicht nur an Festtagen. In der zweiten aber folgt eine wichtige Präzisierung, die gerne übersehen wird, die aber keinesfalls als Einschränkung missverstanden werden darf. Wenn es dort heißt, dass Gott „als der ich da sein werde" gegenwärtig ist, dann ist damit eine Offenheit in der Frage des Wie ausgedrückt. Nein und nochmals nein, die Frage seiner helfenden Gegenwart immer und allüberall stellt sich nicht. Offen jedoch bleibt, in welcher Weise, d. h. wie konkret, wie nah oder fern unseren Wünschen, ER sich uns zeigt. Gott hört uns, aber erhört uns nicht immer so, dass wir damit einverstanden sind. Diese so wichtige Präzisierung wird auf Spruchkarten unterschlagen, wenn sie plakativ und in Schönschrift mit der Übersetzung „Ich bin für euch da – immer und überall!" begeistern. Gott ist und bleibt ohne jeden Zweifel der dem Menschen Zugewandte, zugleich aber auch der Geheimnisvolle, der ganz Andere, der „Unberechenbare", der sich

nicht in „die Karten" schauen lässt: „Ich bin helfend für euch da, doch als der ICH dasein werde!"
Vor diesem biblischen Hintergrund betrachtet, heißt die Forderung von Frau Dr. G., mit dem Glauben ernst zu machen, nichts anderes, als Gott in sein Leben hineinzunehmen, sich bewusst zu machen, dass ER (nach einem Zitat des heidnisch-griechischen Dichters Aratus aus dem 3. Jahrhundert v. Chr.) „keinem von uns fern ist", da wir ja „in ihm leben, uns bewegen und sind" (Apg 17,27f.). „Il faut compter sur Dieu!", rät ein französisches Sprichwort. „Man muss mit Gott rechnen (lernen)!" – täglich, stündlich, ja minütlich. Für H. J. Venetz, einen Schweizer Exegeten, bedeutet Glauben etwas Ganzheitliches, Persönliches, Unerschütterliches. Was er darunter versteht, versucht er mit Hilfe einer Erfahrung zu verdeutlichen: „Bei dem Haus, das ich vor Jahren in Freiburg bewohnte, lag ein winziges offenes Schwimmbad. Im Winter war es zugefroren, aber man wusste nie so recht, wie dick die Eisdecke war und ob sie wohl zu tragen vermochte. Um das herauszufinden, standen wir mit einem Bein fest am Rand des Beckens, während wir mit dem andern Fuß bzw. mit der Fußspitze die Tragfähigkeit des Eises erprobten. Dem Evangelium glauben würde heißen: mit beiden Beinen auf ihm stehen. Nicht nur so meditationsweise ab und zu mit der Fußspitze darin herumstochern ..." (S. 40).
Wer so mit IHM eins wird, dass er alle anderen Sicherungen beiseite lassen kann, wer sich IHM mit „dem Herzen, dem Kern seiner Person, hinzugeben" vermag (vgl. lateinisch „credere" = cor dare = das Herz hingeben = deutsch „glauben"), wer es schafft, IHN im Rückgriff auf Ex 3,14 in all seinem Tun helfend am Werk zu sehen, gewinnt mit der Zeit „ein gelassenes Herz", das für einen Herzinfarktpatienten begehrteste aller möglichen Heilmittel.

*

Um vieles später gestand mir Frau Dr. G., dass sie den Satz nicht nur einfach dahin gesagt hatte. Als gläubige Ärztin, die fast jeden Tag mit Schwerkranken und Sterbenden zu tun hat, stellt sich ihr die Frage der Gegenwart Gottes ständig in ganzer Dringlichkeit. Ihre Antwort würde jedem Theologen Ehre machen: „Es gibt in dieser Welt keine gottfreie Zone; Gott ist präsent auch an jedem Krankenbett und in jedem Sterbezimmer. Allerdings beuge ich mich manches Mal tief unter der Last der Leiden, die ich miterleben muss, und kann es nur aushalten, indem ich ganz stille bin."

H.-J. Venetz, So fing es mit der Kirche an, 1981.

Das Geschenk des Friedens

Gott ist nah, ganz nah dem Verzeihenden

Die Nachricht geht im November 1993 innerhalb weniger Stunden um die ganze Welt und schlägt wie eine Bombe ein: Der amerikanische Kardinal Josef Bernardin (* 1928) wird angeklagt, einen ehemaligen Seminaristen mit Namen Steven Cook sexuell missbraucht zu haben. In den 90er Jahren wird die amerikanische Kirche durch zahllose Missbrauchsfälle von Priestern tief erschüttert. Dass nun auch ein Kardinal zu diesen Kriminellen gehört, gibt der Nachricht eine besondere Brisanz.
Es dauert hundert Tage, länger als drei Monate, bis die falschen Vorwürfe gegen Kardinal Joseph Bernardin widerlegt sind und die Akte geschlossen werden kann. Kompetenten Anwälten gelingt es in dieser Zeit, die angeblichen „Beweise" als manipuliertes Komplott von Kritikern, zu denen selbst ein Priesterkollege zählt, zu entlarven. Am 28. Februar 1994 bittet Steven Cook, der Ankläger, auf eigene Initiative einen Richter am Bundesgerichtshof, die ehrabschneidende Anklage gegen Kardinal Bernardin fallen zu lassen. Der Fall wird staatlicherseits zu den Akten gelegt, nicht aber von Kardinal Bernardin! Obwohl Steven Cook ihn viele schlaflose Nächte und eine Menge Nerven gekostet hat, muss er oft an ihn denken, nicht, um sich an ihm zu „rächen", sondern um sich mit ihm zu versöhnen. „Ich wollte ihm persönlich mitteilen, dass ich ihm nichts nachtrage" (Bernardin, S. 44).

*

Versöhnung, Vergebung, Verzeihung sind inhaltsschwere Worte, die sich so leicht dahinsagen, bei ihrer Umsetzung in die Tat aber so schwerfallen. Wie oft bin ich Menschen begegnet, selbst bibelfesten und frommen, die am Ende eines langen Ringens mit sich selber bekannten: „Ich kann nicht!" Wie oft auch schon habe ich selbst nicht die Kraft aufgebracht, die Hand zur Versöhnung auszustrecken!

Für Jesus ist die Vergebung ein zentrales und wichtiges Thema; die Tatsache, dass er sie im Vaterunser, seinem Gebet, gleich in der zweiten Wir-Bitte, unmittelbar nach der Brot-Bitte anspricht, beweist es. „Brot" und „Vergebung" – welch seltsames Paar! Jesus verbindet beide nicht von ungefähr miteinander. Was Brot für den Körper, das ist die Vergebung von Schuld für die Seele.

Schuld macht krank, Schuld lähmt, Schuld drückt nieder. Wer schon kennt diese Erfahrung nicht! Schuldbeladene Seelen welken dahin wie sonnenhungrige Blumen in einem dunklen, kalten Keller. Jesus weiß um die belastende Wirkung von Schuld und lädt den Menschen ein, sie mit der Bitte „Vergib uns unsere Schuld!" zu Gott hinzutragen. Zu Gott, weil er der erste ist, den Schuld in der Tiefe berührt, weil jede Schuld seine Welt angreift. Wie das Reich Gottes durch jede gute Tat aufgebaut wird, so wird es durch jede böse geschwächt. Daher muss das Wort der Vergebung von Gott kommen.

Der Weg, von bedrückender Schuld befreit zu werden, sieht so einfach aus, ist aber in Wirklichkeit ein überaus schwerer, weil es kein Weg zum Nulltarif ist. Den Preis, den er kostet, nennt Jesus in der zweiten Hälfte der Vaterunser-Bitte: „... wie auch wir vergeben unsern Schuldigern!" Das heißt: Gottes Vergebung ist an unsere Vergebungsbereitschaft geknüpft. Erst wenn ich vergebe, wird auch Gott mir vergeben. Wie ernst Jesus es mit dieser Forderung meint, zeigt Matthäus dadurch an, dass er nur zwei Verse später diesen Gedanken wieder aufgreift und überraschend breit ausführt: „Wenn ihr den Menschen ihre Verfehlungen vergebt, dann wird euch euer himmlischer Vater auch vergeben. Wenn ihr aber den Menschen nicht vergebt, dann wird euch euer himmlischer Vater eure Verfehlungen auch nicht vergeben" (Mt 6,14; vgl. Kol 3,13).

Dass Jesus hier nichts Neues fordert, zeigt ein Blick ins Alte Testament. Schon um 200 v. Chr. notiert der jerusalemische Weisheitslehrer Jesus Sirach: „Vergib das Unrecht deinem Nächsten! Dann werden, wenn du bittest, deine Sünden auch vergeben!" (Sir 28,2). Wer Vergebung erwartet, muss selber Vergebung gewähren. Dieser Zusammenhang ist selbst dem heidnischen Rom nicht fremd. „Verzeihe selbst, wenn du Verzeihung brauchst!", fordert der römische Lyriker Horaz kurz vor der Zeitenwende († 3 v. Chr.).

*

Über einen befreundeten Priester gelingt es dem Kardinal, Kontakt mit Stevens Mutter aufzunehmen. Von ihr erfährt er, dass ihr Sohn mit einer Begegnung „nicht nur einverstanden sei, sondern ein echtes Bedürfnis (danach) habe" (Bernadin, S. 43). Und so trifft man sich am 30. Dezember 1994, fast exakt ein Jahr nach dem Öffentlichwerden der Vorwürfe, in einem Priesterseminar; mit dabei sind der Direktor des Seminars und Kevin, ein Freund von Steven. In dieser kleinen Runde nun erzählt Steven Cook, „dass er als junger Seminarist von einem Priester, den er für seinen Freund gehalten hatte, sexuell missbraucht worden war. Die zuständigen Verantwortlichen hätten ihn nicht ernst genommen, als er von dem Fehlverhalten dieses Priesters berichtete. Er wurde verbittert und entfernte sich von der Kirche" (Bernadin, S. 44). Ein Anwalt, der dafür bekannt ist, dass er gerichtliche Schritte gegen Priester einleitet, die des sexuellen Missbrauchs beschuldigt werden, bringt Steven später in Kontakt mit einem Priester, der ihm geistlich beistehen soll. Dieser geistliche „Ratgeber" wiederum rät Steven, im Rahmen des Verfahrens den Namen von Kardinal Bernardin zusammen mit dem des beschuldigten Priesters zu erwähnen. Denn wenn er den Kardinal in den Fall verwickele, werde er sicher alles von der Kirche bekommen, was er wolle (vgl. Bernadin, S. 45).
Steven entschuldigt sich, den Kardinal in diese schmerzvolle Verlegenheit gebracht zu haben; der Kardinal seinerseits beschenkt Steven mit einer Bibel und einem hundert Jahre alten Kelch, den ihm ein Unbekannter mit der Bitte geschenkt hat, ihn bei der Messe für den Ankläger zu gebrauchen. Steven ist so gerührt, dass er darum bittet, jetzt schon in einer nahen Kapelle die Messe zu feiern. Kardinal Bernardin am Ende: „In meinem gesamten priesterlichen Dienst habe ich nie einer tieferen Versöhnung beigewohnt" (Bernadin, S. 46).

*

Kardinal Bernardin stirbt zwei Jahre nach diesem ehrabschneidenden Skandal an einem bösartigen Tumor in der Bauchspeicheldrüse. Über diese drei Jahre, die letzten und zugleich schwersten seines Lebens, berichtet er in einem bemerkenswerten Büchlein, dem er den provozierenden Titel „Das Geschenk des Friedens" gibt und das er – vierzehn Tage vor seinem Tod – mit dem nicht weniger herausfordernden Satz beschließt: „Jetzt, da ich die letzten Worte niederschreibe, ist mein Herz voller Freude. Ich bin im Frieden" (Bernadin, S. 129). Freude und Frieden in/nach einer zerstörerischen Verleumdungskampagne und in einer todbringenden Erkrankung? Ohne große Bedenken würde man Überschrift und Schlusswort als eine mutmachende Selbsttröstung zurückweisen, wenn es da nicht mehrere Worte des johanneischen Jesus gäbe wie dieses: „Frieden hinterlasse ich euch, meinen Frieden gebe ich euch; nicht einen Frieden, wie die Welt ihn gibt, gebe ich euch" (Joh 14,27; 16,23). Oder jenes andere: „Dies habe ich euch gesagt, damit meine Freude in euch ist und damit eure Freude vollkommen wird!" (Joh 15,11; 16,20.24). Worte des johanneischen Jesus aber sind – und hier sind sich die Exegeten einig – nicht nur wohl formulierte Trostworte, sondern erlebte Theologie, erfahrbar für jeden, der – wie Kardinal Bernardin – selbst dem ärgsten Feind vergibt.

„Im Verzeihen des Unverzeihlichen
sind wir der Liebe Gottes am nächsten"
Ignatius von Loyola

PS: Die Tatsache, dass das renommierte katholische „Lexikon für Theologie und Kirche" Kardinal Joseph Bernardin in seinem 11. Band (2001) aufnimmt und würdigt, beweist mit seine Integrität und völlige Rehabilitierung.

Kardinal Joseph Bernardin, Das Geschenk des Friedens. Reflexionen aus der Zeit des Loslassens, ²1999. – J. Gelmi, Bernardin, in: LThK 11 (2001) Sp. 23f.

Epilog

In 50 Erfahrungsberichten, eigenen und fremden, alltäglichen und außergewöhnlichen, insgesamt aber authentischen, habe ich versucht, Gottes Hand aufzuzeigen. Sie alle – ich weiß es – erlauben eine unterschiedliche Deutung: „Sie können auf Gott hinweisen, sie können aber auch innerweltlich interpretiert werden ..." (Sauer, S. 111). Für den aber, der an Gott glaubt und Gott in sein Leben hineinnimmt, sind sie 50 Drähte der Transzendenz. Einzeln für sich genommen, sind sie zwar dünn und schwach und nur bedingt belastbar; zusammen gebündelt aber ergeben sie ein dickes Kabel, „stark wie eine Eisenstange" (Kardinal Henry Newman [† 1890], zit. in: Sauer, S. 112).
Es gibt kein Menschenleben, in dem solche Erlebnisse der verdichteten Gottesnähe fehlen. In einer überkritischen Zeit aber werden sie allzu schnell als Zufälle abgetan, zwar kurz bestaunt, bald jedoch schon wieder vergessen. Wer sich aber die Mühe macht und das Erlebte sammelt und niederschreibt, schafft sich einen kostbaren Schatz, der seinen Glauben stärkt, auf den er in Zeiten der inneren Not zurückgreifen kann, um Kraft und Trost zu schöpfen. Für den Tiefenpsychologen C. G. Jung „ist es gleichgültig, was die Welt über religiöse Erfahrung denkt. Derjenige, der sie gemacht hat, besitzt einen großen Schatz." Gerade im Alter, wenn die Erinnerung verblasst, können solche selbst erlebten „Gipfelerfahrungen" zu Lichtfunken an einem dunklen Tag und zu Stützen auf einem beschwerlichen Weg werden. So gewichtig auch die Erfahrungen biblischer Menschen sind, mit G. E. Lessing ist aber daran festzuhalten, dass „das kleinste Kapitel eigener Erfahrung mehr wert ist als Millionen fremder Erfahrungen."

> Erinnerungen sind
> wie Sterne, die unseren All-Tag erhellen,
> wie Lichtpunkte, die am Gedächtnishorizont aufleuchten,
> wie Rosen, die im Winter blühen.

R. Sauer, Wo bist du Gott? Wege der persönlichen Gotteserfahrung, 2002.